HANS FISCHLMAIER

WANDERBUCH WILDER KAISER

ErlebnisWANDERN

- ➲ Talwanderungen
- ➲ Hüttentouren
- ➲ Höhenwege
- ➲ Gipfelziele

TYROLIA-VERLAG
INNSBRUCK-WIEN

Herausgegeben in Zusammenarbeit mit dem Österreichischen Alpenverein,
Sektion Kufstein.

Alle Angaben in diesem Führer wurden sorgfältig recherchiert und erfolgen nach bestem Wissen und Gewissen des Autors. Sollten Sie trotzdem Unstimmigkeiten entdecken, nehmen Autor und Verlag gerne Verbesserungsvorschläge entgegen (buchverlag@tyrolia.at).

Die Benutzung dieses Führers geschieht auf eigenes Risiko. Eine Haftung für etwaige Unfälle und Schäden wird aus keinem Rechtsgrund übernommen.

Nachhaltige Produktion ist uns ein Anliegen; wir möchten die Belastung unserer Mitwelt so gering wie möglich halten. Über unsere Druckereien garantieren wir ein hohes Maß an Umweltverträglichkeit: Wir lassen ausschließlich auf FSC®-Papieren aus verantwortungsvollen Quellen drucken, verwenden Farben auf Pflanzenölbasis und Klebestoffe ohne Lösungsmittel. Wir produzieren in Österreich und im nahen europäischen Ausland, auf Produktionen in Fernost verzichten wir ganz.

4., ergänzte und korrigierte Auflage 2020
© 2011 Verlagsanstalt Tyrolia, Innsbruck
Umschlaggestaltung: Tyrolia-Verlag, Innsbruck
Titelbild: Ackerlhütte vor der Ackerlspitze
Umschlagrückseite: Blick vom Scheffauer auf den Hintersteiner See
Bildnachweis: Die Abbildungen des Autors wurden ergänzt durch Fotos von Anton Prock (S. 48 und 51), Fotolia (S. 19, S. 66, S. 169, S. 181), Stanglwirt – Fotograf Paul Dahan (S. 185), TVB Ferienland Kufstein (S. 16–18, S. 21), TVB Ferienland Kufstein – ofp kommunikation GmbH (S. 46/47, S. 49), TVB Kaiserwinkl (S. 72–74, S. 96/97 © Bernhard Bergmann, S. 99), TVB Kitzbüheler Alpen (S. 118/119, S. 154/155), TVB Kitzbüheler Alpen – Martin Lugger (S. 4/5), TVB Wilder Kaiser (S. 178/179, S. 202–204, S. 211, S. 228/229, S. 231), Werner Kräutler (S. 56).
Autor und Verlag bedanken sich sehr herzlich für die Mitarbeit!
Karten: Kartenausschnitte © BEV 2016, vervielfältigt mit Genehmigung des BEV – **B**undesamt für **E**ich- und **V**ermessungswesen in Wien, T2016/19168
Layout: nuovoline, Werner Niederkircher, Innsbruck
Digitale Gestaltung: Grafikstudio HM, Hall in Tirol
Lithografie: digiservice, Innsbruck
Druck und Bindung: Alcione, Lavis (I)
ISBN 978-3-7022-3121-7
E-Mail: buchverlag@tyrolia.at
Internet: www.tyrolia-verlag.at

VORWORT

Das Wandern und Klettern im Kaisergebirge war für mich immer verbunden mit intensiven Erholungsphasen, glücklichen Momenten, aber auch mit Herausforderungen, die meiner persönlichen Entwicklung dienten und durch die ich wertvolle Erfahrungen sammeln konnte.

Die Einsamkeit und landschaftliche Schönheit des Kaisergebirges sowie die artenreiche Flora und Fauna dieser Region ließen mich die Natur immer wieder auf unvergleichliche Art und Weise erleben.

Meine Jahre im Kaisergebirge waren für mich aber auch Lehrjahre für erfolgreiche spätere Bergfahrten zur Cordillera Blanca in Peru und der Cordillera Real in Bolivien, Vulkanbesteigungen in Ecuador, Peru und auf den Azoren.

Nach meinem Pensionsantritt wählte mich die Sektion Kufstein des OeAV 2005 als Quereinsteiger zu ihrem neuen Vorsitzenden.

Die Sektion war schon bald nach ihrer Gründung im Jahr 1877 zu einem im gesamten Alpenraum bekannten, bergsportlichen Begriff geworden und ist dies auch heute noch. Die Erschließung des Kaisergebirges war zum einen für viele Mitglieder der Sektion ein großer persönlicher Erfolg und trug zum anderen auch wesentlich zur touristischen Entwicklung Kufsteins bei. So schrieben Männer wie Enzensperger, Kraft, Zott, Dülfer, Leuchs, Buhl, Lucke und Aschenbrenner, um nur die Wichtigsten zu nennen, im Kaisergebirge Alpingeschichte. Sie eröffneten schwierigste Touren, die auch der heutigen Klettergeneration immer noch Respekt abverlangen.

Gleichzeitig schuf die Sektion mit dem Anton-Karg-Haus, dem Stripsenjochhaus sowie zahlreichen Wanderwegen und Gipfelanstiegen die notwendige Infrastruktur, um das Wanderparadies Kaisergebirge auch für Gäste aus aller Welt zugänglich zu machen. Schließlich begründete sie die Bergliteratur über den „Kaiser" und erweiterte diese im Laufe der Jahre.

Ich freue mich, nun in der Tradition meiner Vorgänger zu stehen und mit diesem Wanderbuch viele Informationen rund um den „Kaiser" auf den aktuellen Stand bringen zu dürfen. Ich wünsche Ihnen viel Freude dabei, im Kaisergebirge Ihren „eigenen" Weg zu finden, und hoffe, dass dieses Buch für Sie dabei eine kleine Hilfe sein kann.

Liebliche Landschaften und wilde Felsgestalten – all dies macht den Reiz des Kaisergebirges aus.

ÜBER DAS KAISERGEBIRGE

Das Totenkirchl – in geologischer Hinsicht idealtypisch für das Kaisergebirge

GEOLOGIE

Das Kaisergebirge gehört zu den **Nördlichen Kalkalpen**, hat aber eine eigene verblüffende geologische Vielfalt. Die gewaltigen Wände und steil aufragenden, wilden Gipfelgestalten verdankt es vor allem dem Wettersteinkalk und Hauptdolomit, während der Gebirgssockel auf der Südseite hauptsächlich aus Buntsandstein besteht. Der Gebirgsstock entstand mit dem großen Alpenbogen durch den **Zusammenstoß der afrikanischen und europäischen Kontinentalplatten** vor etwa 200 Millionen Jahren. Baustoff der imposanten Wände, die heute dem Gebirge den Beinamen „Wilder Kaiser" geben, waren Ablagerungen von kleinen, kalkbildenden Meeresbewohnern des großen, warmen Tethysmeeres. So wie alle Gebirge ist auch der Kaiser zu Stein gewordenes Abbild der unvorstellbaren Kräfte der **Kontinentaldrift**. Den letzten Schliff erhielt das Kaisergebirge im wahrsten Sinne des Wortes während der Eiszeiten. Diesen verdanken wir unter anderem auch den malerischen Walchsee und den romantischen Hintersteiner See. Entwässert wird das Kaisergebirge im Osten vom Kaiserbach, im Süden von der Weißache, im Westen vom Sparchenbach und im Norden vom Weißenbach.

GEBIRGSKÄMME

Aus dem Inntal und dem Voralpenland erheben sich die Kämme des Kaisergebirges aus einem bewaldeten Sockel und aus den als Almweiden genutzten Stufen senkrecht empor.

Die höchste Erhebung im **Wilden Kaiser** ist die Ellmauer Halt im Gemeindegebiet von Kufstein mit 2344 Meter Seehöhe. Berühmtheit erlangte das Gebirge vor allem durch Kletterberge wie Predigtstuhl, Fleischbank, Totenkirchl, Karlspitzen, Goinger Halt sowie Mauk- und Ackerlspitze. Daneben erheben sich von Ost nach West das Lärchegg, die Regalmspitze, die Törlspitzen, der Mitterkaiser, Gamshalt, Kleine Halt, Kaiserkopf, Treffauer, Tuxegg, Sonneck, Hackenköpfe, Scheffauer und Zettenkaiser.

Der **Zahme Kaiser** hat seine höchste Erhebung unmittelbar neben der Pyramidenspitze mit der 2002 Meter hohen Vorderen Kesselschneid. Von Ost nach West sind der Heuberg, der Roßkaiser, die Kesselschneiden, die Pyramidenspitze, die Jovenspitze, der Grinnerkopf, das Petersköpfl und die Naunspitze aneinandergereiht. Aus dem Kaisertal sind die Gipfel relativ leicht zu ersteigen, wohingegen sie nach Norden ins Inntal oft senkrecht abfallen.

Blick auf den zerklüfteten Ostkaiser vom Aufstieg zur Ellmauer Halt

Der **Niederkaiser** schließt sich südöstlich an den **Wilden Kaiser** an. Der Bergrücken folgt dem Talverlauf bis zur Gemeinde Kirchdorf im Söll-Leukental. Lathurkopf (1434 m), Gscheuerkopf (1279 m) und Schatterberg (1274 m) sind keine markanten Gipfel, sondern kaum nennenswerte Erhebungen im Kammverlauf. Da der Niederkaiser jedoch nach Süden Richtung St. Johann mit steilen Wänden abbricht, ist er eine markante Vorstufe des majestätischen Massivs.

FLORA UND FAUNA

Nach der letzten Eiszeit musste das Leben sich die ausapernden, anfangs noch lebensfeindlichen Flächen erst wieder zurückerobern. Eine große Chance für die Evolution. Die unterschiedlichen Lebensräume vom feuchten Talboden bis hin zum trockenen, kalten Hochgebirge ermöglichten eine neue, größere **Artenvielfalt**. Es begann alles mit einfachen Flechten, Algen, Moosen und Pilzen, welche über einen längeren Zeitraum den Humus für höher entwickelte Pflanzengesellschaften schufen. Vom Wind eingetragene Samen, aber auch einige Samen von Orchideen, welche die Eiszeit überdauert hatten, nahmen diesen kargen Lebensraum langsam in Besitz.

Heute sind im Naturschutzgebiet neben zahlreichen Flechten, Farnen und Moosen **über 900 Blütenpflanzen** beheimatet. Als typische Vertreter der alpinen Flora können zum Beispiel Alpenrosen, Enziane und Bergprimeln angeführt werden. Die **Waldregion** am Sockel des Gebirges ist artenreich. Sie besteht aus Buchen, Fichten und Tannen, daneben geben auch Birken, Erlen und Bergahorn dem Waldgürtel insbesondere im Herbst ein prächtiges, farbenfrohes Aussehen. In höher gelegenen Bereichen prägen vor allem Latschen das Landschaftsbild.

Eine **Vielzahl von Kleinstlebewesen**, wirbellosen Arten, Insekten und Pilzen sichert die notwendige biologische Vielfalt und damit nicht zuletzt auch einen gesunden Boden. Auf diesem leben Alpen- und Feuersalamander sowie mehrere Kleinechsenarten. Ringelnatter und Kreuzotter gehören zu den

Der Kaisermantel

Der Rothirsch beeindruckt mit seinem mächtigen Geweih.

nicht selten anzutreffenden Schlangen. Mäuse, Marder, Dachse, Hasen und Rehe zählen zu den eher scheuen Waldbewohnern. Die **Gämsen** hingegen, welche die Kare und Kämme bevölkern, sind gegenüber Bergsteigern oft sehr zutraulich. Neben zahlreichen **Singvögeln** bereichern **Raufußhühner** wie Birk-, Schneehuhn und Auerhahn das Naturschutzgebiet. Alpendohlen und Kolkraben sind eher auf den Gipfelregionen anzutreffen.

Als König der **Greifvögel** zieht das Wappentier Tirols, der Steinadler, mit anderen Greifern, wie Bussarden, Sperbern und Falken seine Kreise über dem majestätischen Massiv.

BESIEDLUNGSGESCHICHTE

Die ersten Funde menschlicher Besiedlung im Kaisertal reichen bis in die **jüngere Altsteinzeit**, also bis in die Zeit vor etwa 30.000 Jahren zurück. Beweis dafür sind Knochenspitzen, die in der sogenannten „Tischofer Höhle" gefunden wurden. Eine dauerhafte Besiedlung lässt sich jedoch erst auf die jüngere Steinzeit von ca. 4000 bis 2000 vor Christus datieren. Der Fund von zahlreichen Skeletten von Rindern, Steinböcken und Ziegen sowie Stein- und Knochengeräten, Keramikscherben und schließlich auch Skeletten von Menschen legt dies nahe. Bis weit in die **Neuzeit** hinein siedelten in der Region um

Fundstücke aus der Tischofer Höhle (Heimatmuseum auf der Festung Kufstein)

den Kaiser neben Bauern und Hirten vor allem auch Jäger. Namen wie Gamskogel, Gamshalt, Bärental, Hinterbärenbad usw. geben uns heute Auskunft über das vorwiegend bejagte Wild.

Die touristische Erschließung des Kaisergebirges war im **19. und 20. Jahrhundert** schließlich verbunden mit einer damit einhergehenden, intensiven wissenschaftlichen Erforschung. Daten über Geologie, Flora und Fauna standen im Vordergrund, bis das Erklettern der Gipfel und Wände zum Selbstzweck wurde und man dadurch neue Kenntnisse über diese bis dahin unbekannten, hoch gelegenen Regionen erwarb. Zu jener Zeit entstand unter den Alpinisten der Mythos Kaisergebirge. Am 24. Jänner 1877 gründete Dekan Dr. Matthäus Hörfarter die Alpenvereinssektion Kufstein, die ab 1883 die Infrastruktur für die Erschließung des Kaisergebirges schuf. Kletterpioniere wie Hans Dülfer, Josef Enzensperger, Georg Winkler und andere zeichneten für den sportlichen Aspekt in der Erschließung des Kaisergebirges verantwortlich. Auch heute noch ist der „Kaiser" Schauplatz spektakulärer Erstbegehungen.

NATURSCHUTZGEBIET

Bereits im Jahr 1907 richtete die Sektion Kufstein des Deutsch-Österreichischen Alpenvereins einen eigenen **Ortsausschuss für Naturpflege und Heimatkunde** ein und konnte den geplanten Bau einer Straße oder Schmalspurbahn nach Hinterbärenbad und darüber hinaus verhindern. Franz Nieberl, genannt „Kaiserpapst", setzte sich in den 1920er Jahren erfolgreich gegen eine Übererschließung und für den Schutz des einmaligen Naturraums Kaisergebirge ein. 1957 wurde der erste Antrag an die BH Kufstein gestellt, das Kaisergebirge unter **Naturschutz** zu stellen. Die Bestrebungen in diese Richtung gipfelten 1961 in einer Volksbefragung in Kufstein, welche schließlich bewirkte, dass das Kaisergebirge am 19. April 1963 offiziell zum **Naturschutzgebiet** erklärt wurde. Dieses umfasst sämtliche Gipfel und Täler des Zahmen und Wilden Kaisers und hat eine Größe von etwa 102 km².

Flora und Fauna des Schutzgebietes sind heute so artenreich wie auch einzigartig. Innerhalb des intakten Ökosystems Wilder Kaiser findet man u. a. über 900 verschiedene Blütenpflanzen, seltene wirbellose Tiere, Raufußhühner, endemische Vogelarten, aber natürlich auch typische Vertreter alpiner Regionen wie Murmeltiere, Gämsen und Steinadler.

Feuersalamander auf „Beutezug"

Blick auf den Ostkaiser im Herbst

INFORMATIONEN ZU DIESEM WANDERBUCH

SCHWIERIGKEITSBEWERTUNG

Inzwischen sind fast alle Wegetafeln in den Alpen EU-einheitlich gelb, weil diese Farbe insbesondere im Nebel gut (besser) sichtbar ist. Die Tafeln geben bei genauer Achtsamkeit wertvolle Informationen über das Ziel, die Gehzeit und die Schwierigkeit an. Die angeführte Gehzeit gilt immer vom jeweiligen Standort bis zum Endziel. Die Gehzeiten sind jeweils nur allgemeine Richtwerte für den „normalen" Wanderer. Sie können von konditionsstarken Gehern beträchtlich unterschritten, aber durch Gespräche, Wanderpausen, Fotografieren etc. auch überschritten werden. Die meisten Bergwege sind rot-weiß-rot markiert, können aber auch nur rote Punkte oder Striche aufweisen. Richtungsänderungen werden meistens durch einen Winkel oder, wenn notwendig, durch einen Pfeil angezeigt.

Schilderbaum am Stripsenjoch

Bergweg leicht – kein Punkt (früher blauer Punkt)
Ohne Schwierigkeitspunkt und teilweise noch „blau" bezeichnete Bergwege führen meistens zu nahen Zielen, wie Seen, Hütten, Wasserfällen, Aussichtspunkten und Ähnlichem. Sie sind leicht begehbar, lückenlos markiert und weisen keine nennenswerten Schwierigkeiten auf.

Rote Bergwege: mittelschwierig
Rote Bergwege sind mittelschwierige Bergwege. Sie sind gut markiert, überwiegend schmal, oft steil angelegt, teilweise ausgesetzt und setzen speziell bei schlechtem Wetter Bergerfahrung voraus. Es sind Bergwege mit kurzen versicherten Gehpassagen und teilweise auch mit kurzen versicherten Kletterpassagen (das sind Stellen, die nur mit Gebrauch der Hände überwunden werden können). Diese Wege sollten nur von trittsicheren, ausdauernden Bergwanderern mit entsprechender Ausrüstung begangen werden.

Schwarze Bergwege: schwierig
Schwarze Bergwege sind schwierige Bergwege, sie sind gut markiert, schmal, ganz oder zum Teil sehr steil angelegt, oft ausgesetzt und können bei schlechtem Wetter gefährlich sein. Diese Bergwege können auch längere Kletterpassagen aufweisen (das sind Stellen, die nur mit Gebrauch der Hände überwunden werden können). Sie sollten nur von absolut trittsicheren, konditionsstarken und schwindelfreien, alpin erfahrenen Bergsteigern mit einer den Anforderungen des Weges entsprechenden Bergausrüstung begangen werden.

AUSRÜSTUNG

Da vorausgesetzt wird, dass jeder Bergwanderer weiß, dass er seine Ausrüstung der jeweiligen Tour, der Jahreszeit und dem Wetter anpassen muss, werden die wichtigsten Dinge nur stichwortartig aufgezählt: Wind-, Regen- und Kälteschutz, Reservekleidung, Bergstöcke, ausreichend Flüssigkeit, Proviant, Rucksackapotheke, Wanderkarte, je nach Ziel eventuell Kompass und Höhenmesser.

BERGRETTUNG – NOTRUF 140

Die alpine Notrufnummer in Österreich ist 140. Wenn Ihr Handy keinen Empfang hat, gibt es den Euro-Notruf. Sie müssen das Handy ausschalten und nach dem Wiedereinschalten statt dem PIN-CODE (eventuell aufschreiben und in der Geldtasche mitführen) 112 eingeben. Das Handy sucht sich das stärkste Betreibernetz und setzt den Notruf ab. Wichtig: Legen Sie erst auf, wenn die Leitstelle das Gespräch beendet.

Die Einsatzleitung verständigt die für das Notfallgebiet zuständige Bergrettungsstelle. Dort steht ein Team mit hervorragender Kondition und bester Alpinausbildung bereit, das Ihnen schnell und professionell helfen wird. Die Bergrettungsmänner und -frauen besitzen darüber hinaus großes Einfühlungsvermögen. Sie gehen respektvoll mit jenen um, die Hilfe benötigen. Denken Sie daran, dass diese Frauen und Männer ihre Zeit und ihren Einsatz ehrenamtlich zur Verfügung stellen. Eine Förderpartnerschaft mit der Bergrettung kann in Bergnot geratenen Bergsteigern – vielleicht auch einmal Ihnen – helfen.

Blick vom Kaiseraufstieg Richtung Südwesten, im Zentrum die Festung Kufstein

KUFSTEIN
Touren 1 bis 8

„Kennst du die Perle ...?" ... so wird die malerische **Grenzstadt** zu Recht besungen. Sie liegt an der Grenze zu Bayern, eingerahmt vom Wilden Kaiser im Südosten und dem bewaldeten Pendlingkamm im Südwesten auf 504 Meter Seehöhe. Die nördliche Grenze zur Gemeinde Ebbs bildet der Kaiserbach, der im hinteren Kaisertal entspringt. Die **imposante Festung** Kufstein ist ein beeindruckender Blickfang und dominiert das Landschaftsbild. Der Inn teilt die Stadt in zwei Ortsteile und verlässt hier Tirol.

Schon **vor etwa 30.000 Jahren** besiedelten Jäger die Gegend um Kufstein, wie archäologische Funde aus der „Tischofer Höhle" belegen. Die meisten dieser Funde sind im sehenswerten Heimatmuseum auf der Festung Kufstein ausgestellt.

Die Römer beherrschten das Inntal und die Gegend um Kufstein von etwa 15 bis ca. 500 nach Christus. Anschließend wurde das gesamte Gebiet von Bajuwaren in Besitz genommen. Die **erste urkundliche Erwähnung** von Kufstein (Caofstein) ist in einem Güterverzeichnis des Bischofs Arn aus dem Jahre 788 nachgewiesen. Die Festung Kufstein wurde erstmals in einer Besitzaufstellung des Bischofs von Regensburg und des Herzogs von Bayern angeführt. Die strategisch bedeutende Lage führte zu einer weiteren Befestigung des Ortes, dem 1393 als besondere Förderung vom Bayernherzog Stefan dem Jüngeren das **Stadtrecht** verliehen wurde. Es folgte ein langanhaltender wirtschaftlicher Aufschwung Kufsteins.

Oft wurde die Stadt allerdings auch in die **kriegerischen Auseinandersetzungen** zwischen Bayern, Tirol und Österreich hineingezogen. Von Kaiser Maximilian 1504 endgültig erobert, kam sie schließlich zu Tirol. Der Herrscher ließ die bestehende Burg zu einer Festung ausbauen. Der runde Kaiserturm mit bis zu 6 Meter starken Mauern gilt immer noch als Wahrzeichen der Stadt.

Heute ist die schmucke **Bezirksstadt Kufstein** mit über 20.000 Einwohnern die zweitgrößte Stadt Tirols. Das Bezirksgericht, die Bezirkshauptmannschaft, das Finanzamt, das Bezirkskrankenhaus, wichtige Bildungseinrichtungen wie das Bundesrealgymnasium, die HBLA und, seit kurzem, die Fachhochschule Kufstein festigen

---

ANREISE. Kufstein kann über die A12 (Ausfahrten Kufstein Süd und Kufstein Nord) erreicht werden. Über die Ausfahrt Nord sind die Parkplätze für Wanderungen ins Kaisergebirge beschildert. Vom Bahnhof fährt der Stadtbus im 20-Minuten-Takt direkt zum Kaisertalaufstieg.

WICHTIGE ADRESSEN UND TELEFONNUMMERN.
Tourismusverband Ferienland Kufstein
A-6330 Kufstein
Unterer Stadtplatz 8
Telefon: +43/(0)5372/62207
E-Mail: info@kufstein.com
Internet: www.kufstein.at

KAISERLIFT KUFSTEIN

Ideale und einzige Aufstiegshilfe ins erlebnisreiche Naturschutzgebiet. Der Lift ist jeweils vom 1. Mai bis zum 31. Oktober in Betrieb.

PREISE

Während des Liftbetriebes können direkt am Kaiserlift Einzelfahrkarten sowie Kaiserlift-Saisonkarten erworben werden. Dazu erhalten Sie für die Orientierung im großräumigen Naturschutzgebiet kostenlos eine Panoramakarte.

TARIFE

Berg- und Talfahrt Bergstation Brentenjoch € 15, Berg- oder Talfahrt einzeln € 10. Alle Kinder bis Jahrgang 2001 und jünger, sowie Schüler fahren in Begleitung eines Erwachsenen gratis, ohne Begleitung zahlen Kinder den halben Erwachsenen-Preis.

TECHNISCHE DETAILS

Höhe Talstation 500 m, Höhe Mittelstation 894 m, Höhe Bergstation 1256 m

OPTION

Mit dem Kaiserlift und der Panoramakarte steht dem Start in einen Sommer voller intensiver Bergerlebnisse nichts mehr im Weg. Sportliche Herausforderungen, bewusstes Empfinden des Naturraumes und genussvolle Stunden – all das und noch viel mehr kann man hier finden. Alm- und Schutzhütten kredenzen etwas Besonderes, nämlich Gastlichkeit auf höchstem Niveau und bäuerliche Köstlichkeiten. Ein Luxus, den sich jeder leisten kann.

Das einst mächtige Bollwerk beherbergt heute das sehenswerte Heimatmuseum.

Das prachtvolle Jugendstilgebäude der Sparkasse dominiert den Oberen Stadtplatz.

die zentrale Bedeutung der Stadt für den gesamten Bezirk. Kufstein und das Kaisergebirge sind international anerkannte bergsportliche Begriffe, erfolgte doch von hier aus die Erschließung des Gebirges. Kufstein bietet deshalb wie kaum ein anderer Ort eine große **Vielfalt an Wander- und Klettertouren**. Von der erlebnisreichen Familienwanderung über spannende Klettersteige bis zu den schwierigsten Kletterunternehmungen reicht die umfangreiche Palette.

SEHENSWERT. Wenn man sich Kufstein nähert, dominiert das Wahrzeichen der Stadt, die mächtige Festung Kufstein, den Blick. Im Zentrum auf dem Festungsberg gelegen, hat sie keine strategische Bedeutung mehr. Heute ist sie kultureller Mittelpunkt der Stadt. In ihren Mauern ist das sehenswerte Heimatmuseum untergebracht, das von der ersten Besiedlung der Region in der Steinzeit bis in die heutige Zeit einen interessanten Bogen spannt. Der Burghof, der Kaiserturm, insbesondere aber das überdachte Veranstaltungsareal der Josefsburg mit seinen 5000 Sitzplätzen sind Schauplatz qualitativ hochwertiger Veranstaltungen. Auf der Festung steht auch die größte Freiorgel der Welt, die jeden Mittag zum Gedenken an alle Opfer von Gewalt gespielt wird. Die Konzertstücke sind nicht nur im Zentrum, sondern oft auch bis ins Kaisertal zu hören. Zur Musik gehört auch das „Kufsteinlied", das von Karl Ganzer 1947 als Hausmusikant im Auracher Löchl das erste Mal gesungen wurde und zu einem Welthit wurde. Die Landesmusikschule ist Garant dafür, dass die musikalische Ausbildung begabter Kinder und Jugendlicher nachhaltig gewährleistet ist. Der Heimatkundeverein, viele Traditionsvereine und Chöre sind integraler Bestandteil der Gesellschaft und Ausdruck kultureller Vielfalt. Das Kulturprogramm der Stadt Kufstein deckt die Wünsche und Erwartungen ihrer Bewohner in vielerlei Hinsicht ab.

Der besondere Charakter der ursprünglich im Inn-Salzach-Stil erbauten Altstadt ging bei einem Brand weitgehend verloren. Touristisches Ziel ist heute neben der Festung die Römerhofgasse mit dem „ältesten" Weinhaus Österreichs, dem Auracher Löchl und dem Batzenhäusl. Beeindruckend sind einige Jugendstilbauten, wie das Sparkassengebäude, das ehemalige Hotel Egger, das Bundesrealgymnasium und die Volksschule in der Kinkstraße, in der auch ein kleines Museum an den Kufsteiner Erfinder der Nähmaschine, Josef Madersperger, erinnert. Zur kulturellen Vielfalt tragen auch die Städtepartnerschaften mit Rovereto in Italien und Frauenfeld in der Schweiz bei, da diese immer wieder auch im Rahmen gemeinsamer Veranstaltungen gepflegt werden.

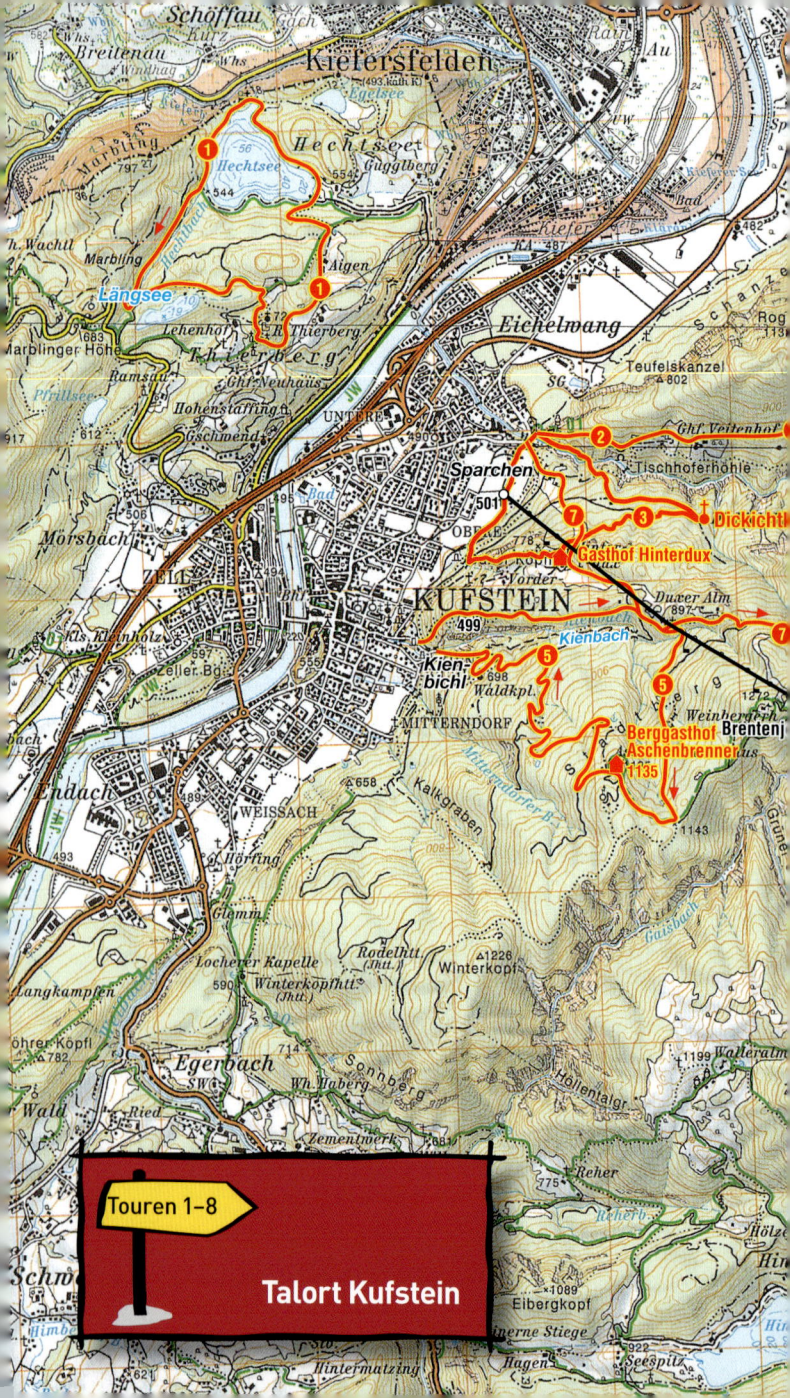

Tour 1

THIERBERG
Hochsitz über dem Inntal (721 m)

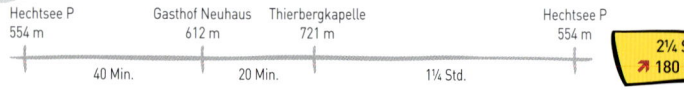

Hechtsee P 554 m	Gasthof Neuhaus 612 m	Thierbergkapelle 721 m		Hechtsee P 554 m
	40 Min.	20 Min.	1¼ Std.	

2¼ Std.
↗ 180 Hm

Anreise: Von München oder Innsbruck Autobahnausfahrt Kufstein Nord, beim 1. Kreisverkehr die 2. Ausfahrt, weiter zum 2. Kreisverkehr, dort die 3. Ausfahrt und über den Inn zum 3. Kreisverkehr, bei diesem die 3. Ausfahrt Richtung Hechtsee nehmen.
Ausgangspunkt: Hechtsee-Parkplatz.
Höhenunterschied und Gehzeit: 180 Hm, 2¼ Std.

Wegbeschaffenheit: Sträßchen, Forst- und Waldwege.
Einkehrmöglichkeit: Gasthof Neuhaus, Gasthof Badeanstalt Hechtsee.
Beste Jahreszeit: April bis Oktober – diese Tour ist aber auch ganzjährig begehbar.
Tipp: Für Kinder ab 6 Jahren geeignet, der Hechtsee ist ein sehr beliebter Badesee.

Es dürfte für jeden Naturliebhaber kaum einen idealeren Einstieg zum Wandern ins Kaisergebirge geben als den Weg zur beliebten **Wallfahrtskirche** und dem mächtigen **Bergfried**. Beide erheben sich weithin sichtbar auf dem

Thierberg. Der imposante Bergfried ist eine nicht zu übertreffende Aussichtswarte. Der Prachtblick auf die Stadt, ins Thierseetal, nach Bayern, auf den sanfteren Zahmen Kaiser, ins liebliche Kaisertal und bis zu den schroffen Gipfeln und

Kreuzwegstationen sind Orte der Besinnung und der Ruhe.

TALORT KUFSTEIN

Gasthof Neuhaus – zu einem Wallfahrtsort gehört traditionell ein guter Gasthof.

Felsfluchten des Wilden Kaisers lässt jedes Wandererherz höherschlagen. Die Burg wurde 1280 als Bollwerk gegen Norden von den Freundsbergern errichtet. Die **Thierbergkapelle** wird 1315 erstmals als Filiale der Pfarre Langkampfen erwähnt. Sie wurde Johannes dem Täufer geweiht, was im Altarbild und einem geschnitzten Haupt des Heiligen zum Ausdruck kommt. Die Abgeschiedenheit des Ortes zog Einsiedler an und so wurde der Thierberg mit seiner Kapelle zur Eremitage, die nachweislich von 1676 bis 1998 bestand. Die Einsiedler waren beim Volk beliebt, ihre Klausen wurden oft zu Wallfahrtsorten, so auch die **Thierbergkapelle**. Verehrt wird auch eine Marienstatue, die eine Nachbildung des Heiligtums in Montserrat in Spanien sein dürfte. Zu ihr führt ein Kreuzweg mit 14 Stationen, der beim Gasthof Neuhaus beginnt. Jeweils ab April wird jeden Mittwoch um 8 Uhr eine heilige Messe für die oft von weit her anreisenden Wallfahrer zelebriert.

WEGVERLAUF. Vom Hechtsee-Parkplatz aus halten wir uns zuerst am linken Seeuferweg. Nach etwa 50 Metern zweigt der Weg nach links aufwärts ab. Nun einfach der Beschilderung „Gasthof Neuhaus/Thierbergkapelle" folgen. Nach etwa ¼ Stunde teilt sich oberhalb eines Bauernhofes der Weg. Beide Wege sind mit „Gasthof Neuhaus/Thierberg" beschildert. Wir nehmen den unteren nach

Seit Jahrhunderten krönt die Wallfahrtskapelle den Thierberg.

links zum Bauernhaus (Gut Aigen) führenden Weg und kommen nach etwa 25 Minuten zum Gasthof Neuhaus. Von diesem geht es die 14 Kreuzwegstationen durch einen schattenspendenden Buchenwald hinauf zu der den **Thierberg** krönenden **Kapelle**, die wir vom Gasthof Neuhaus aus in etwa 20 Minuten erreichen. Nach dem Besuch des liebevoll gestalteten, kleinen Gotteshauses und des sehenswerten, stolzen Bergfrieds wenden wir uns knapp unterhalb der Kapelle nun nach rechts (nördlich) und folgen dem guten Steig abwärts bis zu einer sonnigen Lichtung. Dort wieder nach links, jeweils der Beschilderung **„Längsee"** folgend, zu diesem. Von dem verträumten Bergsee nun dem Hechtbach folgend zum beliebten Hechtsee. Wir folgen dem schönen Seeuferweg nach links, gehen so um den herrlich gelegenen Badesee herum und erreichen mit außergewöhnlichen Blicken zum Wilden Kaiser nach insgesamt etwa 2¼ Stunden den Ausgangspunkt.
KARTE. Seite 22/23

TISCHOFER HÖHLE
Wanderung in die Vergangenheit

Kaisertal P	Wasserspeicher	Kaiserbach	Tischofer Höhle	Veitenhof	Kaisertal P
490 m	570 m	530 m	585 m	690 m	490 m
	20 Min.	25 Min.	25 Min.	20 Min.	30 Min.

2 Std.
↗ 290 Hm

Anreise: Von München oder Innsbruck Autobahnausfahrt A12 Kufstein Nord, beim 1. Kreisverkehr die 4. Ausfahrt Richtung Ebbs/Niederndorf nehmen. Nach etwa 700 m beim 2. Kreisverkehr die 1. Ausfahrt rechts nehmen (Hinweisschild Kaisertal). So erreicht man nach ca. 500 m die Kaisertal-Parkplätze (gebührenpflichtig). Stadtverkehr-Busse im 20-Minuten-Takt ab Bahnhof Kufstein, direkt zur Haltestelle Kaisertal Parkplatz

Ausgangspunkt: Kaisertal-Parkplatz (gebührenpflichtig).
Höhenunterschied und Gehzeit: 290 Hm, 2 Std.
Wegbeschaffenheit: Sträßchen, angenehmer Waldweg, versicherter Bergsteig.
Einkehrmöglichkeit: Theaterhütte, Veitenhof, Gasthof „Basislager".
Beste Jahreszeit: April bis Oktober.
Tipp: Besuch des sehenswerten Heimatmuseums auf der Festung Kufstein.

Der imposante, mächtige Eingang der Tischofer Höhle

TALORT KUFSTEIN

Der Kaiserbach formte über Jahrtausende die romantische Kaisertalschlucht. Das glasklare Gebirgswasser ist bei Forellenfischern sehr beliebt.

Die imposante Tischofer Höhle liegt versteckt im vorderen Kaisertal. Sie ist ein archäologisches Kleinod. Funde menschlicher Besiedlung reichen bis in die jüngere Altsteinzeit, also bis in die Zeit **vor etwa 30.000 Jahren** zurück. Beweise dafür sind Knochenspitzen und verschiedene Werkzeuge, die in der Tischofer Höhle gefunden wurden.

Eine dauerhafte Besiedlung lässt sich aber erst auf die **jüngere Steinzeit** (ca. 4000 bis 2000 vor

Christus) datieren. Zahlreiche Skelette von Höhlenbären, Rindern, Steinböcken, Ziegen und dergleichen sowie Stein- und Knochengeräte, Keramikscherben und Skelette von Menschen geben davon Zeugnis.

Diese **wertvollen Zeugnisse der Urgeschichte** können im Heimatmuseum auf der Festung Kufstein besichtigt werden. Für den Besuch der Höhle bietet sich ein attraktiver Rundweg über die Theaterhütte an, der auch in den tiefen Einschnitt der gewaltigen Kaiserbachschlucht führt.

WEGVERLAUF. Wir überqueren den Kaiserbach und folgen gleich nach der Brücke dem links aufwärts führenden, schmalen Weg. Mit einem herrlichen Blick auf die Festungsstadt geht es links aufwärts vorbei an der Theaterhütte zum Tagesspeicher der Kufsteiner Wasserversorgung, auf dem, passend zur Wanderung in die Vergangenheit, ein **keltisches Labyrinth** angelegt ist.

Nach etwa ½ Stunde erreichen wir die Abzweigung in die Kaiserbachschlucht. Nach wenigen Metern sieht man auf der gegenüberliegenden Talseite die mächtige Eingangsoffnung der Tischofer Höhle. Nun auf gutem Bergsteig hinunter in die vor uns liegende Schlucht des Kaiserbaches.

Hier umfängt uns eine natürliche Stille, nur unterbrochen von dem Rauschen des klaren Gebirgsbaches. Diesen überqueren wir auf einer schmalen Steinbrücke und steigen dann anfangs steil auf dem im Jahr 2010 gut versicherten Bergsteig aufwärts und erreichen nach etwa einer Stunde die **urgeschichtliche Steinzeithöhle**.

Ab der Höhle führt nun ein guter Steig zum Weg ins Kaisertal. Wir folgen diesem rechts aufwärts und sind nach etwa 1½ Stunden beim Veitenhof, auf dessen Terrasse das Wandererlebnis ausklingen kann. Von der verdienten Rast dann gemütlich auf dem Kaisertalweg in ca. ½ Stunde zurück zum Ausgangspunkt.

KARTE. Seite 22/23

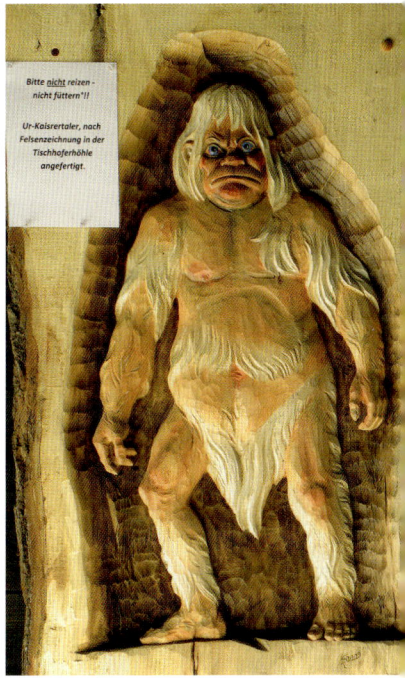

Ur-Kaisertaler nach Felszeichnungen in der Tischofer Höhle angefertigt. Achtung! Nicht reizen und nicht füttern! Dieses Kunstwerk steht im Raritätenzoo in Ebbs.

DREI-KAPELLEN-WEG
Zu einem beliebten Kraftort

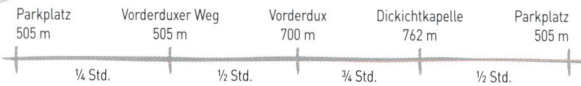

Ausgangspunkt: Kaiserlift-Parkplatz (gebührenpflichtig).
Anfahrt: Inntal-Autobahn Ausfahrt Kufstein Nord, beim ersten Kreisverkehr die erste Ausfahrt rechts Richtung Kufstein. Beim nächsten Kreisverkehr dritte Ausfahrt, ca. 100 Meter Richtung Zentrum zum vierten Kreisverkehr. Bei diesem, dem Schild Kaiserlift folgend, die erste Ausfahrt rechts. Danach gleich links einordnen und die erste Seitenstraße links immer geradeaus bis zum Kaiserlift-Parkplatz.
Wegbeschaffenheit: Sträßchen und angenehme, leichte Waldwege ohne nennenswerte Schwierigkeiten.
Einkehrmöglichkeit: Hinterduxerhof, Tel.: +43(0)5372/63 675.
Karte: Seite 22/23.

Auf dem Weg zur Hinterdux errichteten die Rotarier sowie Kufsteiner Musikanten je eine Marienkapelle, die sich mit dem Besuch der traditionellen Dickichtkapelle zu einem besinnlichen Rundweg verbinden lassen, der ganzjährig begehbar ist. Die Rotarier wählten die traumhafte Lage am Duxer Köpfl mit dem „schönsten" Blick auf Kufstein und das Inntal als Aussichtsloge für ihre Marienkapelle. Die Musikanten fanden eine kleine Waldlichtung am Duxer Köpfl als Ort der Erinnerung an ihre verstorbenen Kameraden.
Die Dickichtkapelle selbst soll an einer Stelle errichtet worden sein, wo zwei Kinder während des Französischen Kriegs 1809 auf wundersame Weise gerettet wurden. Sie liegt fast direkt gegenüber der Tischofer Höhle und gilt vielen Menschen als Kraftplatz.

WEGVERLAUF
Vom rechten oberen Eck des Parkplatzes führt ein ca. 50 Meter langer, schmaler Pfad zu einem Sträßchen. Diesem folgt man nach rechts und geht unterhalb des **List-Denkmals** mit malerischem

Die Rotarierkapelle am Duxer Köpfl

TALORT KUFSTEIN

Die Musikantenkapelle

Blick auf Kufstein bis zum Weg Richtung **Vorderdux**. Er bringt uns aufwärts bis zur Vorderdux (ehemaliges Gasthaus). Dort zweigt der Fußweg nach links ab, um nach einem leichten Graben rechts aufwärts zur **Kapelle** der Rotarier zu gelangen. Von dieser führt der Waldweg in etwa 10 Minuten zur **Musikantenkapelle**. Nun durch den Wald und über eine Wiese zum Gasthof **Hinterduxerhof**.
Nach verdienter Rast nun auf der Fahrstraße aufwärts bis zum Scheitel und dann abwärts bis zur Kehre, von der ein stiller Waldweg in wenigen Minuten zur mystischen **Dickichtkapelle** führt. Von dieser, dem Wegweiser folgend, in etwa 15 Minuten zum **Waldspielplatz** von Kufstein. Nun auf dem Fahrweg zur **Theaterhütte** und von dieser auf dem anfangs steilen Wiesensteig über Treppenstufen zurück zum Kaiserlift-Parkplatz.

Die Dickichtkapelle

KAISERTAL UND ANTON-KARG-HAUS
In das Herz des Gebirges

Kaisertal P 490 m	Pfandlhof 780 m	Antonius-kapelle, 865 m	Klaus-Hütte 700 m	Anton-Karg-Haus, 829 m	Kaisertal P 490 m
1 Std.	½ Std.	¾ Std.	½ Std.	2¼ Std.	

5 Std
↗ 584 Hm

Anreise: Von München oder Innsbruck Autobahnausfahrt A12 Kufstein Nord, beim 1. Kreisverkehr die 4. Ausfahrt Richtung Ebbs/Niederndorf nehmen. Nach etwa 700 m beim 2. Kreisverkehr die 1. Ausfahrt rechts nehmen (Hinweisschild Kaisertal). So erreicht man nach ca. 500 m die Kaisertal Parkplätze (gebührenpflichtig). Stadtverkehr-Busse im 20-Minuten-Takt ab Bahnhof Kufstein, direkt zur Haltestelle Kaisertal Parkplatz
Ausgangspunkt: Kaisertal-Parkplatz (gebührenpflichtig).

Höhenunterschied und Gehzeit: 584 Hm, 5 Std.
Wegbeschaffenheit: Forstwege, Waldsteige, E4 alpin, 801.
Einkehrmöglichkeit: Anton-Karg-Haus, Veitenhof, Pfandlhof, Berggasthof Enzian.
Beste Jahreszeit: Mai bis Oktober.
Tipp: Diese Tour lässt sich bis zum Hans-Berger-Haus oder über das Blumenparadies Hechleitalm ausdehnen!
Telefon:
Anton-Karg-Haus: +43/(0)5372/62578.

Anton-Karg-Haus mit der sektionseigenen Marienkapelle – der Talschluss zählt mit Sicherheit zu den schönsten in den Ostalpen.

ANTON-KARG-HAUS, 829 m, ERSTES SCHUTZHAUS IM KAISERGEBIRGE. Im Jahr 1883 wurde eine bestehende Almhütte in Hinterbärenbad von der Sektion Kufstein des damals Deutsch-Österreichischen Alpenvereins adaptiert und als Schutzhütte eröffnet. Als einzige Unterkunftsmöglichkeit im hinteren Kaisertal war die Hütte jedoch stets überfüllt und so machte man sich bereits 1890 an einen Aus- und Umbau. 1899 wurde zu einem Schreckensjahr, die Hütte brannte bis auf die Grundmauern ab. Aber schon am 1. Juli 1900 konnte der wesentlich größere Neubau unter Vorstand Anton Karg eingeweiht werden, dessen Namen die Schutzhütte in Würdigung seiner Verdienste um die Neuerrichtung erhielt. Anton Karg war ursprünglich Uhrmacher, verlagerte seinen Interessenschwerpunkt aber bald auf das damals neue Medium Fotografie. So gehörte er zu den ersten Naturfotografen in den Alpen. Seine Bilder machten das Kaisergebirge einem großen Publikum, insbesondere in den Städten, bekannt. Damit kann er sicher als der Kaiserpionier bezeichnet werden, da er einerseits breites Interesse für dieses außergewöhnliche Gebirge auslöste und gleichzeitig auch entscheidend daran mitwirkte, die Infrastruktur für die schon bald heranströmenden Besucher zu schaffen. Damals lockten die fast 1000 Meter hohen, griffigen Kalkfelsen insbesondere die Münchner Bergsteiger-Elite. Die sanfte Gegend am Kaiserbach hat von alters her den Namen Hinterbärenbad. Die Legende besagt, dass hier die früher in den Alpen beheimateten Braunbären während des Sommers im Bach Abkühlung suchten. Dieser alte Name wurde von Einheimischen lange auch für das Schutzhaus verwendet. Die AV-Sektion Kufstein bewirbt ihren Stützpunkt ebenfalls mit dem Namen „Anton-Karg-Haus in Hinterbärenbad". Dem Umweltschutz Rechnung tragend, ist dem Anton-Karg-Haus eine Abwasserkläranlage angeschlossen, die sämtliche Abwässer des Hans-Berger-Hauses und des Stripsenjochhauses reinigt. Der Anschluss des Stripsenjochhauses mittels eines 1½ Kilometer langen Kanals, der teilweise über felsiges Terrain führt, war eine große Herausforderung, die 2008 erfolgreich gemeistert wurde. Das Anton-Karg-Haus ist für die Sektion Kufstein von zentraler Bedeutung. Die Bundesjugendleitung des ÖAV hat das Anton-Karg-Haus als Stützpunkt für Jugendlehrgänge ausgewählt. Damit setzt sie seine geschichtliche Tradition als Zentrum für die Entwicklung des Bergsports im Kaisergebirge fort.

Hinterkaiserhof – urkundlich bereits 1256 erwähnt

Das weltbekannte Kaisertal wird südlich von den schroffen Wänden des Wilden Kaisers und im Norden von den lieblichen Almen und dunklen Wäldern des Zahmen Kaisers begrenzt. Der Talschluss zeigt sich hier von seiner schönsten Seite. Die Antoniuskapelle ist bis heute ein beliebter spiritueller Zufluchtsort. Sie ist vermutlich das meistgewählte Postkarten- und Kalendermotiv der Ostalpen.

„Lästern uns die Feinde auch, Treue ist Tiroler Brauch" steht auf dem stolzen, wuchtigen Hinterkaiserhof, einem Erbhof, der urkundlich bereits 1230 in einem Güterverzeichnis des Herzogs von Bayern erwähnt ist. Im Kaisertal gab es bereits seit 1607 eine Holztrift. Sie war über Jahrhunderte und bis ins Jahr 1964 die einzige Möglichkeit, den damals begehrten Rohstoff vom Hinteren Kaisertal nach Kufstein zu bringen. Davon zeugt noch die Klaushütte, die den Holzknechten von Montag bis Samstag als Unterkunft diente. Zum Greifen nahe und doch unerreichbar präsentieren sich die berühmten senkrechten Wände der zahlreichen einzigartigen Kletterberge wie etwa Totenkirchl, Fleischbank, Karlspitze oder Kleine Halt. Der Ausblick von der Terrasse des Anton-Karg-Hauses auf diesen wunderbaren Talschluss dürfte einer der großartigsten Logenplätze in den Ostalpen sein.

WEGVERLAUF. Der Zugang ins Kaisertal erfolgt über den „Kaiseraufstieg", einen Treppenanstieg mit über 280 Stufen, der die Fels-

barriere der Sparchner Klamm überwindet. Ein weiterer steiler Aufschwung führt zur Neapelbank, einem der schönsten Ausblicke auf Kufstein und das Inntal. Vorbei am Veitenhof kommt man nach etwa einer ¾ Std. zur Weggabelung Vorderkaiserfeldenhütte/Anton-Karg-Haus. Man nimmt nun den rechten, ebenen Weg vorbei am Pfandlhof bis zur Gabelung Anton-Karg-Haus/Antoniuskapelle. Die empfohlene Wanderroute führt zur **Antoniuskapelle**, die man nach etwa 20 Minuten erreicht. Ab hier auf bezeichnetem Wiesenweg und Waldsteig durch einen artenreichen Mischwald leicht abwärts zum Kaiserbach (Sparchenbach), auf den man nahe der **Klaushütte** trifft. Begleitet vom Gurgeln und Rauschen des Baches folgt man dem Fahrweg taleinwärts bis zum gastlichen **Anton-Karg-Haus** in Hinterbärenbad auf 829 Meter (2½ Stunden). Auf dem Weg zurück wandert man nun ebenfalls entlang des Bachverlaufs. Nach der Klaushütte führt der Weg durch den Felskopf des Klausbühels (2 Tunnels). Anschließend geht es leicht aufwärts immer höher über dem Talboden in etwa 1½ Stunden zum **Pfandlhof**. Ab diesem wandert man mit schöner Aussicht auf Kufstein in einer guten ¾ Stunde wieder zum Ausgangspunkt.
KARTE. Seite 22/23

STRASSENANSCHLUSS. „Eine Ära geht zu Ende", mit diesen Worten könnte man die Situation für das Kaisertal mit dem Straßenanschluss im Frühjahr 2008 an das öffentliche Verkehrsnetz beschreiben. Der Talanschluss kann sich als Segen oder „Fluch" erweisen. Die Gemeinde Ebbs und die Bewohner des Kaisertales haben sich die Wahrung des Naturschutzgebietes und die Erhaltung des Charakters des Tales zum Ziel gesetzt. Im Naturschutzbescheid über die Genehmigung der neuen Erschließungsstraße mit Tunnel ist die Bestimmung enthalten, dass die Benutzung dieser neuen Straße nur bei Vorliegen einer naturschutzrechtlichen Ausnahmebewilligung möglich ist. Diese wird von der BH Kufstein über Antrag der Gemeinde Ebbs restriktiv erteilt. Die Wirte des Tales erklärten sich mit dieser Vorgehensweise solidarisch. So fahren die Lieferanten nun das zu diesem Zweck neu errichtete Lagergebäude im Inntal an. Von diesem aus werden Lebensmittel, Getränke und notwendige Waren des täglichen Gebrauchs bei einer Fahrt ins Tal mitgenommen. Man kann nur hoffen, dass sich diese Haltung auf nachfolgende Verantwortliche in der Politik und die Nachkommen der jetzigen Talbewohner überträgt. Derzeit kann man das Kaisertal auf jeden Fall weiterhin als besuchenswertes Naturjuwel uneingeschränkt weiterempfehlen.

BERGHAUS ASCHENBRENNER, 1128 m
Ausflugsziel hoch über Kufstein

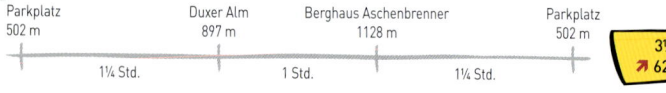

Anreise: Von München oder Innsbruck Autobahnausfahrt A12 Kufstein Nord, beim 1. Kreisverkehr die 2. Ausfahrt Richtung Kufstein nehmen. Beim 2. Kreisverkehr die 3. Ausfahrt nehmen und nach ca. 150 m beim 3. Kreisverkehr die 1. Ausfahrt Richtung Zentrum bis zum Oberen Stadtplatz fahren, über diesen, dann die 1. Straße links abbiegen (Josef-Egger-Straße) Diese entlang, bis sie am Bergfuß mit einem kleinen Parkplatz endet.
Ausgangspunkt: Alter Kaiserlift-Parkplatz an der Pienzenauerstraße.

Höhenunterschied und Gehzeit: 626 Hm, Aufstieg 2¼ und Abstieg 1¼ Std.
Wegbeschaffenheit: Almerschließungsstraße, Wanderwege und Bergsteige (rot).
Einkehrmöglichkeit: Berggasthof Aschenbrenner (Montag Ruhetag).
Beste Jahreszeit: Mai bis Oktober.
Tipp: Im Sommer Handtuch für Kneippanlage ins Auto legen, im Winter ist der nicht öffentliche Fahrweg zum Berggasthof bei entsprechender Schneelage eine über fünf Kilometer lange rasante Rodelbahn.
Telefon: +43/(0)5372/62220

Peter Aschenbrenner, einer der besten Bergsteiger seiner Zeit, errichtete den Berggasthof auf einem idealen Aussichtsplateau. Über Jahrzehnte war seine Familie Garant für ein gastliches Ausflugsziel mit exzellenter Küche und unter ihrer Führung wurde das Berghaus zum idealen Stützpunkt im Wanderparadies Kaisergebirge. Seit 1. Oktober 2007 hat die Familie Taxauer den **idyllischen Gasthof**

SCHNEEROSE. Die Schneerose oder Christrose gehört zur Familie der Hahnenfußgewächse, Gattung Nieswurz. Die Hauptblütezeit ist von Februar bis April, kann aber je nach Schneelage und Temperatur bereits im Dezember, noch vor Weihnachten beginnen, wodurch sie auch den Beinamen Christrose erhielt. Sie entfaltet ihre Blüten oft auch schon, wenn noch Schnee liegt. Die Blüte ist je nach Sorte weiß und rosa. Die Schneerose wird vorwiegend durch Hummeln, Schmetterlinge und pollenfressende Insekten bestäubt. Sie liebt durchlässige, kalkhaltige Böden. Deshalb gehört auch das Kaisergebirge zu ihrem Verbreitungsgebiet. Früher hat man der Schneerose aufgrund ihrer Blütezeit im Winter Zauberkräfte zugeschrieben.

Berghaus Aschenbrenner – beliebtes Wanderziel hoch über Kufstein

übernommen und verwöhnt nun die Gäste mit bodenständigen Schmankerln. Neben dem direkten Anstieg, der teils dem Fahrweg folgt und ihn öfters abkürzt, ist die Wanderung über den Elfenhain und Schneerosenweg eine äußerst abwechslungsreiche Alternative. Der eher sanfte Weg auf den Elfenhain wird von tausenden Maiglöckchen gesäumt und überrascht mit schönen Blicken auf Kufstein und das Inntal. Vom Elfenhain zur Duxer Alm führt der Weg hoch über der Kienbachklamm mit aufregenden Tiefblicken in eine ursprüngliche Schluchtlandschaft, mit zahlreichen tosenden Wasserfällen als besonderer Attraktion. Ab der Duxer Alm trifft man auf dem Schneerosenweg – nomen est omen – auf des Kaisers Königin: die Schneerose. Tausende von Blüten kündigen prachtvoll den Frühling an und erfreuen jeden Naturliebhaber.

WEGVERLAUF. Zuerst vom Parkplatz nach links, am Bergfuß bleibend über den Kienbach, anschließend zweigt der Weg unmittelbar nach dem Gasthof Kienbichl rechts zum Elfenhain ab (beschildert). Nun in vielen Serpentinen sanft ansteigend über mehrere Brü-

cken, die bei Nässe etwas Vorsicht erfordern, in etwa einer ¾ Stunde zur Anhöhe. Tief unter einem der Kienbach, folgt man jeweils der Beschilderung „Duxer Alm/Gasthof Aschenbrenner". Hier trifft man auf eine Weggabelung. Beide Wege führen zum **Gasthof Aschenbrenner**. Der rechte, untere Weg trifft auf den Fahrweg zum Gasthof und ist etwa 20 Minuten kürzer. Unser Tourenvorschlag führt links aufwärts zur **Duxer Alm**. Ab dieser etwa 10 Minuten auf einem Fahrweg weiter. Kurz nach einer Kehre weist ein Hinweisschild auf den rechts abzweigenden Schneerosenweg, dem man nun bis zum Panoramaweg folgt. Es lohnt sich, diesem nur einige Minuten nach links Richtung Weinberghaus zu folgen, bis sich der Blick zu den wuchtigen Felslandschaften des Wilden Kaisers öffnet. Man genießt den tollen Blick und geht anschließend in etwa 10 Minuten zum **Berggasthof Aschenbrenner**.
KARTE. Seite 22/23

PETER ASCHENBRENNER
Auszug aus dem Lebenslauf
Geb. 6. Mai 1902 in Ebbs –
gestorben 25. Jänner 1998 in Kufstein
Peter Aschenbrenner war ein bekannter Expeditionsbergsteiger, Bergführer, Hüttenwirt des Stripsenjochhauses, umsichtiger Bergretter und einer der besten Kletterer seiner Zeit. In seinem Gipfelbuch stehen über 2000 Besteigungen, darunter über 400 Dreitausender und 68 Viertausender. Ihm gelangen zu seiner Zeit extreme Erstbegehungen im Wilden Kaiser, wie z. B. Fleischbank-Ostwand oder Leuchtsturm-Südwand. Er entwickelte den sogenannten Aschenbrenner-Eispickel, der von vielen bekannten Bergsteigern verwendet wurde. Internationale Berühmtheit erlangte Peter Aschenbrenner als Teilnehmer mehrerer Himalaya-Expeditionen. Mit der österreichisch-amerikanischen Expedition 1932 bestieg er als Erster den Chongra Peak (6830 m) und den Rakhio Peak (7070 m). Die Ersteigung des Nanga Parbat musste auf 7400 Meter unter dem Silbersattel abgebrochen werden. Mit der deutschen Nanga-Parbat-Expedition 1934 scheiterte er auf 7895 Meter. Neun Expeditionsteilnehmer verunglückten beim Abstieg in einem Schneesturm tödlich. Nach diesem Tiefpunkt eines Bergsteigerlebens durfte er als bergsteigerischer Expeditionsleiter am 3. Juli 1953 die Ersterteigung des Nanga Parbat durch Hermann Buhl als einen besonderen Höhepunkt erleben. Zahlreiche verunglückte Kletterer im Kaisergebirge verdanken ihm ihr Leben. Die Stadt Kufstein anerkannte seine Verdienste mit der Überlassung des Grundstücks auf dem Stadtberg, auf dem er sich den Traum einer eigenen Hütte verwirklichte.

BETTLERSTEIG
Idyllischer Panoramaweg

Liftstation	Gamskogel	Anton-Karg-Haus	Hechleitalm	Kufstein P
1204 m	1449 m	829 m	932 m	490 m
	1 Std.	2½ Std.	¾ Std.	1¼ Std.

5½ Std.
552 Hm

Anreise: Von München oder Innsbruck Autobahnausfahrt Kufstein Nord, beim 1. Kreisverkehr die 2. Ausfahrt Richtung Kufstein, dann beim 2. Kreisverkehr die 4. Ausfahrt, weiter zum 3. Kreisverkehr. Bei diesem die 2. Ausfahrt und weiter zum 4. Kreisverkehr, dort die 1. Ausfahrt. Danach gleich links einordnen und die erste Seitenstraße links immer geradeaus bis zum Kaiserliftparkplatz.
Ausgangspunkt: Kaiserlift-Parkplatz (gebührenpflichtig) bzw. Lift bis zur Bergstation, 1204 m.
Höhenmeter und Gehzeit: 552 Hm, 5½ Std.
Wegbeschaffenheit: Forst- und Waldwege, Bergsteige, Trittsicherheit erforderlich.
Einkehrmöglichkeit: Anton-Karg-Haus, Hinterkaiserhof, Pfandlhof, Berggasthof Enzian, Veitenhof, Gasthöfe in Kufstein.
Beste Jahreszeit: Mai bis Oktober (je nach Schneelage auf der Nordseite).
Variante: Über die Kaindlhütte zum Bettlersteig (½ Std. kürzer).

Der Bettlersteig verbindet das Anton-Karg-Haus mit der Kaindlhütte.

TALORT KUFSTEIN

Der Steig führt über den Gamskogel und durch die bewaldete Nordflanke der Hackenköpfe. Das schwierige Gelände erforderte den Bau von Brücken, Treppen, Hangverbauungen usw., wodurch der Weg sehr abwechslungsreich und interessant wird.

Der bewaldete **Gamskogel** dient als Aussichtskanzel. Von ihm reicht der Blick vom Zahmen Kaiser über das Stripsenjoch auf die Westwand des berühmten Totenkirchls und den Haltenstock. Die bunte Vielfalt der heimischen Pflanzenwelt macht die anspruchsvolle Wanderung noch schöner.

Im Frühjahr leuchten Schneerosen aus den kargen, erst aper gewordenen Waldböden. Jeden Blumenfreund dürften darüber hinaus neben Enzian und Primel vor allem Orchideen wie Knabenkraut, Frauenschuh und Türkenbund begeistern.

WEGVERLAUF. In einer halben Stunde erreicht man mit dem Sessellift die 1204 m hoch gelegene Bergstation und ist plötzlich mitten in der grandiosen Berglandschaft zwischen Wildem und Zahmem Kaiser.

Von der Bergstation in etwa zehn Minuten zum Brentenjoch. Direkt am Brentenjoch zweigt von der Fahrstraße Richtung Kaindlhütte der Bergpfad (814) zum **Gamskogel** ab, den man nach etwa 45 Minuten erreicht.

Von diesem südöstlich in steilen Serpentinen hinab zum Almgelände. Einige Holztreppen erfordern bei Nässe eine gewisse Vorsicht. In weitem Bogen ein- und ausbuch-

Wegbauer mit Herz formten diesen sehenswerten Wegweiser.

Gamskogel – Blick über das Kaisertal zum Zahmen Kaiser

tend erreicht man in etwa 35 Minuten die Abzweigung ins Kaisertal, von dort führt der abenteuerliche Bettlersteig (AV-Weg 827) auf schmalem Pfad in Richtung Anton-Karg-Haus.

Anfangs entschärfen längere Treppen das steile, erodierende Gelände. Nach etwa zehn Minuten kommt man zur „Schlüsselstelle", die aber von jedem trittsicheren Bergwanderer gut bewältigt werden kann.

Nach etwa einer Stunde sieht man die Straßwalch-Jagdhütte. Beim Jagdhaus sprudelt frisches Quellwasser aus einem Brunnen, eine Labsal für jeden durstigen Wanderer. Der letzte Abschnitt führt schließlich durch den Wald, über einige Steilstufen und wasserführende Gräben zum gastlichen **Anton-Karg-Haus**.

Von diesem nach verdienter Rast auf dem AV-Weg 827 abwechslungsreich über die **Hechleitalm** zum Hinterkaiserhof mit seiner Antoniuskapelle. Ab dieser auf dem Fahrweg über Pfandl- und Veitenhof zum Kaisertal-Parkplatz. Von diesem auf der Straßenbrücke über den Kaiserbach und nach etwa 150 Metern auf der ersten Straße links aufwärts in zehn Minuten zurück zum Ausgangspunkt.
KARTE. Seite 22/23

GAMSKOGEL, 1449 m
Fesselnde Aussichten

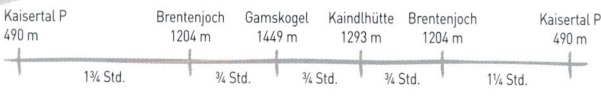

Kaisertal P 490 m		Brentenjoch 1204 m		Gamskogel 1449 m		Kaindlhütte 1293 m		Brentenjoch 1204 m		Kaisertal P 490 m
	1¾ Std.		¾ Std.		¾ Std.		¾ Std.		1¼ Std.	

5¼ Std.
↗ 1136 Hm

Anreise: Von München oder Innsbruck Autobahnausfahrt A12 Kufstein Nord, beim 1. Kreisverkehr die 4. Ausfahrt Richtung Ebbs/Niederndorf nehmen. Nach etwa 700 m beim 2. Kreisverkehr die 1. Ausfahrt rechts nehmen (Hinweisschild Kaisertal). So erreicht man nach ca. 500 m die Kaisertal-Parkplätze (gebührenpflichtig). Stadtverkehr-Busse im 20-Minuten-Takt ab Bahnhof Kufstein, direkt zur Haltestelle Kaisertal Parkplatz
Ausgangspunkt: Kaisertal-Parkplatz (gebührenpflichtig).

Höhenunterschied und Gehzeit: 1136 Hm, 5¼ Stunden, mit dem Kaiserlift 1 Stunde weniger.
Wegbeschaffenheit: Einfache Bergwanderung auf Almerschließungsstraßen, Wanderwegen und Bergsteigen (rot).
Einkehrmöglichkeit: Gasthof Hinterdux, Duxer Alm, Kaindlhütte, Weinberghaus, Gasthof „Basislager", Weinstadl.
Beste Jahreszeit: Mai bis Oktober (kann ganzjährig begangen werden).

Der aussichtsreiche Gamskogel kann als Hausberg der Kufsteiner bezeichnet werden. So war er auch das erste Ziel der 1877 gegründeten AV-Sektion Kufstein.
Wie der Name schon sagt, beherbergt der kleine, insbesondere mit Fichten, Buchen und Ahorn bewaldete Gipfel vor allem Gämsen. Mit etwas Glück sieht man aber auch Rehe und verschiedene Raufußhühner wie den Spiel- oder Auerhahn.
Die Aussicht vom Gamskogel ist kaum zu übertreffen. Der Blick reicht von den mächtigen Nordabstürzen des Scheffauers mit Haltenstock und sogar bis zum Totenkirchl, somit in das Herzstück des Gebirges. Das idyllische Almdorf um die Kaindlhütte liegt zauberhaft auf den sanften Almböden am Fuße des Scheffauers. Ein Ort, der durch seine Ursprünglichkeit Stille und Ruhe ausstrahlt.

WEGVERLAUF. Man überquert den Kaiserbach auf der Straßenbrücke und folgt gleich nach der Brücke dem links aufwärts führenden, schmalen Weg zum erhöhten Plateau. Mit einem herrlichen Blick auf die Festungsstadt geht es links aufwärts. Kurz vor der Theaterhütte geht man nach rechts auf dem Hörfarterweg, bis man auf diesem nach wenigen Schritten die freie Wiese erreicht. Nun auf deutlichen Steigspuren den steilen Wiesenhang hinauf. Eine asphaltierte Straße wird überquert, knapp vor dem **Gasthof Hinterdux** leitet einen der beschilderte Weg links aufwärts zum Brentenjoch.
Vor der Duxer Alm gabelt sich der Weg. Man nimmt die linke Abzwei-

Gamskogel – Logenplatz zu den berühmtesten Klettergipfeln des Wilden Kaisers

gung und trifft links der Alm wieder auf den bezeichneten Bergsteig, der später wieder auf die Fahrstraße trifft. Dieser folgt man etwa einen Kilometer, bis deutliche Gehspuren und Steigreste steil im Zickzack zum **Brentenjoch** führen. Von dort führt ein mäßig ansteigender Bergsteig (AV-Weg 814) in etwa einer ¾ Stunde zum aussichtsreichen **Gamskogel**. Den lohnenden Aussichtsgipfel ziert seit 2007 ein Gipfelkreuz der AV-Sektion Kufstein.

Vom Gipfel geht es anfangs südlich in steilen Serpentinen hinab zum Almgelände des Steinbergs. Einige Holztreppen erfordern bei Nässe eine gewisse Vorsicht. Weitläufig dem Gelände folgend, kommt man nach etwa einer ¾ Stunde zur **Kaindlhütte**. Nach verdienter Rast geht man von der Kaindlhütte anfangs auf dem Fahrweg, dann links hinunter über das Almgelände, vorbei am Steinberghaus zurück zum Brentenjoch – ¾ Std.

Von diesem, entweder Abstieg gleich wie Aufstieg und in ca. 1¼ Stunden zurück zum Parkplatz, oder vom **Brentenjoch** in etwa 10 Minuten hinauf zur Bergstation des Kaiserliftes und mit diesem zurück ins Tal.

Von der Talstation führt rechts ein Weg in 10 Minuten zurück zum Kaisertal-Parkplatz.

KARTE. Seite 22/23

Tour 8

SCHEFFAUER, 2111 m
Fesselnde Tiefblicke

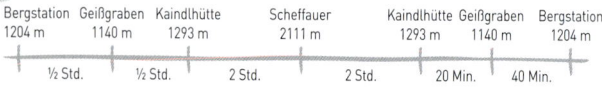

6 Std.
↗ 1071 Hm

Anreise: Von München oder Innsbruck Autobahnausfahrt A12 Kufstein Nord, beim 1. Kreisverkehr die 2. Ausfahrt Richtung Kufstein nehmen. Beim 2. Kreisverkehr die 3. Ausfahrt nehmen und nach ca. 150 m beim 3. Kreisverkehr die 1. Ausfahrt, danach gleich links einordnen, links abbiegen und auf dieser Straße geradeaus bis zum Kaiserlift-Parkplatz (beschildert) fahren.
Ausgangspunkt: Kaiserlift-Parkplatz (gebührenpflichtig), Liftauffahrt bis zur Bergstation, 1204 m.
Höhenunterschied und Gehzeit: 1071 Hm, 6 Std.

Wegbeschaffenheit: Forst- und Waldwege, Bergsteig, leichter Klettersteig A/B oder I, Trittsicherheit und Schwindelfreiheit erforderlich. (Trittsichere, schwindelfreie Bergsteiger können den Widauersteig auch ohne Klettersteigausrüstung begehen.)
Einkehrmöglichkeit: Kaindlhütte, Weinberghaus, Liftstüberl Talstation Kaiserlift.
Beste Jahreszeit: Juni bis September, je nach Schneelage.
Tipp: Aufgrund der Steinschlaggefahr sollte ein Kletterhelm verwendet werden!

Der Scheffauer ist der westlichste Eckpfeiler des Wilden Kaisers. Nach Süden und Norden stürzt er mit wuchtigen Wänden über 500 Meter ab. Darunter liegt südseitig wie ein Juwel der türkisblaue Hintersteiner See.
Nach Westen führt der Grat über die Grübler Lucke zum Zettenkaiser. Nach Osten zeichnen die Hackenköpfe eine scharfe Linie bis zum Sonneck.
Der mächtige Felsendom zählt mit Sicherheit zu den beliebtesten Gipfeln im Kaisergebirge. Fährt man von Innsbruck auf der Autobahn in Richtung Kufstein, dominiert der Scheffauer als steil aufragender Eckpfeiler des Kaisergebirges das Blickfeld. Bei vielen Bergsteigern dürfte bei diesem Anblick der starke Wunsch aufkommen, einmal auf der Spitze dieser formvollendeten Felsgestalt stehen zu können.

WEGVERLAUF. In einer ½ Stunde erreicht man mit dem Sessellift die 1204 m hoch gelegene Bergstation und ist plötzlich mitten in der grandiosen Berglandschaft zwischen Wildem und Zahmem Kaiser.
Von der Bergstation des Kaiserlifts geht es zuerst hinunter zum Brentenjoch und auf dem Fahrweg zur Kaindlhütte. Eine große Schleife um den **Geißgraben** wird mit einem beschilderten Fußweg abgekürzt.
Von der **Kaindlhütte** führt der anspruchsvolle Widauersteig (AV-Weg 814) teilweise steil über den bewaldeten Vorbau zum Einstieg des Klettersteigs (Schwierigkeit:

Gipfelschau mit Blick auf den Hintersteiner See

A/B oder I). Durch gut versicherte Rinnen kommt man zum großen, ausgesetzten Quergang, der in eine bis zum Kamm führende, steile Schlucht führt. In dieser gelangt man über Steilstufen zum schottrigen Ausstieg. Hier bitte mit Vorsicht das Lostreten von Steinen vermeiden!

Vom begrünten Sattel nun nach rechts über Schrofengelände unschwierig in wenigen Minuten zum Gipfel des **Scheffauers** (ab Kaindlhütte etwa 2 Stunden). Nach verdienter Rast und einer außergewöhnlichen Gipfelschau gelangt man auf gleichem Weg über die Kaindlhütte zur **Bergstation** des Kaiserlifts.

VARIANTE I. Übernachtung und Ausgangspunkt Kaindlhütte.

VARIANTE II. Abstieg über die weniger schwierige Südseite bis zur Steiner Hochalm, 1257 m (AV-Wege 814 und 814a). Ab da im Auf und Ab auf dem Wilden-Kaiser-Steig (AV-Weg 823) zur Walleralm (1170 m) und über das Hochegg (1470 m) auf dem AV-Weg 827 wieder zurück zur Kaindlhütte (1½ bis 2 Stunden länger).

KARTE. Seite 22/23

EBBS
Touren 9 bis 15

Pfarrkirche von Ebbs

Ebbs liegt als Nachbargemeinde von Kufstein östlich des Inns am Fuß der wildromantischen Nordabstürze des Zahmen Kaisers auf 475 Meter Seehöhe. Der stattliche grüne Inn bildet die Westgrenze zu Bayern. Im Norden grenzt Ebbs an Niederndorf, Rettenschöss und Walchsee. Die Gemeinde besteht aus mehreren, geografisch voneinander getrennten Ortsteilen, wie zum Beispiel dem Ortskern mit seiner sehenswerten Hauptkirche (Ebbser Dom), dem landwirtschaftlich geprägten Buchberg und dem **Wanderparadies Kaisertal**.

Archäologische Funde weisen schon auf eine keltische Besiedlung hin, später fassten auch die Römer hier Fuß. Nach der Völkerwanderung und dem Ende Roms wurde die gesamte Gegend entlang des Inns sowie jene um das Kaisergebirge von Bajuwaren in Besitz genommen. Ebbs wird erstmals in einem Güterverzeichnis des Bischofs Arn der Erzdiözese Salzburg 788 urkundlich erwähnt. Die strategische Bedeutung am Eingang zu den Alpen führte 1174 zum Bau einer Ritterburg des Adelsgeschlechtes der Ebbser, welche jedoch nach der Errichtung der Festung Kufstein an Bedeutung verlor und aufgelassen wurde. Die **Pfarrkirche von Ebbs** wurde 1748–1756, anstelle eines im Spanischen Erbfolgekrieg verwüsteten, gotischen Gotteshauses, nach Plänen des Barockbaumeisters Abraham Millauer neu errichtet. Die Inneneinrichtung ist reich an barocker Ausstattung. Die Malereien stammen von Joseph Adam Mölk.

Heute ist Ebbs eine moderne, gut entwickelte Gemeinde mit einer ausgezeichneten Infrastruktur. Landwirtschaft, Gewerbe und Tourismus prägen das Erscheinungsbild. Ebbs bietet aufgrund seiner Lage in der Nähe des Kaisertals seinen Bewohnern und zahlreichen Gästen die gesamte Palette des Bergsports und ist, mit über 100 Kilometern betreuter Wege und Steige, ein idealer **Ausgangs-**

FOHLENHOF EBBS. Museum – Vorführungen – Reiten und Fahren

Der Tiroler Haflinger-Zuchtverband fand nach dem Zweiten Weltkrieg, im Jahr 1947 in Ebbs seine Heimat. Das Gestüt ist eine Erfolgsgeschichte. Aus einem gepachteten Stallgebäude wurde ein international anerkanntes Pferdezentrum – der Fohlenhof. Hauptverantwortlich dafür war die fachgerechte Aufzucht von Junghengsten. Dem Hengstaufzuchthof wurde ein Gestüt angegliedert, das die gezielte und kontrollierte Zucht ermöglichte. Die Betreiber können heute stolz auf ihren mustergültigen Pferdebetrieb sein, der sich auf internationalem Niveau befindet. Über 100 Stuten, Hengste und Jungpferde machen den Fohlenhof zum Weltzentrum der Haflingerzucht. Der Fohlenhof kann täglich besichtigt werden. Das Herz jedes Pferdefreunds dürfte beim Anblick von gekürten Welt- und Europameistern höherschlagen. Vorführungen mit den freundlichen „blonden" Pferden begeistern Jung und Alt und gehören zum einmaligen, attraktiven Freizeiterlebnis in Ebbs.

Besichtigungen täglich von 9 bis 17 Uhr – Führungen sind nach Voranmeldung jederzeit möglich. Reiten und Fahren Dienstag bis Sonntag von 9 bis 12 und 15 bis 17 Uhr. (Montag ist Ruhetag)

Adresse und Telefon:
Haflinger Pferdezuchtverband Tirol
Fohlenhof Ebbs
A-6341 Ebbs, Schlossallee 31
Telefon: +43/(0)5373/42210
E-Mail: info@haflinger-tirol.com
Internet: www.haflinger-tirol.com

RARITÄTENZOO. Der Raritätenzoo in Ebbs ist ein Eldorado für Familien mit Kindern. Ursprünglich als privates Liebhaberprojekt von Erich Eberl 1978 begonnen, ist der Raritätenzoo heute ein wissenschaftlich geleiteter Zoo, der die EU-Richtlinien und die Bestimmungen des neuen österreichischen Tierschutzgesetzes erfüllt. Marion Mayr und Rudi Otto halten die Anlagen stets auf dem neuesten Stand, dazu werden die geräumigen Volieren und Gehege laufend erweitert und neu gestaltet. Dies ermöglicht es wiederum den Besuchern, die über 500 Tiere (mehr als 70 verschiedenen Arten) beinahe hautnah zu erleben. Kinder dürfen darüber hinaus die meisten Tiere mit dem an der Kasse erhältlichen Spezialfutter füttern. Die reizvolle Umgebung am Fuß des Zahmen Kaisers, die in das Gelände integrierten, stimmungsvollen Bachlandschaften, exotische Tiere sowie individuelle Erlebnisse mit den zooeigenen Huskys machen den Besuch des Zoos zu einer echten Familienattraktion.

Öffnungszeiten:
Ostern bis Anfang November
täglich von 9 bis 18 Uhr
Anreise: A12 Ausfahrt
Oberaudorf/Niederndorf,
Bundesstraße bis Ebbs, Anfahrt zum Zoo beschildert.
Telefon: +43/(0)664/4553630
E-Mail: info@raritaetenzoo.at
Internet: www.raritaetenzoo.at

Ein für die Region typischer Bauernhof mit prachtvollem Blumenschmuck

punkt für Wanderungen ins Kaisergebirge. Die Wellness-Arena „Hallo Du" mit Erlebnisbad, Saunawelt, Massagen und einer ausgezeichneten Gastronomie lädt nach Ausflügen ins Kaisergebirge zur Entspannung und Erholung ein.

ANREISE. A12 Ausfahrt Kufstein Nord Bundesstraße nach Ebbs oder A12 Ausfahrt Oberaudorf/ Niederndorf Bundesstraße nach Ebbs.

WICHTIGE ADRESSEN UND TELEFONNUMMERN.
Tourismusverband Ferienland Kufstein, A-6330 Kufstein
Unterer Stadtplatz 8
Telefon: +43/(0)5372/62207
E-Mail: info@kufstein.com
Internet: www.ebbs-tirol.com

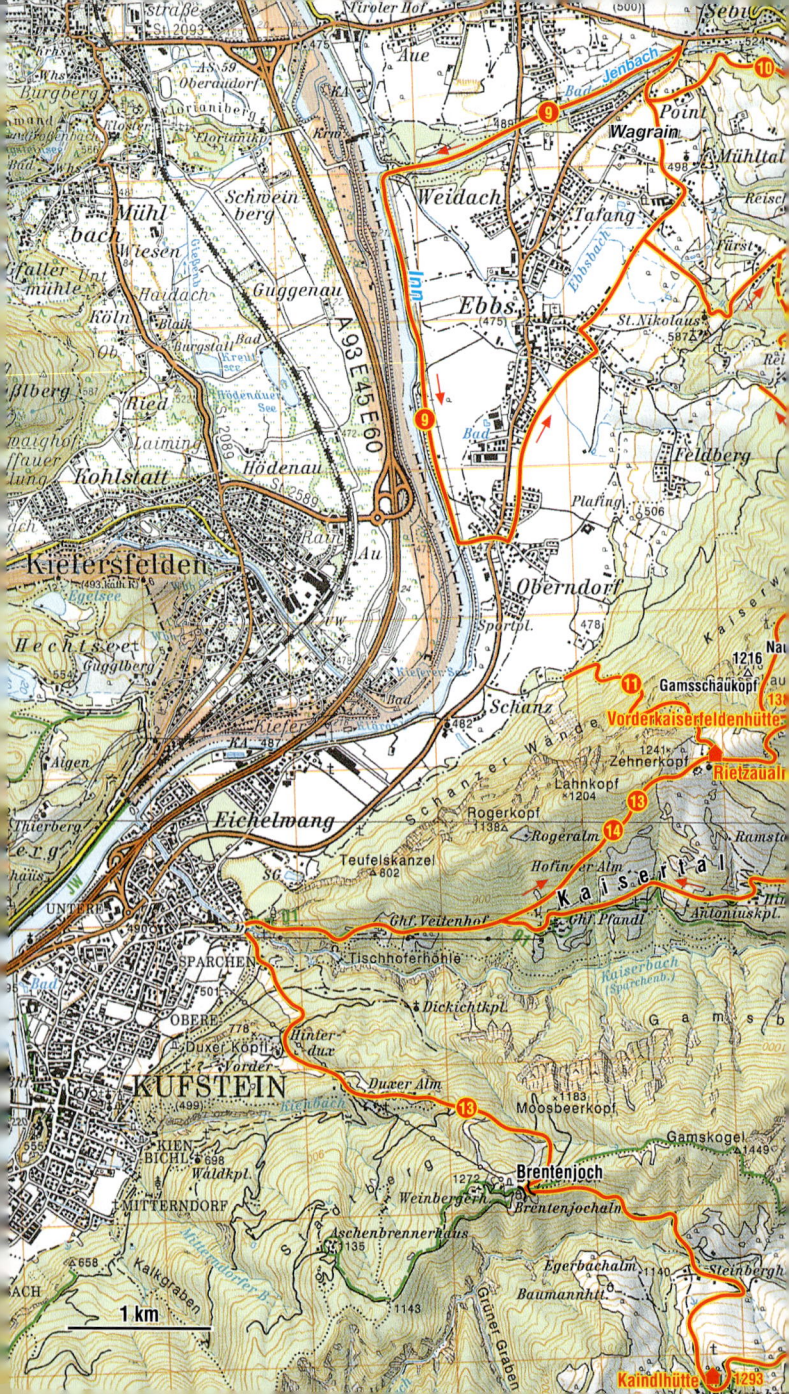

FLUSSWANDERUNG JENBACH – INN
Auf den Spuren uralter Handelswege

Parkplatz	Inn	Abzweigung Sattlerwirt	Jenbach	Parkplatz	2¼ Std
¼ Std./1 km	¾ Std./3 km	1 Std./4 km	¼ Std./1 km		9 Km

Anreise: Von Innsbruck oder München Autobahnausfahrt Oberaudorf/Niederndorf über den Inn bis Niederndorf. Dort die 1. Straße rechts Richtung Ebbs (beschildert). Nach etwa einem Kilometer ist vor der Brücke über den Jenbach rechts ein Parkplatz für Wanderer und Benützer der Forstmeile.
Ausgangspunkt: Parkplatz Forstmeile Niederndorf.

Wegbeschaffenheit: Sträßchen, Inndamm, schattige Waldwege.
Einkehrmöglichkeit: Sattlerwirt, Aushängeschild traditioneller Gastronomie.
Beste Jahreszeit: April bis Oktober, ganzjährig empfehlenswert.
Tipp: Für Kinderwagen und Rollstuhl geeignet!

Diese Wanderung entlang von Bach- und Flusslandschaften ist ein idealer Einstieg ins Wanderparadies Kaisergebirge, auch weil man hier die beste Sicht auf fast den gesamten Zahmen Kaiser hat. Grüne Wiesen, dunkle Wälder und mattgraue hohe Felswände vermitteln, welche außergewöhnlichen Landschaftsformen auf den Wanderer warten.

Zu jedem Gebirge gehören auch das Tal und sein Fluss. Der Inn ist jedenfalls so geschichtsträchtig, dass man ihm einige Aufmerksamkeit schenken sollte (siehe Infokasten).

Für Ornithologen ist die Region ein Paradies, weil hier zahlreiche Zugvögel rasten und die heimische Artenvielfalt bereichern. Deutliche Bissstellen von Bibern zeigen, dass die scheuen Nager hier wieder heimisch geworden sind. Der Innradweg ist Teilabschnitt des Radweges vom Engadin bis Passau und weiter der Donau entlang bis Wien. Weiters ist er ein Teilabschnitt des Jakobsweges von Wien nach Santiago de Compostela im fernen Spanien.

WEGVERLAUF. Vom Parkplatz folgt man dem Jenbach etwa einen Kilometer in Fließrichtung, überquert ihn auf einer schmalen Brücke und wandert neben dem **Inn** flussaufwärts bis zum Kilometerstein 214. Kurz danach verlässt man den Inndamm und geht hinunter zum Entlastungsgerinne. Über dieses führt der Weg zum **Sattlerwirt** in Ebbs-Oberndorf.

Nach verdienter Rast und mit neuer Lust auf Bewegung geht man Richtung Gebirge, zweigt bei der ersten Seitenstraße nach links ab und folgt dem Fußweg nach Ebbs. Bei einem schönen Wegkreuz trifft man wieder auf eine Straße. Dieser folgt man in Gehrichtung (rechts) weiter bis zur Kaiserberg-

Naturbelassene Flusslandschaft

straße, auf dieser geht man anschließend ein paar Schritte links, um dann rechts auf eine schmale Straße abzubiegen (Hinweisschild „Walchsee"). Nun wandert man weiter über die Wiesen unterhalb der **Wallfahrtskirche St. Nikolaus**, bis der Asphalt endet. Jetzt folgt man der Bezeichnung Fohlenhof nach links bis zur Straße.

Ab dort leiten die grünen Radwegschilder „Walchsee" vorbei am Haflingergestüt durch satte blumenreiche Wiesen zu zwei Häusern. Vor diesen verlässt man nun den Radweg und geht links hinunter auf die Straße nach Walchsee und auf dieser in wenigen Minuten zum **Jenbach**.

Neben diesem, begleitet vom sanften Glucksen des Baches, auf dem idyllischen Wanderweg zurück zum Ausgangspunkt.

ST. NIKOLAUS KIRCHE. Schon von weitem grüßt die Nikolaus-Kirche mit ihrem 38 m hohen Turm vom markanten Punkt des Buchberges. Die heutige Wallfahrtskirche ist als einziges Bauwerk von der einst hier befindlichen „Ebbser Burg" übriggeblieben.

St. Nikolaus ist der Schutzpatron der Reisenden. Es ist also wohl kein Zufall, dass im Mittelalter die „Salzstraße" unterhalb der Ebbser Burg verlief. Damit stand sie unter dem besonderen Schutz der Ebbser Burgherrn.

Bei einer Renovierung 1961 wurden seltene Fresken aus dem frühen 16. Jahrhundert freigelegt, was den kulturellen Wert des gotischen Kleinods entsprechend erhöht hat.

Heute ist St. Nikolaus nicht nur ein beliebtes Ziel von Spaziergängern, sondern auch eine gern genutzte Kirche für Hochzeiten und Taufen.
Einmal im Jahr, zum Patrimonium (Namenstag) des St. Nikolaus am 6. Dezember, findet ein feierlicher Gottesdienst statt. Zusätzlich wird in den Sommerferien jeden Mittwoch um 19 Uhr eine Messe gefeiert.

Das harmonische Ebenmaß und die schlichte Position der vielen wertvollen Kunstschätze lässt einen beim Eintritt innehalten. Am großen Altar stehen fünf Heiligenfiguren: Georg der Drachentöter, Erasmus, einer der 14 Nothelfer, St. Nikolaus in der Mitte, Blasius mit Buch, Lamm und Stab sowie Florian, der vor Feuer schützt.

ST. NIKOLAUS – LEDERERWIRT
Leichte Wanderung für die gesamte Familie

| Parkplatz | Kirche | Gh. Lederer | Parkplatz |
| 498 m | 586 m | 625 m | 498 m |

½ Std. ¾ Std. 1¼ Std.

2½ Std.
180 Hm

Anreise: Von Innsbruck Autobahnausfahrt Kufstein Nord, beim 1. Kreisverkehr die 4. Ausfahrt Richtung Ebbs. Im Ortsgebiet der Beschilderung „Raritätenzoo" oder „Fohlenhof" folgen. Von München Autobahnausfahrt Oberaudorf/Niederndorf, über den Inn durch Niederndorf und vor dem Ortsteil „Sebi" rechts über die Brücke nach Ebbs und wieder der Beschilderung „Raritätenzoo" oder „Fohlenhof" folgend zum Parkplatz.

Ausgangspunkt: Ebbs, Parkplatz Raritätenzoo.
Höhenmeter und Gehzeit: 180 Hm, 2½ Std. – Variante Kölnberg 490 Hm, 3½ Std.
Wegbeschaffenheit: Sträßchen, Forstwege, Wald- und Wiesenwege.
Einkehrmöglichkeit: Gasthof Lederer, Gasthof Kölnberg.
Beste Jahreszeit: April bis Oktober – ohne Variante auch ganzjährig begehbar.

Als einnehmender Blickfang erhebt sich die Wallfahrtskirche St. Nikolaus mit ihrem 38 Meter hohen Turm auf jenem sehr bedeutenden strategischen Punkt, den früher die „Ebbser Burg" einnahm. Seltene Fresken aus dem frühen 16. Jahrhundert, das gotische

Wallfahrtskirche St. Nikolaus, im Hintergrund der Pendling

Netzrippengewölbe sowie der geschnitzte neugotische Altar sind jedenfalls einen Besuch wert.

Der heilige Nikolaus (Zentrumsfigur des Altars) ist der Schutzpatron der Reisenden. Deshalb dürfte ihm die über der alten Salzstraße gelegene Kirche geweiht worden sein.

Der ehemalige Burgberg besticht auch als idealer Aussichtspunkt auf das tirolerische und bayerische Inntal. Einige bezeichnen ihn als wohltuenden, Energie spendenden Kraftort.

Insbesondere im Blütenrausch des Frühlings, aber auch zu allen anderen Jahreszeiten ist diese Familienwanderung entlang der mächtigen Nordabstürze des Zahmen Kaisers, vorbei an stolzen und schönen Bauernhöfen, zu empfehlen.

Die herzhaften Schmankerln in einem der traditionellen Tiroler Gasthäuser machen die gemütliche Wanderung darüber hinaus zu einer Genusswanderung.

WEGVERLAUF. Auf dem Weg zum Raritätenzoo leicht aufwärts durch den Wald zu einem Sträßchen. Dort zweigt der beschilderte Steig zur **Wallfahrtskirche St. Nikolaus** ab, dem man bis zu dem ansehnlichen Gotteshaus folgt (½ Std.). Von

Dem heiligen Leonhard ist diese Kapelle geweiht.

Blick vom Gasthof Ledererwirt auf die Naunspitze, das sehenswerte Holzkreuz ist von Wildem Wein umwachsen, dem Symbol für ewiges Leben.

der Kirche hinunter zur Verbindungsstraße zum Oberbuchberg. Auf dieser nach links (nordöstlich) und in mehrmaligem Auf und Ab in etwa einer ¾ Stunde zum **Gasthof Lederer**.
Von diesem geht man ein paar Meter zurück und folgt dann der Straße rechts abwärts durch den schattenspendenden Wald zu den ersten Häusern.
Dort zweigt der Rad- und Fußweg nach Ebbs mit Wegweiser links (westlich) ab. Man bleibt nun auf diesem Weg und wandert vorbei am Haflingergestüt und Schloss Wagrain zurück zum Ausgangspunkt (1¼ Std.).

VARIANTE. Die Wanderung kann ideal über die **Leonhardkapelle** (720 m) und den **Gasthof Kölnberg** (870 m) ausgedehnt werden. Von diesem anschließend etwas retour und dann nach rechts auf dem beschilderten Steig zum Gasthof Lederer. Schild „Kölnberg" an der Verbindungsstraße gleich nach der Wallfahrtskirche beachten.
KARTE. Seite 52/53

BERGGASTHOF RIETZAUALM
Nordanstieg zur traumhaften Bergkulisse

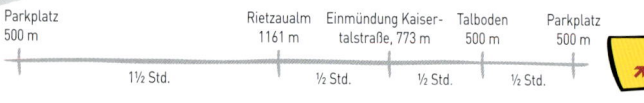

Anreise: Von München oder Innsbruck Autobahnausfahrt A12 Kufstein Nord, beim 1. Kreisverkehr die 4. Ausfahrt Richtung Ebbs nehmen. Nach etwa 700 m beim 2. Kreisverkehr die 2. Ausfahrt nehmen. Etwa 500 m nach dem Gasthof Schanz biegt man vor einem großen Bauernhof auf eine kleine Nebenstraße rechts ab und fährt auf dieser in den Wald, vorbei an einem Schrottlager kurz ansteigend zu einem kleinen Parkplatz.

Ausgangspunkt: Parkplatz Ebbs Oberndorf, hinter Schrotthändler Kogler.
Wegbeschaffenheit: Bergsteig, Almerschließungsstraße, Forstwege.
Einkehrmöglichkeit: Berggasthof Rietzaualm, Veitenhof, Gasthöfe in Ebbs.
Beste Jahreszeit: Mai bis Oktober.
Höhenmeter und Gehzeit: 661 Hm, Auf- und Abstieg jeweils 1½ Std. (3 Std.).

Die Rietzaualm liegt im Kaisertal auf einem sonnigen Sattel zwischen Zehnerkopf und Naunspitze auf 1161 Metern Seehöhe. Der Alpengasthof ist bei Einheimischen und Gästen wegen seiner guten Küche weitum beliebt.
Auf Grund der wunderbaren Aussicht kann die **Rietzaualm** als Ausflugsziel jedem empfohlen werden. Das Panorama ist wirklich einmalig.
Aus der Reihe vieler berühmter, klangvoller Kaisergipfel stechen der Predigtstuhl, die Fleischbank und das Totenkirchl mit ihren berühmten Kletterwänden hervor. Der Nordanstieg zur „Rietza", wie Einheimische die Alm liebevoll nennen, ist weit weniger bekannt als der Weg über das Kaisertal, dafür ist er nicht so überlaufen.
Das verdankt er dem wesentlich steileren Gelände und den etwas ausgesetzteren Passagen, die für trittsichere Bergwanderer aber kein Problem sind. Ein großer Vorteil gegenüber dem Anstieg durchs Kaisertal ist an heißen Sommertagen die Tatsache, dass er zumindest teilweise im Schatten liegt. Mit etwas Aufmerksamkeit kann man neben dem Weg seltene Orchideen wie Knabenkraut, Frauenschuh und Türkenbund sehen.

WEGVERLAUF. Vom Parkplatz folgt man etwa 10 Minuten einem alten Forstweg bis zum Schild „Rietzaualm – Nur für Geübte". Auf diesem Bergsteig anfangs gemütlich durch den Wald, dann in einer Rinne relativ steil zu den ersten Felsaufschwüngen.
Unter diesen geht es links aufwärts zur einzigen leicht überwindbaren Stelle der Nordabstürze. Eine kleine Felswand wird mit einer Eisenstiege erklommen. Danach sichern Seile das relativ steile

Rietzaualm mit Weidevieh. Das adaptierte neue Almgebäude ist heute ein durchaus besuchenswerter Berggasthof, der zahlreiche kulinarische Köstlichkeiten zu bieten hat.

Gelände, bis man auf das sonnige Plateau der **Rietzaualm** kommt. Nach einer wohlverdienten Rast geht man auf dem relativ steilen Almerschließungsweg (AV-Weg 835) in 1¼ Stunden ins Tal. Sobald die letzten Stufen des Kaisertalaufstieges überwunden sind, gleich rechts immer am Bergfuß entlang in etwa ½ Stunde zum Parkplatz oder alternativ über den „Langen Weg", das bezaubernde Kaisertal genießend, zum Ausgangspunkt.

VARIANTE. Beim steilen Abstieg ins Kaisertal kann man als Alternative auch den sogenannten „Langen Weg" nehmen. Neben dem imposanten Talschluss streift er die Antoniuskapelle und den geschichtsträchtigen Hinterkaiserhof. Beides landschaftliche Highlights, die jedenfalls einen Besuch wert sind!
Nach dem gastlichen Pfandlhof treffen beide Wege wieder zusammen. (Rietzaualm – Kufstein 2¼ Std. = 1 Stunde länger als der direkte Abstieg.)
KARTE. Seite 52/53

VORDERKAISERFELDENHÜTTE, 1388 m
Münchner Vorposten im Kaisergebirge

Anreise: Von München oder Innsbruck Autobahnausfahrt A12 Kufstein Nord, beim 1. Kreisverkehr die 4. Ausfahrt Richtung Ebbs nehmen. Nach etwa 700 m beim 2. Kreisverkehr die 2. Ausfahrt nehmen. Im Ortsgebiet unmittelbar nach der Kirche nimmt man die 1. Straße rechts. Nun auf der Kaiserbergstraße den Schildern „Aschinger Alm" folgen, Nach etwa 2 km ist nach einem Weiderost ein Parkplatz. Von München Autobahnausfahrt Oberaudorf/Niederndorf, in Niederndorf die 1. Straße rechts nach Ebbs nehmen. Auf dieser bleiben, bis unmittelbar vor der Kirche die Kaiserbergstraße nach links abzweigt. Anschließend wie vorher beschrieben zum Parkplatz.
Ausgangspunkt: Parkplatz Ebbs-Buchberg.
Wegbeschaffenheit: Bergsteig.
Einkehrmöglichkeit: Vorderkaiserfeldenhütte.
Beste Jahreszeit: Mai bis Oktober.
Höhenmeter und Gehzeit: 788 Hm, Aufstieg 2½, Abstieg 2 Std. (4½ Std.).
Adresse und Telefonnummer: Vorderkaiserfeldenhütte, Kaisertal 15, A-6330 Ebbs, Telefon +43/(0)5372/63482.
E-Mail: info@vorderkaiserfelden.com

Die Vorderkaiserfeldenhütte ist eine ansehnliche Schutzhütte der Münchner Sektion Oberland des DAV. Sie liegt auf einem kleinen Absatz unterhalb der markanten Naunspitze hoch über dem Inntal. Ursprünglich stand hier eine Almhütte, die als Unterkunft für Bergsteiger eingerichtet wurde. Die Sektion Oberland kaufte diese im Jahr 1900 und erweiterte sie mehrmals zum heutigen, vorzüglichen Schutzhaus. Die Aufstiegsmühe wird mit der grandiosen Bergkulisse des Wilden Kaisers belohnt. Sonnenuntergänge hinter den Zacken des Karwendels gehören zu den lange nachklingenden Erlebnissen. Die Schutzhütte ist ein idealer Ausgangspunkt für zahlreiche Gipfelanstiege, anspruchsvolle alpine Übergänge und mehrtägige Durchquerungen des einzigartigen Gebirges. Die

„Musikantenrast" – etwa die Hälfte des Anstiegs ist geschafft

Vorderkaiserfeldenhütte – Stützpunkt der DAV-Sektion Oberland und Ausgangspunkt für viele bergsportliche Unternehmungen

Unterkunft ist aber auch auf Grund der aus Bioprodukten von heimischen Bergbauern hergestellten köstlichen Schmankerln und der freundlichen Hüttenpächter jedem Tagesausflügler zu empfehlen.

WEGVERLAUF. Der gut markierte Ebbser Steig (AV-Weg 811) hinauf zur Vorderkaiserfeldenhütte beginnt vor dem Weiderost mit dem gelben Wegweiser. Er überquert im Wald zweimal den Forstweg und führt dann durch die relativ steile, bewaldete Nordflanke des Peterköpfls schräg aufwärts. Nach etwa 1¼ Stunden erreicht man die **Musikantenrast**. So benannt, weil sich die Ebbser Musikanten mit ihren Instrumenten auf dem Weg zur Bergmesse auf der Naunspitze hier stärkten und erholten. Eine Lyra und ein Muttergottesbild geben dem Rastplatz (Ruhebank) eine besondere Bedeutung. Danach wieder steil über viele Stufen direkt zum Felsaufschwung der Naunspitze. Vor diesem leitet der Weg rechts mit guter Sicht ins Inntal zur **Vorderkaiserfeldenhütte**. Abstieg wie Aufstieg.
KARTE. Seite 52/53

KAISERTALUMRUNDUNG
Zwei Tage im Banne des Kaiserreichs

Anreise: Von München oder Innsbruck Autobahnausfahrt Kufstein Nord, beim 1. Kreisverkehr die 4. Ausfahrt Richtung Ebbs/Niederndorf nehmen. Nach etwa 700 m beim 2. Kreisverkehr die 1. Ausfahrt rechts nehmen (Hinweisschild Kaisertal) erreicht man nach ca. 500 m die Kaisertal Parkplätze (gebührenpflichtig). Stadtverkehr-Busse im 20-Minuten-Takt ab Bahnhof Kufstein, direkt zur Haltestelle Kaisertal Parkplatz
Höhenunterschied und Gehzeit:
1. Tag: Aufstieg 1391 Hm, 6 bis 7 Std.
2. Tag: Aufstieg 591 Hm, 5½ bis 6 Std. (Talfahrt mit Sessellift 809 Hm weniger).
Ausgangspunkt: Ebbs-Eichelwang, Kaisertal-Parkplatz (gebührenpflichtig).
Wegbeschaffenheit: Forstwege, Wald- und Bergsteige (rot).
Einkehrmöglichkeit: Vorderkaiserfeldenhütte, Stripsenjochhaus, Hans-Berger-Haus, Anton-Karg-Haus, Kaindlhütte, Duxer Alm, Theaterhütte.
Beste Jahreszeit: Mai bis Oktober.
Tipp: Früher Aufbruch, ausreichend Flüssigkeit mitnehmen! Schlafplätze auf dem Stripsenjochhaus vorbestellen (Tel.: +43/(0)5372/62579, E-Mail: office@stripsenjoch.at).

Diese anspruchsvolle Bergwanderung hoch über dem Kaisertal gehört zu den ganz besonderen Wanderrouten im „Kaiser". Sie verlangt dem Wanderer einiges ab, man wird für seine Mühen jedoch reich belohnt. Alles beginnt mit dem steilen Anstieg nach Vorderkaiserfelden. Der Zweitagesrucksack drückt auf die Schulter und das Tempo. Die große Distanz (14,6 km) zum Stripsenjochhaus sowie das stetige Auf und Ab erfordern eine gute Kondition. Sonneneinstrahlung und Flüssigkeitsverlust können die Situation zusätzlich erschweren. Dafür sind aber die mächtige Kalkmauer des Wilden Kaisers und seine großen, wilden Kare unsere malerischen Begleiter auf diesem Wegabschnitt. Das prächtige Erscheinungsbild ändert sich laufend. Nicht selten trifft man auch auf äsende Gämsen und sich sonnende Kreuzottern – Achtung, giftig! Mit etwas Glück zeigt sich der Kaiseradler über seinem majestätischen Revier. Im Kontrast zum breiten Sattel der Hochalm, liegt das Stripsenjochhaus wie ein Adlerhorst am Fuße des Totenkirchls. Der Blick über das Tavonaro-Kreuz auf den Predigtstuhl ist einzigartig. Die letzten Strahlen der untergehenden Sonne zaubern eine Abendstimmung, welche die Seele anspricht und alle Mühen vergessen lässt.

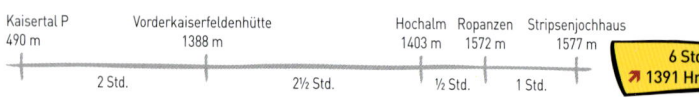

WEGVERLAUF. 1. Tag: Die Tour beginnt mit dem Kaiseraufstieg. Die östliche Felsbarriere der Sparchner Klamm wird mit über 280 Stufen überwunden. Vorbei an der Neapelbank und dem Veiten-

Stripsenjochhaus – 1. Etappenziel der Kaisertalumrundung

hof kommt man nach etwa einer ¾ Std. zur Weggabelung Vorderkaiserfeldenhütte/Anton-Karg-Haus. Steil ansteigend erreicht man vorbei an der **Ritzaualm** in einer weiteren Stunde die **Vorderkaiserfeldenhütte**. (Mit Übernachtung auf der Vorderkaiserfeldenhütte kann man sich die Tour wesentlich erleichtern).

Von der Vorderkaiserfeldenhütte wieder etwa 50 Meter zurück zum Beginn des Höhenweges AV Nr. 811 (Tafel). Auf diesem anfangs relativ flach durch den Hochwald, dann abwechselnd auf und ab über Geröll und latschendurchsetztes Gelände zu den weiten Almböden der **Hochalm**, die man absteigend nach etwa 2½ Stunden von Vorderkaiserfelden aus erreicht. Das kleine Almdorf ist ein idealer Rastplatz. Hier kann man seine Wasserflaschen neu füllen und den Blick nach Westen auf Kufstein und nach Osten in das bayrische Alpenvorland genießen. Nach verdienter Rast überschreitet man mäßig ansteigend den **Ropanzen** (1572 m). Der Weg zum Feldalmsattel (1433 m) ist auf Grund von laufend vorkommenden Hangrutschungen in einem teilweise schlechten Zustand. Vom Feldalmsattel sind nochmals 170 Höhenmeter über die Ostschulter des Stripsenkopfs zu überwinden. Dann geht man leicht abwärts, direkt auf das Totenkirchl zu und erreicht schließlich mit dem einladenden **Stripsenjochhaus** (1577 m) das ersehnte Ziel.

Stripsenjoch	Anton-Karg-Haus		Kaindlhütte	Brentenjoch	Kaisertal P	5¾ Std
1577 m	829 m		1293 m	1204 m	490 m	↗ 591 Hm
	1¼ Std.	2½ Std.	¾ Std.	1¼ Std.		

2. Tag: Die wunderbaren Eindrücke eines neuen Morgens inmitten der fantastischen Gebirgswelt sowie ein herzhaftes Frühstück garantieren frische Wanderlust. Der AV-Weg 801 führt in vielen Serpentinen erst baumlos, dann durch den schattenspendenden Hochwald vorbei am Hans-Berger-Haus hinunter zum Talschluss mit dem **Anton-Karg-Haus** (1¼ Std.). Vor diesem zweigt der Bettlersteig (AV-Weg 827), deutlich beschildert und markiert, links (südlich) ansteigend in die schattige Nordflanke von Sonneck und Hackenköpfen. Tiefe, wasserführende Gräben werden ein- und ausbuchtend überwunden. Relativ flache Passagen wechseln mit Steilaufschwüngen, welche den Wegmachern zu ihrer Zeit einiges abverlangten. Nach etwa 1¼ Stunden erreicht man die Straßwalch-Jagdhütte (Wasserstelle). Im Gegensatz zum 1. Tag wandert man nun auf der Schattenseite und sieht den gesamten Zahmen Kaiser sowie die am Vortag zurückgelegte Strecke. Nach einem letzten Steilaufschwung erreicht man bald den höchsten Punkt (1356 m) und wandert über die Steinbergalm in etwa einer ¼ Stunde zur **Kaindlhütte** (2½ Stunden vom Anton-Karg-Haus). Nach verdienter Rast geht man von der Kaindlhütte anfangs auf dem Fahrweg, dann links hinunter über das Almgelände, vorbei am Steinberghaus, zum **Brentenjoch** – ¾ Std. Von diesem entweder Abstieg auf dem AV-Weg 814 und in ca. 1¼ Stunden zurück zum Parkplatz oder vom Brentenjoch in etwa 10 Minuten hinauf zur Bergstation des Kaiserliftes und mit diesem zurück ins Tal. Von der Talstation führt rechts am Ende des Parkplatzes ein Weg in 10 Minuten zurück zum **Kaisertal-Parkplatz**.
KARTE. Seite 52/53

Tavonaro-Kreuz am Stripsenjoch

NAUNSPITZE – PETERSKÖPFL
Westliche Eckpfeiler des Zahmen Kaisers

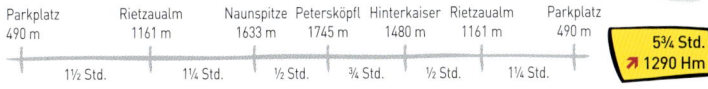

Parkplatz	Rietzaualm	Naunspitze	Peterköpfl	Hinterkaiser	Rietzaualm	Parkplatz
490 m	1161 m	1633 m	1745 m	1480 m	1161 m	490 m
	1½ Std.	1¼ Std.	½ Std.	¾ Std.	½ Std.	1¼ Std.

5¾ Std.
↗ 1290 Hm

Anreise: Von München oder Innsbruck Autobahnausfahrt A12 Kufstein Nord, beim 1. Kreisverkehr die 4. Ausfahrt Richtung Ebbs/Niederndorf nehmen. Nach etwa 700 m beim 2. Kreisverkehr die 1. Ausfahrt rechts nehmen (Hinweisschild Kaisertal) erreicht man nach ca. 500 m die Kaisertal Parkplätze (gebührenpflichtig). Stadtverkehr-Busse im 20-Minuten-Takt ab Bahnhof Kufstein, direkt zur Haltestelle Kaisertal Parkplatz

Ausgangspunkt: Kaisertal Parkplatz (gebührenpflichtig).
Höhenmeter und Gehzeit: 1290 Hm, 5 ½ bis 6 Std.
Wegbeschaffenheit: Forstwege, Wald- und Bergsteige (rot).
Einkehrmöglichkeit: Veitenhof, Rietzaualm, Vorderkaiserfeldenhütte.
Beste Jahreszeit: Mai bis Oktober, kann aber ganzjährig begangen werden!

Naunspitze und Peterköpfl sind äußerst lohnende Ziele im Westkamm des Zahmen Kaisers. Vom gemeinsamen kleinen Sattel hebt sich die Naunspitze in Richtung Westen als eigener wuchtiger Felskopf mit senkrecht abfallenden Nordwänden deutlich ab. Die

Blick vom Peterköpfl über die Naunspitze auf Ebbs und Kiefersfelden

aufregenden Tiefblicke sind nur schwindelfreien Bergsteigern zu empfehlen. Östlich davon führt ein unschwieriger Steig in etwa 20 Minuten zum 112 Meter höheren Petersköpfl, hier wird die bereits grandiose Aussicht von der Naunspitze nochmals übertroffen.

Von Ebbs aus scheinen die beiden Gipfel mit ihren abweisenden, senkrechten Felsfluchten unerreichbar. Die sanfte, das idyllische Kaisertal begrenzende Südflanke eröffnet dann aber einen überraschend unschwierigen Zustieg.

Auf dem Weg zur Hinterkaiseralm herrschen noch Ruhe und Stille. Mit etwas Glück trifft man auf Gämsen und Raufußhühner. Der Blick über das Almgelände von Hinterkaiserfelden zum majestätischen Massiv des Wilden Kaisers gehört zu den einzigartigen Landschaftsbildern in unseren Alpen.

WEGVERLAUF. Den Zugang ins Kaisertal vermittelt ein Treppenanstieg mit über 280 Stufen, der die über 100 Meter hohe östliche Felsbarriere der Sparchner Klamm überwindet.

Ein weiterer kurzer Aufschwung führt zur **Neapelbank**, die – in Anlehnung an ein weltberühmtes Postkartenmotiv der süditalienischen Stadt – ihren Namen einem der schönsten Ausblicke auf Kufstein und das Inntal verdankt. Vorbei am Veitenhof kommt man nach etwa 1½ Stunden zu den satten grünen Weiden der **Rietzaualm**.

Ab da stehen die Gipfelziele **Naunspitze** und **Petersköpfl** direkt vor uns. Dem Weg folgend leiten die Schilder zur Schutzhütte **Vorderkaiserfelden** (1388 m, DAV). Nach einer Rast erreicht man die **Naunspitze** in etwa einer ¾ Stunde. Nachdem man sich hier die Zeit

Hinterkaiserfeldenalm, im Hintergrund die Kesselschneid

Imposanter Talschluss des Kaisertales mit Totenkirchl, Haltenstock und Sonneck

genommen hat, um die Aussicht über das bayrische Alpenvorland, das Inntal und die mächtigen Nordabstürze des Wilden Kaisers zu genießen, folgt man dem Bergsteig in etwa einer ½ Stunde zum **Peterskÿpfl**.

Ab da führt uns der Bergsteig zur **Hinterkaiserfeldenalm** und von dieser auf dem bezeichneten Weg 836 zurück zum Aufstiegsweg, auf den man kurz vor der **Vorderkaiserfeldenhütte** trifft. Spätestens jetzt hat man sich eine Pause in einem der gemütlichen Gasthäuser (Vorderkaiserfeldenhütte, Rietzaualm, Veitenhof) verdient. Diese sind auf Grund ihrer ausgezeichneten Speisen aus Produkten der regionalen Landwirtschaft weithin bekannt. Auf dem Aufstiegsweg 835 in etwa 1¾ Stunden zurück zum Ausgangspunkt.

VARIANTE. Diese Tour lässt sich für konditionsstarke Gipfelsammler über das Plateau mit Einserkogel (1924 m) und Zwölferkogel (1912 m) bis zum „Voglbad" und zurück über die markante Steingrube vorbei an der Kaiserzinne zur Hinterkaiserfeldenalm ideal ausdehnen (+ 1½ Std.).

KARTE. Seite 52/53

GRINNERKOPF, 1870 m
Einsame und anspruchsvolle Wanderung

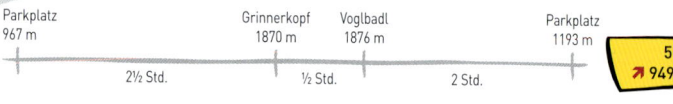

Anreise: Von München oder Innsbruck Autobahnausfahrt A12 Kufstein Nord, beim 1. Kreisverkehr die 4. Ausfahrt Richtung Ebbs nehmen. Nach etwa 700 m beim 2. Kreisverkehr die 2. Ausfahrt nehmen. Im Ortsgebiet unmittelbar nach der Kirche nimmt man die 1. Straße rechts. Nun auf der Kaiserbergstraße den Schildern „Aschinger Alm" bis zum Parkplatz folgen. folgen, Von München Autobahnausfahrt Oberaudorf/Niederndorf in Niederndorf die 1. Straße rechts nach Ebbs nehmen. Auf dieser bleiben, bis unmittelbar vor der Kirche die Kaiserbergstraße nach links abzweigt. Anschließend wie vorher beschrieben zum Parkplatz.
Ausgangspunkt: Ebbs, Parkplatz Aschinger Alm.
Höhenunterschied, Gehzeit: 949 Hm, 5 Std.
Wegbeschaffenheit: Forstweg, Bergsteig I, nicht markiert, Orientierungssinn, Trittsicherheit und Schwindelfreiheit unbedingt notwendig.
Einkehrmöglichkeit: Berggasthof Aschinger Alm, Berggasthof Kölnberg.
Beste Jahreszeit: Juni bis September.
Tipp: Genug Getränke mitnehmen, Bergstöcke beim Abstieg hilfreich.

Der Grinnerkopf ist eine dem Hauptkamm des Zahmen Kaisers nördlich vorgelagerte Spitze. Seinen felsigen Gipfel ziert das sogenannte „Heimkehrerkreuz", das die unversehrten Kriegsheimkehrer des Zweiten Weltkriegs aus Dankbarkeit auf dieser exponierten Stelle errichteten. Die Aussicht von dieser einsamen Plattform ist grandios. Wer im Kaisergebirge eine schöne, einsame Alternative zu den gängigen Routen sucht, ist hier richtig. Außer Gämsen wird man bis zum Grinnerkopf an vielen Tagen kaum ein anderes Lebewesen treffen. Vom Tal aus scheint der steil aufragende Gipfel nur Kletterern vorbehalten zu sein. Beim Anstieg öffnen sich aber durch senkrechte Aufschwünge mehrmals überraschend gut begehbare Rinnen, die zu Kamm und Gipfel leiten.

WEGVERLAUF. Vom Parkplatz hält man auf das Kreuz im Almgelände zu. Von diesem weiter zum Waldrand. Nun auf einem markierten Pfad zwei Forstwege überschreitend zum eigentlichen Einstieg, der steil links aufwärts führt. Auf diesem bleiben.
Nach etwa 1¼ Stunden verlässt man den Waldgürtel. Eine kleine Felsstufe (alte Markierung) überwindet man ohne Schwierigkeiten. Hier lohnt sich aufgrund der erstmals freien Sicht eine kleine Trinkpause.
Nun auf die Steigspuren achtend dem Pfad weiter aufwärts folgen, bis der erste Felsaufschwung erreicht wird. Dort weist ein schwach

Markanter Gipfelaufbau des Grinnerkopfs

sichtbarer Pfeil nach rechts. Diesem folgen, weil man nur so in eine steile, anfangs grasige und später schrofige Rinne kommt, die dann unschwierig zum Kamm führt. Der Gipfel liegt rechts (nördlich) unter einem kleinen Absatz. Über diesen in leichter Kletterei (I) hinunter und ausgesetzt über einen kurzen luftigen Grat zum **Gipfelkreuz** (1870 m, 2½ Std.). Vom Gipfel folgt man direkt dem Grat Richtung Hauptkamm. Bei einem Aufschwung **nicht (!)** rechts den leichter scheinenden Gamsspuren folgen, sondern links in leichter Kletterei (I) den Grataufschwung hinauf.

Nun den Steigspuren entlang, gut durch das latschendurchsetzte Gelände zum markierten Steig, der von der Pyramidenspitze über das „**Voglbadl**" und die Steingrube nach Vorderkaiserfelden führt.

Ab da geht man auf dem nach Ebbs/Buchberg führenden Weg (AV-Weg 811) hinunter, bis der Steig erstmals auf einen Forstweg trifft.

Auf diesem nun rechts aufwärts. Nach einigen Minuten endet der Forstweg. Nun auf einem guten Bergsteig etwa 5 Minuten aufwärts zu einem weiteren Forstweg. Auf diesem nun gemütlich über das Almgelände zum **Gasthof Kölnberg**, von dem aus man in etwa 15 Minuten zum **Parkplatz** bei der Aschinger Alm gelangt.

KARTE. Seite 52/53

WALCHSEE
Touren 16 bis 22

Almabtrieb der Walchseer Landwirte

Walchsee liegt nordöstlich von Kufstein im Kaiserwinkl auf etwa 670 Meter Seehöhe. Der Anblick des gleichnamigen Sees am Fuß des Kaisergebirges ist für viele außergewöhnlich und bezaubernd. Die Gemeinde besteht aus verschiedenen Weilern und Höfen mit jeweils eigener Vergangenheit. Walchsee grenzt an die Gemeinden Kössen, Schwendt und Kirchdorf (Bezirk Kitzbühel) sowie an die bayrische Gemeinde Aschau im Chiemgau.

Der beliebte Badesee, die Schwemm (die größte erhaltene Moorlandschaft Tirols) sowie die Lage am Zahmen Kaiser tragen zum märchenhaften Charakter der Landschaft bei und machen

ANREISE. A12 Ausfahrt Oberaudorf/Niederndorf, Walchsee-Bundesstraße bis Walchsee

WICHTIGE ADRESSEN UND TELEFONNUMMERN.
Tourismusverband Kaiserwinkl
A-6345 Kaiserwinkl, Dorf 15
Telefon: +43/500100-19
E-Mail: info@kaiserwinkl.com
Internet: www.kaiserwinkl.com

Walchsee zu einem Naturjuwel mit Postkartencharakter. Die gewaltigen Kalkfelsen des Zahmen Kaisers sind ein optimales Umfeld für Bergwanderer, die neben Urlaub und Erholung noch etwas ganz Besonderes erleben wollen. Zum Gemeindegebiet gehören auch die höchsten Gipfel des Zahmen Kaisers, die Kesselschneid mit 2002 Metern und die Pyramidenspitze mit 1997 Metern Seehöhe. Beide sind von Walchsee aus über einen Klettersteig gut zu erreichen.

Walchsee dürfte wie das gesamte Gebiet rund um das Kaisergebirge vor der bajuwarischen Landnahme im 6. Jahrhundert von Illyrern und/oder Kelten, später dann von Römern bewohnt gewesen sein. Von den Römern und deren Nachkommen dürfte der See sowie die Siedlung auch den Namen Walchsee erhalten haben. Erstmals wird Walchsee in einer Urkunde von Papst Eugen III. aus dem Jahr 1151 nach Christus in einem Güterverzeichnis des Klosters Rott bei Rosenheim erwähnt. Der versteckte Ort abseits des Inntals blieb von den meisten kriegerischen Ereignissen verschont. Walchsee ist heute ein aufstrebender Tourismusort, die traditionelle Landwirtschaft ist jedoch noch immer von Bedeutung. Das Gebirgsdorf ist idealer Ausgangspunkt für viele Wander- und Bergtouren in das Kaisergebirge. Die traditionellen Almen bieten vorwiegend Spezialitäten aus der „Genussregion" an. Neben Feriengästen kommen aber auch viele erholungssuchende Tagesgäste speziell aus Bayern in die attraktive Tourismusgemeinde. Ein 9-Loch-Golfplatz im Ortsteil Schwaigs ergänzt das vielfältige Freizeitangebot.

Der tiefblaue Walchsee verleiht der Landschaft einen lieblichen Charakter.

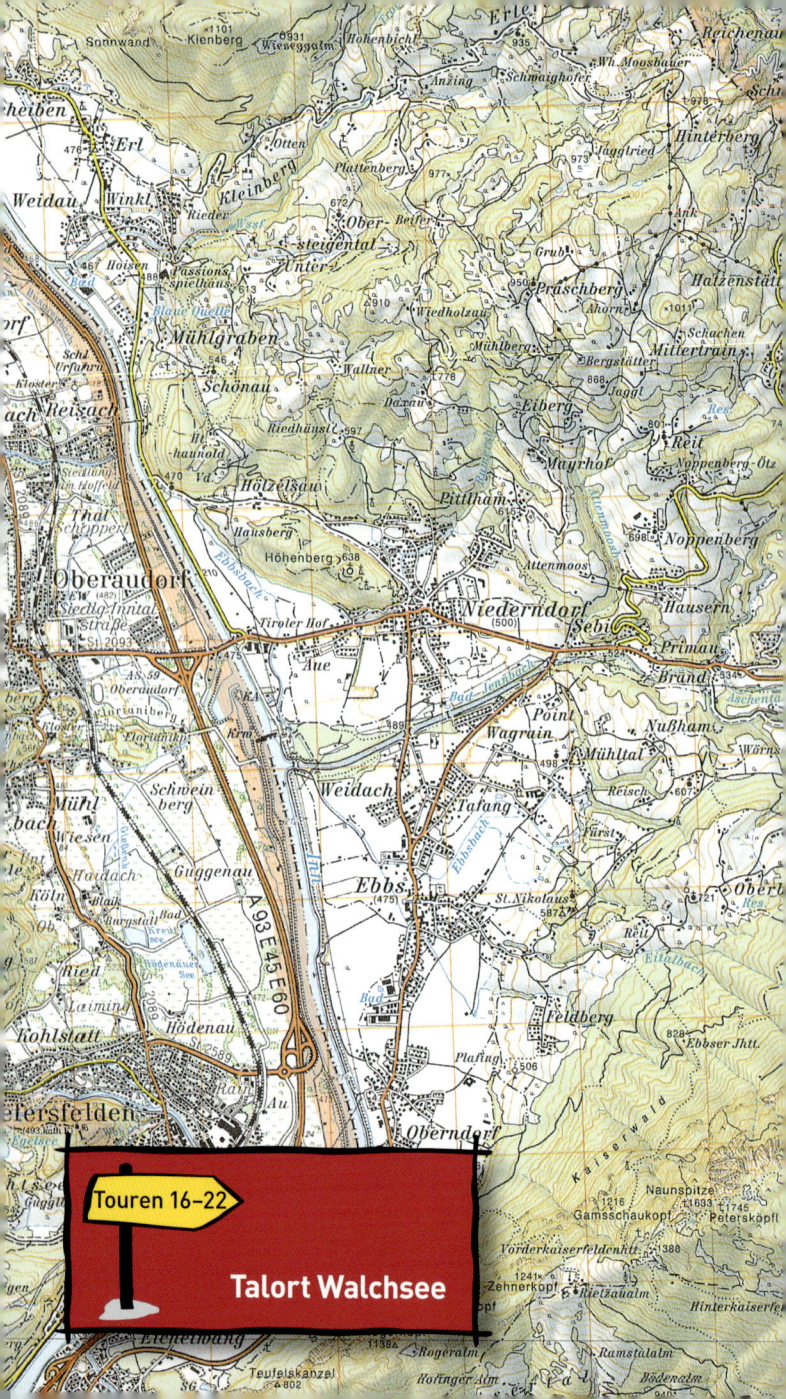

Touren 16–22

Talort Walchsee

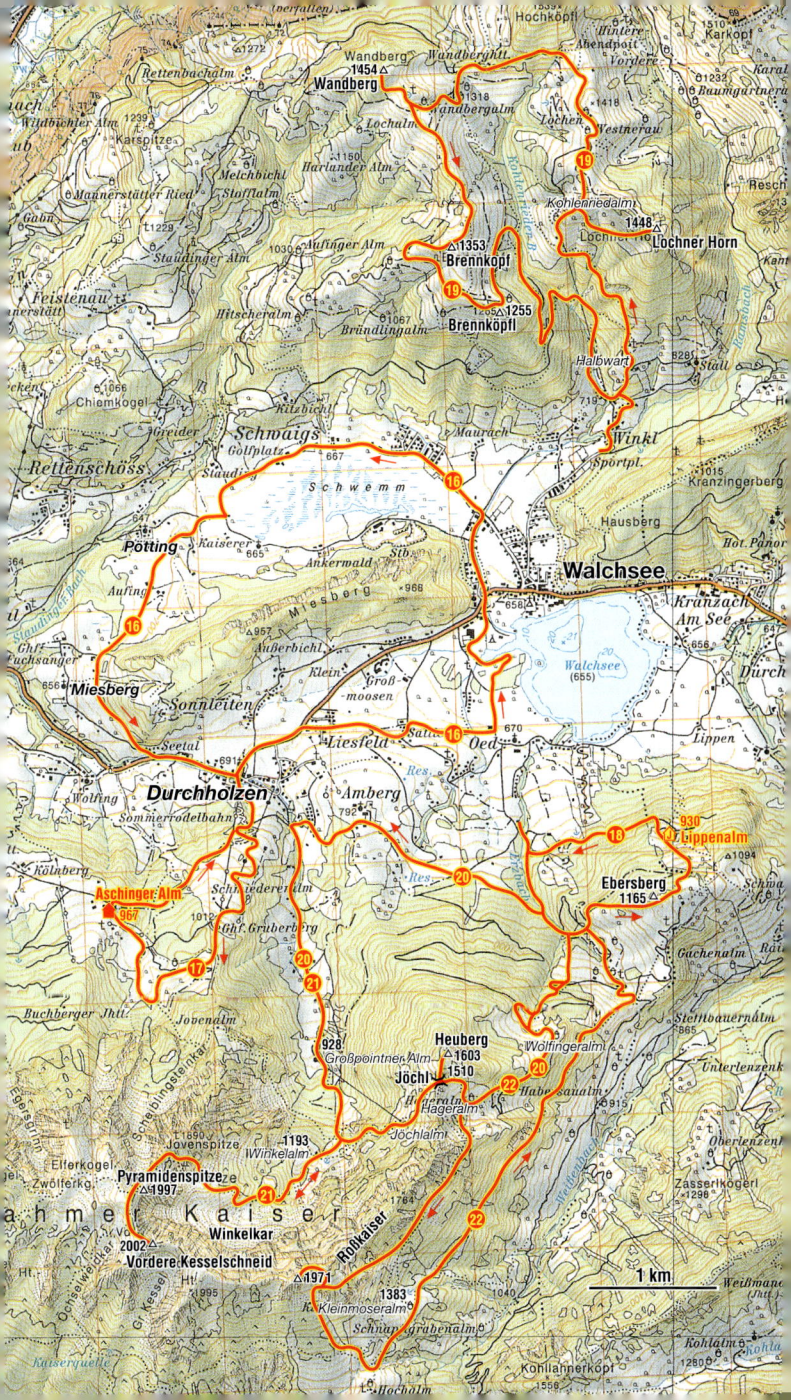

RUND UM DEN MIESBERG
Zum größten Hochmoor Nordtirols

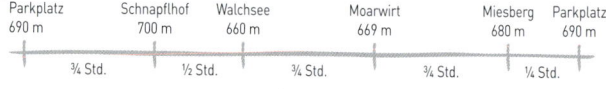

Parkplatz	Schnapflhof	Walchsee	Moarwirt	Miesberg	Parkplatz
690 m	700 m	660 m	669 m	680 m	690 m
	¾ Std.	½ Std.	¾ Std.	¾ Std.	¼ Std.

3 Std.
80 Hm

Anreise: Autobahnausfahrt A12 Oberaudorf/Niederndorf über den Inn und auf der Walchsee-Bundesstraße über Niederndorf zum Weiler Durchholzen, hier rechts zum Parkplatz des Durchholzen-Sessellifts (Hinweisschild).
Ausgangspunkt: Parkplatz Durchholzenlift (690 m).
Wegbeschaffenheit: Sträßchen, Wanderweg, auch für Kinderwägen und Rollstühle geeignet.

Einkehrmöglichkeit: Gasthof Moarwirt, Gasthöfe in Walchsee.
Beste Jahreszeit: Mai bis Oktober (ganzjährig, auch bei Regen begehbar).
Höhenunterschied und Gehzeit: 10 km, 80 Hm, 3 Std.
Tipp: Am westlichsten Punkt des Miesberges bei Außerfelden kann dieser über einen neuen Forstweg und einem Bergsteig in etwa einer ½ Stunde erwandert werden.

Diese Wanderung führt durch die vielfältige Landschaft des Naturjuwels Walchsee im Kaiserwinkl. Im Norden ragen die Steilwände des Zahmen Kaisers in den Himmel. Im Osten liegt der malerische Walchsee lieblich in seinem Becken. Zwischen dem Miesberg und

Stolze Bauernhöfe wie dieser sind typisch für die Region.

Der Miesberg erhebt sich wie eine Insel aus dem grünen Hochplateau von Walchsee.

den Chiemgauer Bergen überrascht das größte erhaltene Hochmoor Nordtirols.

Das Moor verleiht der Landschaft ihren ganz besonderen Reiz. Interessierte können sich über die Entstehung dieses speziellen Lebensraumes mit seiner beeindruckenden Artenvielfalt im Tourismusbüro informieren.

Wie das Bühnenbild in einem gut inszenierten Theaterstück ändert sich die Landschaft auf unserer Wanderung fortwährend, sodass man sich immer wieder Zeit zum Stehenbleiben und Staunen nehmen sollte. Dazwischen laden stolze Bauernhöfe mit schwerem, buntem Blumenschmuck auf den Balkonen zum Urlaub auf dem Land. Wer den Blick auch auf die kleinen Dinge neben dem Weg lenkt, kann die bunte Vielfalt der heimischen Pflanzenwelt bewundern.

WEGVERLAUF. Vom Parkplatz über die Straße und auf dem Fußweg nach rechts. Vor dem Gasthof Alpenhof auf dem Fuß- und Radweg nach links Richtung Walchsee.

Nach etwa 15 Minuten zweigt beim Gasthof „Liftstüberl" eine kleine Seitenstraße nach rechts ab.

Auf dieser bis zum schönen **„Schnapflhof"** (Biobauer), dort links talwärts und nach ein paar

TALORT WALCHSEE

Die Schwemm – das größte Hochmoor Nordtirols. Das wertvolle Biotop ist mit einem Steg und Aussichtsturm erschlossen worden und kann in 1½ Stunden erreicht werden.

Metern die erste Abzweigung wieder nach rechts und auf dem Rad- und Fußweg (grünes Schild) bis zur Seestraße.

Auf dieser geht man etwa 200 Meter nach links talwärts Richtung **Walchsee**, bis man auf den Seerundweg Nr. 38 trifft. Auf diesem, den Schilfgürtel berührend, wieder bis zur Straße, die man vor dem Tennisplatz sofort wieder nach rechts auf dem Seerundweg Nr. 38 verlässt, dann auf den Damm des Ramsbaches. Auf diesem bachaufwärts überschreitet man die Bundesstraße und folgt dem Fußweg. Dieser überquert zweimal auf kleinen Steigen den Bach.

Ab der Straßenbrücke folgt man der Straße nach links (Schild Schwemmrunde Nr. 35) bis zum traditionellen Golfhotel **Moarwirt** (2 Stunden). Nach verdienter Rast auf der kleinen Nebenstraße weiter und jeweils den Schildern „Miesberg/Durchholzen Weg Nr. 35" folgend über Aufing, **Miesberg** zum Weiler Seetal. Von dort auf dem Gehweg neben der Walchseestraße in etwa 10 Minuten zurück zum Ausgangspunkt.

KARTE. Seite 76/77

BERGGASTHOF ASCHINGER ALM
Gemütliche Almwirtschaften

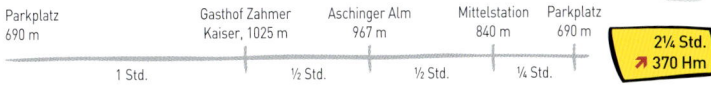

| Parkplatz | Gasthof Zahmer | Aschinger Alm | Mittelstation | Parkplatz |
| 690 m | Kaiser, 1025 m | 967 m | 840 m | 690 m |

1 Std. — ½ Std. — ½ Std. — ¼ Std.

2¼ Std.
370 Hm

Anreise: Autobahnausfahrt A12 Oberaudorf/Niederndorf über den Inn und auf der Walchsee Bundesstraße über Niederndorf zum Weiler Durchholzen, hier rechts zum Parkplatz des Durchholzen-Sessellifts (Hinweisschild).
Ausgangspunkt: Parkplatz Durchholzenlift (690 m).
Wegbeschaffenheit: Sträßchen, Almerschließungswege, Wanderweg (blau).

Einkehrmöglichkeit: Gasthof Zahmer Kaiser, Aschinger Alm, Gasthöfe in Walchsee.
Beste Jahreszeit: Mai bis Oktober.
Höhenmeter und Gehzeit: 370 Hm, 2¼ Std.
Tipp: Für Familien gibt es von der Mittelstation des Liftes bis zum Parkplatz eine rasante Sommerrodelbahn, was die Wandermotivation der Kinder stark erhöhen kann.

Die Aschinger Alm wurde 2010 umgebaut und renoviert. Die einmalige Lage und die ausgezeichnete Küche lohnen den Besuch.

Auf diesem Weg kann man mit etwas Aufmerksamkeit einen Teil der Vielfalt und Verschiedenheit der alpinen Weidelandschaften erleben. So wandert man anfangs über offene, sonnige Almweiden. Später, wenn man zum Fuß der Nordabstürze der Jovenspitze gelangt, ändert sich das Bild, und die Landschaft bekommt einen wildromantischen Charakter. Jovenspitze und Grinnerkopf begrenzen ein mächtiges steiles Kar, das bis zu den Nordwänden der Pyramidenspitze reicht. Seine Unberührtheit garantiert vielen seltenen Pflanzen und Tieren einen intakten Lebensraum. Dazwischen liegen als aussichtsreiche Ruhepunkte Berggasthöfe und gemütliche Almwirtschaften.

WEGVERLAUF. Vom Parkplatz auf dem Fußweg neben der Lifttrasse über sonnige Almwiesen mit „glücklichen" Kühen in etwa einer Stunde zum **Gasthof Zahmer Kaiser** (1025 m). Allein der Blick von der Terrasse auf den Walchsee lohnt diesen Anstieg. Dann Richtung Gebirgsfuß, (südlich) dem Schild „Aschinger Alm" folgend, kurz durch den Wald und dann auf dem Weg über die Weideflächen der Schöberlalm (1000 m) zu dem im Jahr 2010 errichteten **Berggasthof Aschinger Alm** (967 m). Von diesem auf dem Almerschließungsweg zur **Mittelstation** des Durchholzenliftes (840 m). Von da in etwa ¼ Stunde zurück zum Ausgangspunkt.

Mutige können die 150 Höhenmeter ins Tal auf der durchaus rasanten Sommerrodelbahn überwinden.

Die doppelspurige Sommerrodelbahn ist eine beliebte Attraktion bei Jung und Alt.

LIPPENALM, 930 m
Großartiger Blick auf den Walchsee

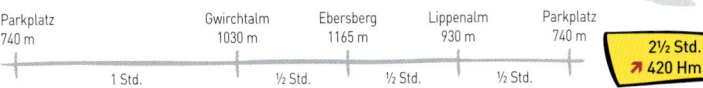

Parkplatz	Gwirchtalm	Ebersberg	Lippenalm	Parkplatz
740 m	1030 m	1165 m	930 m	740 m
	1 Std.	½ Std.	½ Std.	½ Std.

**2½ Std.
↗ 420 Hm**

Anreise: Autobahnausfahrt A12 Oberaudorf/Niederndorf über den Inn und auf der Walchsee Bundesstraße über Niederndorf nach Walchsee. Unmittelbar vor den Tennisplätzen die Seestraße bis zum Weiler Oed. Bei der Weggabelung Wegweiser „Lippenalm" Richtung Gebirge bis zum Parkplatz der Lippenalm.
Ausgangspunkt: Parkplatz Lippenalm (740 m).

Wegbeschaffenheit: Sträßchen, Almschließungswege, Bergsteig.
Einkehrmöglichkeit: Lippenalm, Gasthöfe in Walchsee.
Beste Jahreszeit: Mai bis Oktober, ganzjährig begehbar.
Höhenmeter und Gehzeit: 420 Hm, 2½ Std.
Tipp: Der Fahrweg von der Lippenalm zum Parkplatz ist im Winter eine schnelle, aufregende Rodelbahn.

Die Lippenalm liegt in der bewaldeten Nordflanke des Ebersbergs auf 930 Meter Höhe, hoch über dem Walchsee und mit einer tollen Aussicht auf diesen. Die Almwirtschaft bietet köstliche Schmankerln aus eigener biologischer Produktion. Der hier beschriebene

Romantische Almhütten, wie hier die Gwirchtalm, säumen den Weg.

TALORT WALCHSEE

Blick vom Heuberg auf die grünen Almflächen des Ebersbergs

Weg zu ihr führt über die sonnigen Almböden der Kleinmoosen- und Gwirchtalm. Der nicht besonders hohe Ebersberg überrascht mit einem großartigen Rundblick. Die schöne Aussicht, die blumenreichen Almböden und insbesondere die kulinarischen Spezialitäten machen den Ausflug auf jeden Fall zu einer lohnenden Genusswanderung.

WEGVERLAUF. Vom Parkplatz nicht auf dem direkten Weg zur Lippenalm, sondern auf dem Sträßchen Richtung Heuberg. Am Kreuzungspunkt liegt rechts der stolze Hof „Am Berg". Man geht hier links auf dem Sträßchen weiter aufwärts Richtung Gwirchtalm/Heuberg. Unmittelbar nach der Brücke über den Erzbach führt der Fußweg neben dem Bach anfangs durch den Wald, dann über sonnige Almwiesen zur **Gwirchtalm** (1030 m, 1 Std.). Vom Sattel sieht man auf das Habersauertal mit seinen zahlreichen, romantisch wirkenden Almen. Nun östlich in Serpentinen hoch zum flachen Rücken des **Ebersbergs** (1165 m, ½ Std.). Nach eindrucksvoller Rundschau den östlichen Rücken abwärts bis zu einem Sattel und von diesem nach links (nördlich) mit herrlichem Blick auf den tiefblauen Walchsee zur gemütlichen Jausenstation **Lippenalm** (930 m, ½ Std.). Nach verdienter Rast auf der aussichtsreichen Terrasse auf dem Fahrweg zurück zum Ausgangspunkt (740 m, ½ Std.).

KARTE. Seite 76/77

Tour 19

WANDBERG, 1454 m

Wanderung in der „Genussregion" Kaiserwinkl

Parkplatz 690 m		Kohlenried-alm, 1280 m		Lochner Horn 1448 m		Wandberg 1454 m		Brennkopf 1353 m		Parkplatz 690 m
	1¾ Std.		¾ Std.		1¼ Std.		½ Std.		1¾ Std.	

6 Std.
↗ 858 Hm

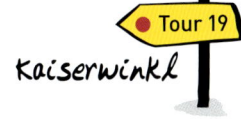

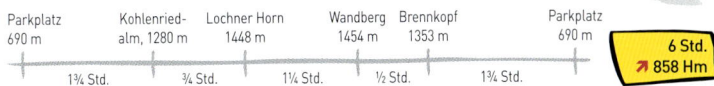

Anreise: A12 von München oder Innsbruck, Ausfahrt Oberaudorf/Niederndorf, über den Inn und auf der Bundesstraße über Niederndorf bis Walchsee. Unmittelbar vor dem Hotel Schick nach links abbiegen, nun auf dieser Straße bis zum Parkplatz (rechte Seite, gebührenpflichtig).
Ausgangspunkt: Gebührenpflichtiger Parkplatz (690 m).
Wegbeschaffenheit: Almerschließungswege, Wanderwege und Bergsteige (rot).
Einkehrmöglichkeit: Wandberghaus, Burgeralm, Gasthöfe in Walchsee.
Beste Jahreszeit: Mai bis Oktober.
Höhenmeter und Gehzeit: 858 Hm, 6 Std.
Tipp: Auf der Burgeralm gibt es ausgezeichneten Käse und Speck.

Der Ausflug auf die Vorberge der Chiemgauer Alpen lohnt mit einer herrlichen Aussicht auf das nahe Kaisergebirge und den Walchsee. Östlich davon stehen die Kalkmauern der Loferer Steinberge und dazwischen blickt man in südlicher Richtung auf den Alpenhaupt-

Das Wandberghaus – beliebter Stützpunkt in den Vorbergen

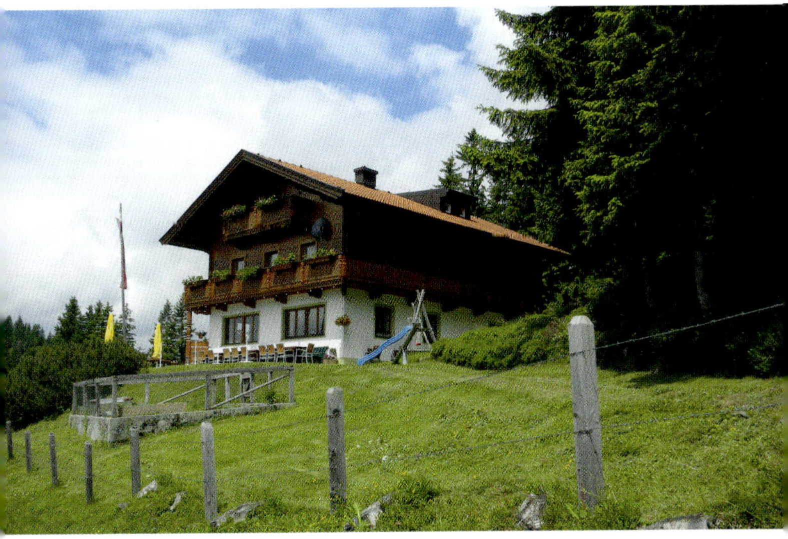

kamm. Vom Wiesbachhorn bis zum Großglockner grüßen die mächtigen Schneeberge. Das traditionelle Almenland oberhalb von Walchsee ist ein leichtes, ideales Wandergebiet und von zentraler Bedeutung für die „Genussregion" Kaiserwinkl. Alle Bauern der Region haben sich für die biologische Landwirtschaft entschieden. Die Milch wird an die regionalen Sennereien geliefert, welche wiederum die heimische Gastronomie mit besten Milch- und Käseprodukten beliefern. Auf der Burgeralm werden von der Familie Fahringer in traditioneller Almwirtschaft eigene Milchprodukte und Käsespezialitäten zum Verzehr angeboten. Dazu kommen geräucherter Speck, Würste und eigenes Brot vom Biobauernhof im Tal. Traditionelle Schmankerln wie Press- oder Speckknödel runden das Angebot ab. Wandererherz, was willst du mehr?

WEGVERLAUF. Vom Parkplatz auf dem Sträßchen Richtung Oberwinkl folgt man dem beschilderten Weg Nr. 53 Richtung Lochner Horn. Unmittelbar nach einem Gatter zweigt der Weg Nr. 53 (Schild „Lochner Horn") nach rechts hinauf zum Hof „Halbwart" ab.

Von diesem ein kurzes Stück auf dem Almerschließungsweg links aufwärts, bis nach einer Kehre das Schild links (nördlich) aufwärts weist. Vorbei an einer idyllisch gelegenen, kleinen Alm, die von ei-

Burgeralm – die Milch der eigenen Kühe wird direkt auf der Alm zu Käsespezialitäten verarbeitet.

Das 1448 Meter hohe Lochner Horn begrenzt nördlich das Plateau um den Walchsee.

nem Federahorn beschattet wird, führt der Weg angenehm durch ein Waldstück, in dem mehrere Orchideenarten, wie zum Beispiel Knabenkraut und Türkenbund, beheimatet sind. Über freie Weideflächen erreicht man nach etwa 1¾ Stunden die **Kohlenriedalm** (1280 m).

Nun auf dem Steig Nr. 53 östlich, anfangs steil, dann über blumenreiche Almwiesen zum begrünten Rücken und über diesen nach rechts (südöstlich) auf das aussichtsreiche **Lochner Horn** (1448 m). Die folgenden Ziele liegen jetzt gut überschaubar vor uns. Vom Lochner Horn zurück zum Almerschließungsweg und auf diesem vorbei an den Lochner Almen zu den gastlichen Raststätten **Wandberghaus** und/oder **Burgeralm**. Nun über die 2009 neu errichtete Maria-Hilf-Kapelle unschwierig auf den nahen Wandberg (1454 m). Vom Wandberg wieder zurück zum Sattel und über den südlichen Rücken (Weg Nr. 54) nur am Schluss steil zum **Brennkopf** (1353 m). Vom Brennkopf südlich, entlang des Weidezaunes, auf Trittspuren hinunter zur Schupfnalm. Ab dieser folgt man dem gut beschilderten, markierten Weg Nr. 55 in den Hohlrieder Graben und von diesem geht es über den Wasserfall zurück zum Parkplatz.

KARTE. Seite 76/77

Tour 20

HEUBERG, 1603 m
Kleiner Gipfel mit großer Aussicht

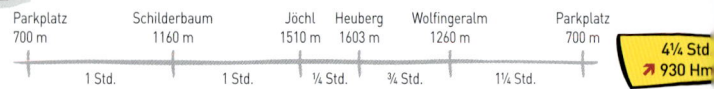

Parkplatz	Schilderbaum	Jöchl	Heuberg	Wolfingeralm	Parkplatz
700 m	1160 m	1510 m	1603 m	1260 m	700 m
1 Std.	1 Std.	¼ Std.	¾ Std.	1¼ Std.	

4¼ Std
930 Hm

Anreise: Von Innsbruck oder München Autobahnausfahrt Oberaudorf/Niederndorf, über den Inn und auf der Walchsee-Bundesstraße bis zum Ortsteil Durchholzen. Vor dem Gasthof Alpenhof macht die Straße einen 90°-Schwenk nach links. Genau dort, also noch vor dem Gasthof, nach rechts einbiegen! Was anfangs wie eine Hofeinfahrt aussieht, entwickelt sich zu einem Sträßchen, dem man immer bachaufwärts folgt, bis ein Fahrverbotsschild die Weiterfahrt verbietet. Unmittelbar dort ist der gebührenfreie Parkplatz.
Höhenmeter und Gehzeit: 930 Hm, 4¼ Std.
Wegbeschaffenheit: Sträßchen, Almerschließungswege, Bergsteige (rot).
Einkehrmöglichkeit: Hageralm, Gasthof Alpenhof, Gasthöfe in Walchsee.
Beste Jahreszeit: Juni bis Oktober (im Winter beliebte, kurze Skitour über die Hageralm).
Tipp: Bei frühem Aufbruch schattiger Anstieg.

Der Heuberg erhebt sich südlich hinter dem Walchsee bis auf 1603 Meter Seehöhe. Neben den felsigen Gipfelaufbauten des Zahmen und Wilden Kaisers wirkt er eher unscheinbar, seine Lage am östlichsten Punkt des Massivs macht ihn aber zu einem empfehlenswerten Ziel. Der großartige Blick reicht von den Felsformationen der Loferer Steinberge über den Ostkaiser bis ins Winkelkar. Je höher man hinaufsteigt, desto eindrucksvoller wirken die mächtigen Felswände. Richtung Norden kann man die sanfteren Chiemgauer Alpen bewundern. Höhepunkt ist der Blick auf den genau unter dem Heuberg liegenden, tiefblauen Walchsee. Der Heuberg hatte, worauf sein Name bereits hinweist, eine Bergmahd, die lange Zeit bewirtschaftet wurde. Das geerntete Heu musste im Winter mit Schlitten ins Tal gebracht oder hinuntergetragen werden. Heute weiden auf den steilen Grashängen Schafe.

Die Bergprimel (lat. Aurikel) hat viele Namen, wie Steinblume, Platenigl, Gamsblume etc.

WEGVERLAUF. Vom Parkplatz zuerst (700 m) auf dem asphaltierten Sträßchen Richtung Winkelkar.

Der Gipfelaufbau des Heubergs von Süden aus gesehen

Aus dem Sträßchen wird ein Almerschließungsweg, welcher in einen Bergsteig überleitet. Ab der Großpointner Alm wird der Anstieg bis zur Abzweigung (1160 m) zum Jöchl etwas steiler (1 Std.).
Der stark bestückte **Schilderbaum** zeigt, dass man sich hier am Schnittpunkt zahlreicher anspruchsvoller Wanderwege befindet. Man folgt dem bezeichneten Steig entlang der Nordflanke des Roßkaisers stetig aufwärts zu den Resten der Jöchlalm (1343 m), die von einer Lawine zerstört wurde. Von da nun in etwa ½ Stunde zum **Jöchl** (1510 m), das den Heuberg mit dem Roßkaiser verbindet. Von diesem auf dem begrünten Rücken in etwa ¼ Stunde zum aussichtsreichen **Heuberggipfel**. Nach verdienter Rast vom Gipfel hinunter zum Jöchl und jetzt nach links zur gemütlichen Hageralm, dann auf einem Almerschließungsweg zur **Wolfingeralm**.
Auf demselben Weg weiter und etwa 200 Meter nach der ersten Kehre auf die Markierung achten, die bei einer Ruhebank nach links über die Almböden zum Wald hinunterführt. Der Steig überquert zweimal den Fahrweg und trifft dann nochmals auf diesen. Nun folgen wir ihm, mit dem Blick auf die liebliche Bilderbuchlandschaft des Kaiserwinkls, bis Durchholzen. Nach den ersten Häusern über die Brücke und mit wenigen Schritten nach links zum Ausgangspunkt.
KARTE. Seite 76/77

Tour 21

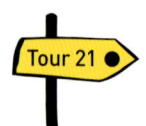

PYRAMIDENSPITZE, 1997 m

Der Klassiker aus dem Winkelkar

Parkplatz 700 m – 1¼ Std. – Winkelalm 1193 m – 1 Std. – Klettersteig 1600 m – 1¼ Std. – Pyramidenspitze 1997 m – ¼ Std. – Vordere Kesselschneid, 2002 m – 3 Std. – Parkplatz 700 m

6½–7 Std.
↗ 1332 Hm

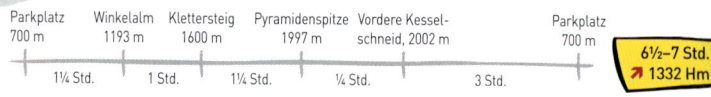

Anreise: Von Innsbruck oder München Autobahnausfahrt Oberaudorf/Niederndorf, über den Inn und auf der Walchsee-Bundesstraße bis zum Ortsteil Durchholzen. Vor dem Gasthof Alpenhof macht die Straße einen 90°-Schwenk nach links. Genau dort, also noch vor dem Gasthof, nach rechts einbiegen! Was anfangs wie eine Hofeinfahrt aussieht, entwickelt sich zu einem Sträßchen, dem man immer bachaufwärts folgt, bis ein Fahrverbotsschild die Weiterfahrt verbietet. Dort ist der gebührenfreie Parkplatz.

Ausgangspunkt: Parkplatz auf der Straße Richtung Winkelkar.
Höhenmeter und Gehzeit: 1332 Hm, 6½ bis 7 Std.
Wegbeschaffenheit: Sträßchen, Almerschließungswege, Bergsteig, Klettersteig (schwarz).
Einkehrmöglichkeit: Gasthof Alpenhof, Gasthöfe in Walchsee.
Beste Jahreszeit: Juni bis September.
Tipp: Trittsichere, schwindelfreie Bergsteiger benötigen kein Klettersteigset. Ein Klettersteighelm ist wegen Steinschlaggefahr jedem zu empfehlen.

Pyramidenspitze – die letzten Meter zum Gipfelausstieg werden mit Klammern überwunden.

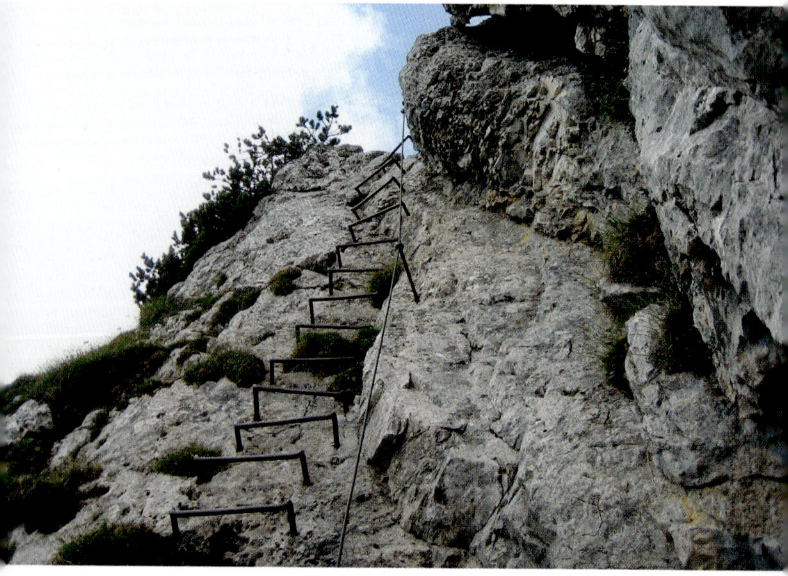

Die Pyramidenspitze gehört neben Naunspitze und Peterskōpfl zu den meistbesuchten Gipfeln im Zahmen Kaiser, weil sie von Kufstein aus über die Südflanke leicht erreichbar ist. Die Einstufung „leicht" bezieht sich auf die technischen Schwierigkeiten. Die zu überwindenden 1500 Höhenmeter und ein langer Anstieg verlangen jedenfalls eine gute Kondition. Der Klassiker des Nordanstiegs aus dem Winkelkar, das von den Nordabstürzen der Pyramidenspitze, den Kesselschneiden und dem Roßkaiser eingerahmt wird, ist sicher nur etwas für gute, erfahrene Bergsteiger. Die Mühe wird aber mit einer großartigen Aussicht auf die Nordwände des zackigen Wilden Kaisers und einem Blick weit in das bayrische Alpenvorland bis nach München belohnt. Hinzu kommen oft faszinierende Naturerfahrungen, sieht man doch meistens Gämsen und mit etwas Glück auch Steinadler. Die benachbarte Vordere Kesselschneid (2002 m) wird, obwohl höchster Punkt des Zahmen Kaisers, seltener besucht. Sie ist deshalb für jene Bergsteiger eine lohnende Alternative, die eine einsame Gipfelrast vorziehen.

Wohlverdiente Rast und Gipfelerlebnis

ANSTIEG. Vom Parkplatz (700 m) auf dem asphaltierten Sträßchen Richtung Winkelkar. Aus dem Sträßchen wird ein Almerschließungsweg, welcher in den AV-Weg Nr. 836 überleitet, der über offenes Gelände zur **Winkelalm** (1193 m) führt. Ab der Winkelalm leitet der Steig teilweise schottrig auf eine Moräne, deren Rücken einen bis zum Einstieg des Klettersteigs geleitet (etwa 1600 m Seehöhe). Über eine plattige Felsstufe beginnt der gut versicherte **Klettersteig** mit der Einstufung A/B. Gut markiert und versichert führt der Steig in etwa 1 bis 1½ Stunden zum Gipfel der **Pyramidenspitze**. Der Ausstieg über eine Leiter erinnert etwas an eine Via Ferrata in den Dolomiten. Vom Gipfelkreuz führt der AV-Weg 835 südlich ins Öchselweidkar. Man folgt diesem Weg etwa 30 Höhenmeter abwärts, bis Steigspuren links auf die mit einem Steinmanderl gekennzeichnete 2002 Meter hohe **Vordere Kesselschneid** führen (etwa 20 Minuten von der Pyramidenspitze). Abstieg wie Aufstieg.
KARTE. Seite 76/77

ROSSKAISER, 1971 m
Einsamer Gipfel im Osten des Gebirges

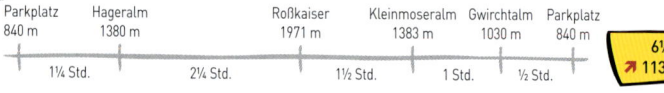

Parkplatz	Hageralm	Roßkaiser	Kleinmoseralm	Gwirchtalm	Parkplatz
840 m	1380 m	1971 m	1383 m	1030 m	840 m
	1¼ Std.	2¼ Std.	1½ Std.	1 Std.	½ Std.

6½ Std.
↗ 1135 Hm

Anreise: A12 von Innsbruck oder München, Ausfahrt Oberaudorf/Niederndorf, Bundesstraße über Niederndorf bis Walchsee. Unmittelbar vor dem Ortsschild die Seestraße nach rechts bis zum Weiler Oed. Bei der Weggabelung (Wegweiser „Gwirchtalm") auf dem schmalen Asphaltsträßchen Richtung Gebirge. Nach einer Kehre wird das Sträßchen zum Forstweg und auf diesem bis zum kleinen Parkplatz unmittelbar vor einem Schranken.
Ausgangspunkt: Parkplatz vor dem Schranken (840 m).
Höhenunterschied und Gehzeit: 1135 Hm, 6½ Std.

Wegbeschaffenheit: Almerschließungsweg, Bergsteig, schrofige Rinnen (schwarz).
Einkehrmöglichkeit: Gasthöfe in Walchsee.
Beste Jahreszeit: Juni bis Oktober (je nach Wetterlage).
Tipp: Südanstieg, frühzeitiger Aufbruch empfehlenswert, Sonnenschutz (Hut, Brille, Creme). Für die steilen, von Schrofen durchsetzten Graswiesen können Bergstöcke hilfreich sein. Bergerfahrung und Orientierungssinn im weglosen Gelände notwendig. Die leichte Kletterei (I) am Ostgrat verlangt Schwindelfreiheit und Trittsicherheit.

Der Roßkaiser ist der östlichste Gipfelpunkt des Zahmen Kaisers, dessen lange Gratschneide vom Petersköpfl über die Pyramidenspitze und die Kesselschneiden Richtung Heuberg ausläuft. Seine Besteigung erfordert von jeder Seite Kondition, Trittsicherheit, Schwindelfreiheit sowie Orientierungssinn im weglosen Gelände. Dafür belohnt der einsame Eckpfeiler des Zahmen Kaisers den Bergsteiger mit einer grandiosen Aussicht.
Die gesamte Palette der berühmten Klettergipfel des Wilden Kaisers, das weiß glänzende Band der Hohen Tauern und die imposanten Kalkstöcke der Leoganger und Loferer Steinberge liegen im Blickfeld des Wanderers. Der jähe Absturz ins Winkelkar mag für manche ein aufregender Tiefblick sein, andere schrecken eher davor zurück.
Ab dem Höhenweg leiten nur mehr Steigspuren und „Steinmanderl" zum Gipfel. Dafür begegnet man fast sicher Gämsen und Kreuzottern. Eine botanische Rarität, das kugelige Knabenkraut, sowie die artenreiche, bunte Blumendecke sind eine kleine, erfreuliche Draufgabe für jeden Blumenfreund.

WEGVERLAUF. Vom Parkplatz auf dem Almschließungsweg bis zum Erzbach. Vor diesem (Schilderbaum) rechts, der Bezeichnung Heuberg folgend, bis zur **Hageralm** (1380 m 1¼ Std.). Bei der Hageralm beginnt der Höhenweg

Ostgrat zum Gipfelkreuz

zu den Hochalmen (Schild „Hochalm 1 Std."). Nach etwa 80 Höhenmetern folgt man dem Höhenweg in leichtem Auf und Ab, bis das Schild zur Kleinmoseralm hinunter zeigt (¾ Std. von Hageralm) Genau dort in nordwestlicher Richtung, weglos und steil hinauf bis unter die Felsbarriere des Ostgrates.

Man bleibt jetzt am Felsfuß und geht auf einem deutlichen Wildsteig weiter, bis ein Latschengürtel den Weg versperrt. Dort nach rechts in einer Rinne steil in Richtung eines kleinen Kessels. Noch vor diesem wieder links schräg aufwärts den Wandfuß entlang, anschließend überquert man eine Rinne und klettert erst bei der zweiten (!) ein paar Meter empor, bis man wieder auf deutliche Steig- und Trittspuren trifft.

Nun unschwierig die Rinne aufwärts, die in den steilen Gipfelhang des **Kleinen Roßkaisers** ausmündet. Auf diesem nun zum Ostgrat, auf dem anfangs eine schräge Platte überklettert werden muss. Dann führt ein Band zu einem kleinen Kamin.

Nach diesem, auf Steinmänner achtend, auf die Nordseite und etwas ausgesetzt zum aussichtsrei-

WOLFRAM VON OY. Am Gipfel des Roßkaisers angekommen traf ich auf dem Grat eine eindrucksvolle Gestalt mit langen Haaren und eigenartigem Bart. Wir beide waren überrascht, auf dem selten bestiegenen Gipfel noch jemanden anzutreffen. Während des Gesprächs ergab sich, dass mein Gegenüber nun schon das 499ste Mal auf dem Roßkaiser wäre und in den nächsten Tagen das 500ste Mal angehen werde. Er sei schon so oft hier gewesen, weil sein Vater während seiner Kindheit eine der Hochalmen gepachtet hatte und er schon als Kind während der Sommerferien die Gelegenheit hatte, den Roßkaiser zwei- bis dreimal in der Woche zu besteigen. Beim Gespräch über den Berg und seine Tierwelt erzählte er mir, dass man auf dem Gipfelhang auf Schlangen achten müsse. Dies gelte insbesondere für ihn, weil er Sommer wie Winter barfuß auf die Berge gehen und die Schuhe nur im Abstieg anziehen würde. Wir stellten uns gegenseitig vor und ich erhielt von ihm seine Internetadresse (www.bergforum.com). Daraus ein kurzer Auszug: „Wolfram von Oy hatte in seinem Leben einige Rückschläge hinnehmen müssen, die ihn auch psychisch stark belasteten. In dieser Situation kam er auf das Barfußgehen als Konzentrationsübung. Vergleichbar mit der sogenannten ‚Anleitung' im Buddhismus wurde sein Geist auf einen bestimmten Punkt gelenkt und damit ‚frei'. Sollten Sie im Kaisergebirge sommers wie winters auf einen barfuß gehenden Menschen treffen, ist dies kein ‚Spinner', sondern ein Mensch, der einen nicht alltäglichen Weg aus seiner persönlichen Lebenskrise gefunden hat."

Kleinmoseralm – eine kleine, romantisch gelegene Alm

chen **Gipfel** (1½ Stunden ab Höhenweg).

Abstieg anfangs wie Aufstieg, dann nimmt man die steile begraste Rinne nach rechts (westlich) bis unter die Südwand. Dann den steilen Grashang im Zickzack hinab zum Höhenweg (kleine Geländestufen erleichtern dies) und schließlich auf diesem in östlicher Richtung bis zur **Kleinmoseralm** mit Brunnen (1383 m, 1½ Std.). Von dort nicht mehr hoch zum Höhenweg, sondern, dem Schild „Gwirchtalm" folgend, auf dem gut markierten Steig bis zur Alm. Von dieser in einer ½ Stunde zum Ausgangspunkt.

VARIANTE I. Wer dem Ostgrat des Großen Roßkaisers ausweichen will, kann den Kleinen Roßkaiser mit Gipfelkreuz leicht über den Westgrat erreichen.

VARIANTE II. Die Orientierung im Gelände fällt einfacher, wenn man dem Höhenweg bis zur Hochalm folgt und den steilen, weglosen Wiesenhang nun im Zickzack überwindet und schließlich knapp unter die Südwand gelangt. Dort öffnet sich nach rechts (östlich) eine begraste, steile Rinne zum Gipfelhang des Kleinen Roßkaisers.

Von dort wie vorher beschrieben über den Ostgrat zum Gipfel des Roßkaisers. (Den Kleinen Roßkaiser kann man jedenfalls im Abstieg mitnehmen.)

KARTE. Seite 76/77

SCHWENDT
Touren 23 bis 28

Der Kaiserwinkl ist ein wahres Paradies für Paragleiter.

Wer eine Wanderung unternehmen und dabei eine eindrucksvolle und oft noch einsame Gebirgslandschaft erleben will, ist hier genau richtig. Das kleine Gebirgsdorf ist lohnender Ausgangspunkt für mehrere anregende Wanderungen. In der Region um Schwendt lässt sich Bergfaszination auch bei leichten, beschaulichen Touren erleben. Die Gemeinde Schwendt liegt auf 702 Meter Höhe im Kaiserwinkl und gehört zum Bezirk Kitzbühel. Das aussichtsreich auf

ANREISE. Schwendt liegt an der Landesstraße zwischen Kössen und St. Johann, von München oder Innsbruck A12 Autobahnausfahrt Oberaudorf/Niederndorf, anschließend über den Inn und auf der Bundesstraße über Walchsee nach Kössen, dort beim Kreisverkehr die erste Abzweigung rechts nach Schwendt.

WICHTIGE ADRESSEN UND TELEFONNUMMERN.
Tourismusverband Kaiserwinkl
Postweg 6
A-6345 Kössen
Telefon: +43/(0)501100
E-Mail: info@kaiserwinkl.com
Internet: www.kaiserwinkl.com

einer Sonnenterrasse gelegene Dorf hat bei einer Fläche von 30,8 Quadratkilometern etwa 800 Einwohner. Höchster Punkt ist der Feldberg mit 1813 Meter Seehöhe. Schwendt liegt an einem alten Handelsweg, der von Venedig über die Felbertauern, Kitzbühel und St. Johann bis Schwendt und anschließend über den Klobensteinpass in den Chiemgau und weiter bis zur Ostsee führte. Unweit des Dorfes belegen die Ruinen einer Höhlenburg aus dem 13. Jahrhundert die Wichtigkeit des alten Handelsweges im Mittelalter. Diese Höhlenburg kann übrigens über Anmeldung beim Tourismusverband mit einem Führer besucht werden. Die Ortschaft wird 1160 erstmals urkundlich erwähnt. Die erste Kirche dürfte mit der Besiedlung der Gegend im 8. Jahrhundert errichtet worden sein. Die „Pfarrkirche zu den Heiligen Petrus und Paulus" ist urkundlich als gotisches Gotteshaus bereits 1197 belegt. Damit gehört sie zu den bedeutenden Sakralbauten in der Region. Zu erwähnen ist noch ein überlebensgroßes Kruzifix aus dem 17. Jahrhundert. Dieses wird im Volksmund „Lederer-Herrgott" genannt, hat einen Korpus von etwa 3 Meter Höhe und besitzt für viele eine starke spirituelle Anziehungskraft.

Erzsucher wurden im Mittelalter in der Gegend fündig und bauten vor allem Eisenerz ab. Bereits 1549 wurde der „Kössentaler Berg- und Schmelzwerkshandel" gegründet. In einer Eisenhütte verarbeitete man verschiedene Metalle und spezialisierte sich auf die industrielle Fertigung von Draht. Erst 1880 wurde der Betrieb eingestellt, in Schwendt sind dennoch kaum noch Spuren aus dieser Zeit erhalten. Heute ist Schwendt ein attraktives Gebirgsdorf, das vorwiegend von der Agrarwirtschaft und dem Tourismus lebt. Das weite Kohlental mit seinem fruchtbaren Talboden und die bewaldeten, sanften Vorberge vor den sich senkrecht erhebenden Wänden des Wilden Kaisers bestimmen das attraktive Landschaftsbild der Region. Ein weitläufiges, über 200 Kilometer umfassendes Wegenetz, das in und um die atemberaubende Kulisse des Kaisergebirges führt, kann den Aktivurlaub mit außerordentlichen Erlebnissen bereichern. Der Golfplatz in Kössen, Wildwasser- und Raftingangebote auf der Tiroler Ache sowie die ausgezeichneten Bedingungen für Drachen- und Gleitschirmflieger am Untersberg machen Schwendt zum idealen Urlaubsort.

Rafting auf der Tiroler Ache

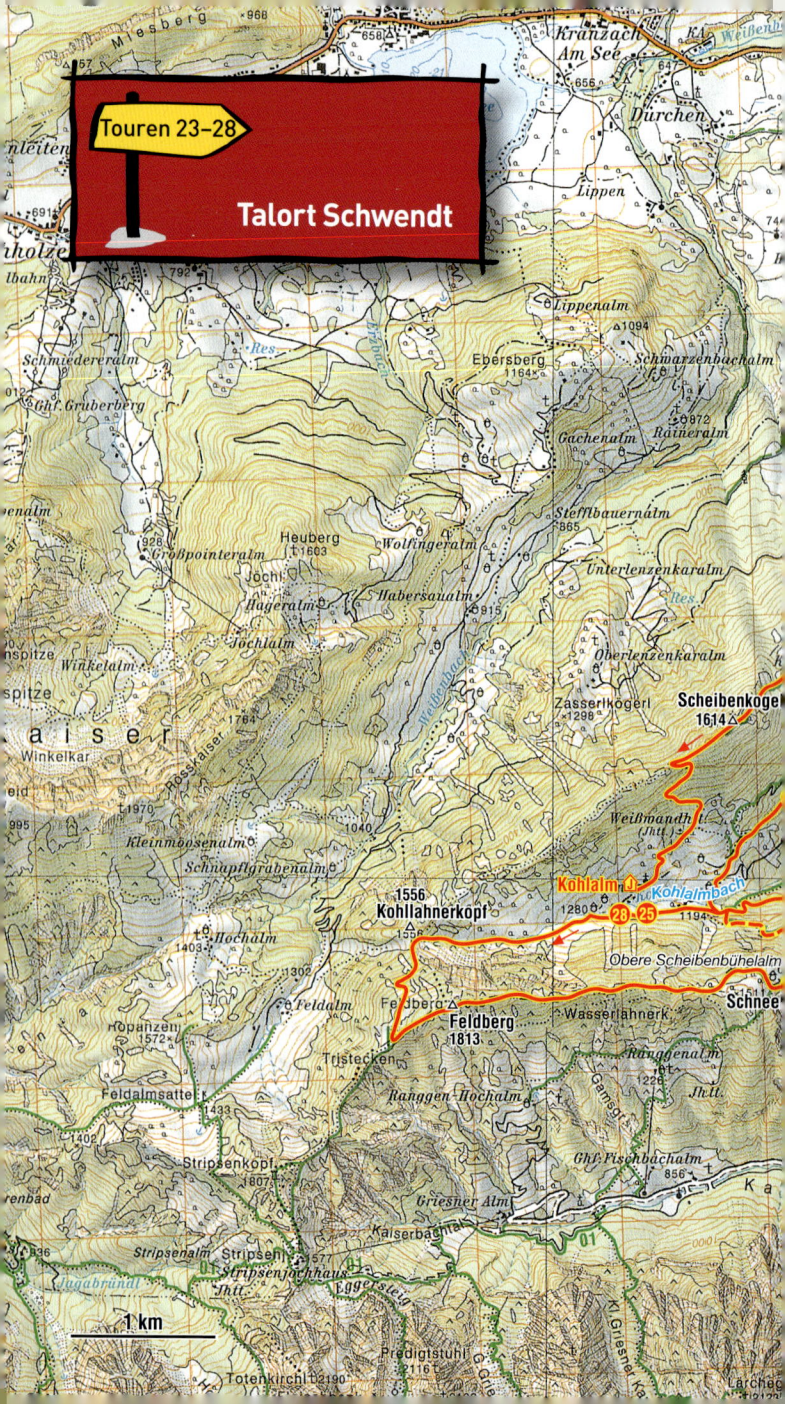

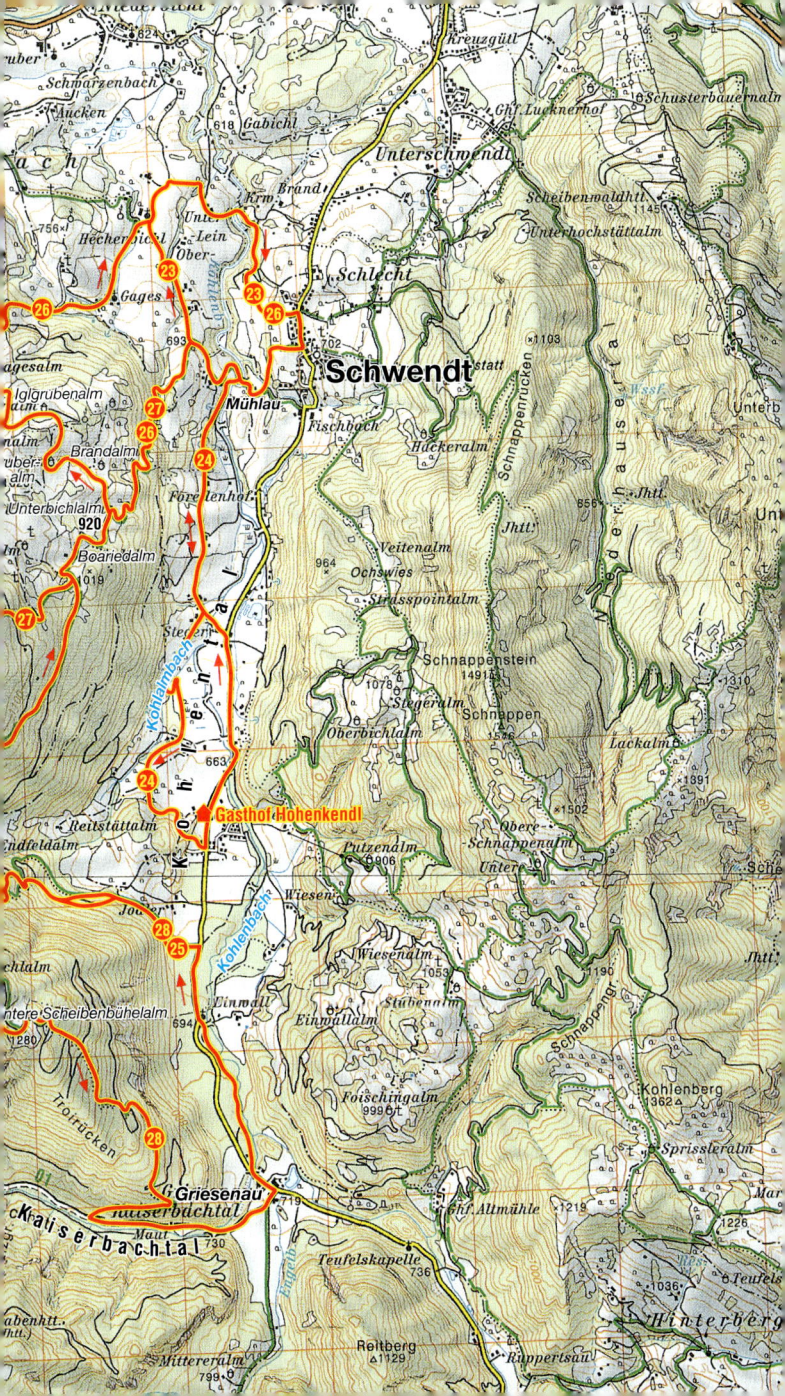

WANDERUNG NACH GASTEIG
Am Fuß des Ostkaisers

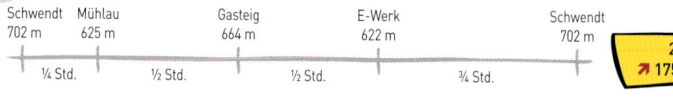

Anreise: Schwendt liegt an der Landesstraße zwischen Kössen und St. Johann. Von Innsbruck oder München A12 Autobahnausfahrt Oberaudorf/Niederndorf, anschließend auf der Bundesstraße über Walchsee nach Kössen, dort beim Kreisverkehr die 1. Abzweigung rechts nach Schwendt. Parkplätze neben dem Gasthof Mairwirt und im Dorfzentrum in der Nähe der Kirche und des Gemeindeamts.
Ausgangspunkt: Schwendt, neben dem Mairwirt.

Höhenunterschied und Gehzeit: 175 Hm, 2 Std.
Wegbeschaffenheit: Sträßchen, Wald- und Wiesenwege.
Einkehrmöglichkeit: Gasthöfe in Schwendt.
Beste Jahreszeit: Mai bis Oktober (kann auch im Winter begangen werden).
Tipp: Die Wanderung lässt sich bequem bis Bichlach zum Riedlwirt ausdehnen (plus ½ Std.). Für Kinder ab 6 Jahren geeignet.

Der Gasteighof – einladender Bauernhof für einen ruhigen Urlaub auf dem Land

Immer wieder sind kleine Kapellen und Kirchlein am Wegrand zu sehen.

Das traditionelle Bauernland mit weit ausladenden, saftigen Wiesen wurde vermutlich von Bajuwaren noch vor Gründung der Talorte, bereits im 8. Jahrhundert besiedelt. Stolze Bauernhöfe, mit dem „goldenen Schnitt" harmonisch in die Landschaft eingefügt, erinnern an jene Zeit, in der auf diesen Höfen bis zu zehn Mägde und Knechte beschäftigt waren. Heute dienen diese ehemaligen Gesindestuben als bequeme Komfortzimmer für den „Urlaub am Bauernhof". Schon nach den ersten Schritten öffnet sich der Blick über den romantischen Talboden des Kohlentales zu den steil aufragenden Gipfeln des Wilden Kaisers. In unser Blickfeld kommen auch die Chiemgauer Alpen und der nordöstlichste Ausläufer des Zahmen Kaisers. Der Name Kohlental erinnert an jenen geschichtlichen Abschnitt, in dem in der Gegend von Schwendt Eisenerz abgebaut und auch verhüttet wurde. Den starken Bedarf an Energie deckten zahlreiche Köhler, welche die Schmelzhütte und mehrere Schmieden belieferten.

WEGVERLAUF. Neben dem Mairwirt beginnt der Weg beim „Schilderbaum". Man hält sich anfangs an die Bezeichnung „Bichlach –

Blick über das ausladende Kohlental auf die Gipfel des Wilden Kaisers

Weg 12". Der Weg führt hinunter nach **Mühlau** (Schild „Scheibenkogel/Hohenkendl"), überquert den klaren Kohlenbach und führt rechts, leicht aufwärts bis zum Sträßchen nach Bichlach. Diesem entlang kommt man bald zu einer Fischzucht. Nach dieser überquert man das Bächlein und sieht schon den prächtigen **Gasteighof**. Kurz nach diesem folgt man dem Wegweiser „E-Werk 66", der in das romantische, schattige Flusstälchen des Kohlenbaches führt. Man folgt dem Weg nun aufwärts bis zum kleinen **E-Werk**. Kurz danach über den Steg – rotweiße Markierung. Nun ohne Markierung ein paar Schritte bachaufwärts, dann links am Rand der Wiese etwas steil bis zu den doppelten Strommasten empor. Ab da führt ein ausgeprägter Wiesenweg vorbei an einem Einfamilienhaus nach rechts in den Wald. Bei einer Weggabelung bleibt man auf dem rechten Weg.

Über einen Steg kommt man nun zu einem Schotterweg, dem man kurz abwärts folgt, bis das Wegschild „Schwendt 65" vor einem aufgelassenen Bauernhof nach links leitet. Nun mit prächtiger Aussicht auf das Gebirge zurück zum Ausgangspunkt.

KARTE. Seite 100/101

ZUM GASTHOF HOHENKENDL
Beschauliche Wanderung am Kohlenbach

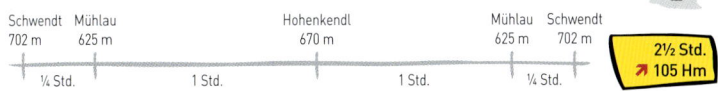

Tour 24

Schwendt	Mühlau	Hohenkendl	Mühlau	Schwendt
702 m	625 m	670 m	625 m	702 m
¼ Std.	1 Std.	1 Std.	¼ Std.	

2½ Std.
105 Hm

Anreise: Von Innsbruck oder München Autobahnausfahrt Oberaudorf/Niederndorf über den Inn und auf der Bundesstraße über Walchsee nach Kössen, dort nimmt man beim Kreisverkehr die 1. Abzweigung rechts nach Schwendt. Parkplätze unmittelbar neben dem Gasthof Mairwirt und im Dorfzentrum in der Nähe der Kirche und des Gemeindeamts.

Ausgangspunkt: Schwendt, neben dem Mairwirt.
Höhenunterschied und Gehzeit: 105 Hm, 2½ Std.
Wegbeschaffenheit: Wander- und Wiesenwege.
Einkehrmöglichkeit: Gasthof Hohenkendl, Gasthöfe in Schwendt.
Beste Jahreszeit: Mai bis Oktober (auch im Winter begehbar).

Landgasthof Hohenkendl mit gemütlichem, schattigem Gastgarten

TALORT SCHWENDT

Wer wandern und dabei eine traumhaft schöne Landschaft erleben will, ist hier genau richtig. Schon nach den ersten Schritten öffnet sich der Blick über den romantischen Talboden des Kohlentales zu den steil aufragenden Gipfeln des Wilden Kaisers. Mit etwas Glück sieht man Feuersalamander, die von ihren nächtlichen Beutezügen zu ihren Höhlen zurückkehren, aber auch Forellen und Wasseramseln, beides Indikatoren für eine sehr gute Wasserqualität. Die urige Bachlandschaft überrascht mit bunten Sträuchern sowie seltenen Wiesen- und Gebirgsblumen. Stolze Bauernhöfe, altehrwürdige Kapellen und eindrucksvolle Wegkreuze sind mit dem prächtigen Blick auf die steil aufragenden Zacken des Wilden Kaisers Begleiter dieser lohnenden Wanderung. Der „Lederer-Herrgott" ist ein Kunstwerk aus dem 17. Jahrhundert und besitzt für viele eine starke spirituelle Anziehungskraft. Der Gasthof Hohenkendl ist im urigen Tiroler Stil eingerichtet und bietet als Teil der Genussregion Kaiserwinkl seinen Gästen ausgesuchte Tiroler Schmankerln, welche das Wandererlebnis kulinarisch abrunden.

Das Kohlental mit seinen klaren Gebirgsbächen ist ein Zentrum der Forellenzucht. In den zahlreichen Gasthöfen des Hochtals werden den Gästen hochwertige Forellen in den verschiedensten Varianten vom geräucherten Forellenfilet bis zur Forelle „Müllerin" angeboten.

Der „Lederer-Herrgott" besticht durch seine Größe und Ausdruckskraft.

Kohlenbach mit Blick zu den östlichen Eckpfeilern des Wilden Kaisers

Der Forellenhof nennt ein Naturbecken sein Eigen, aus dem man die Fische selbst angeln kann. Diese können anschließend ins Restaurant zur gewünschten Zubereitung gebracht oder auch nach Hause mitgenommen werden. Ein weiteres Angebot, das zum ausgezeichneten Ruf der „Genussregion" Kaiserwinkl beiträgt.

WEGVERLAUF. Neben dem Mairwirt beginnt der Weg beim „Schilderbaum". Man hält sich an die Bezeichnung „Hohenkendl 61". Der Weg führt hinunter nach **Mühlau**, überquert den klaren Kohlenbach, um anschließend diesem links aufwärts zu folgen. Bald öffnet sich ein beschauliches Flusstälchen, dieses wandert man bis zum **Gasthof Hohenkendl** entlang. Zurück nimmt man anfangs den Wanderweg nördlich der Landesstraße Richtung Schwendt bis zum Gut Lederer mit dem großen Holzkreuz. Kurz nach diesem wandert man wieder zurück zum Kohlenbach, überquert diesen und geht auf dem schon bekannten Weg zurück nach Schwendt.
KARTE. Seite 100/101

Tour 25 – BERGGASTHOF KOHLALM
Wanderung in ein idyllisches Hochtal

Ausgangspunkt 680 m	Berggasthof Kohlalm 1280 m	Ausgangspunkt 680 m
1½ Std.		1¼ Std.

2¾ Std.
510 Hm

Anreise: Von Schwendt fährt man zuerst ca. 3 km in Richtung Griesenau, etwa 800 m nach dem Gasthof Hohenkendl und 30 m vor dem Kilometerstein „9,6" nach rechts abbiegen, anschließend bis zu den Parkbuchten auf der Almerschließungsstraße.
Ausgangspunkt: Parkbuchten an der Almerschließungsstraße ins Kohlalmtal.

Höhenunterschied und Gehzeit: 510 Hm, Aufstieg 1½ Std. – zurück 1¼ Std.
Wegbeschaffenheit: Forstweg, Wald- und Bergsteige, gut beschildert (rot).
Einkehrmöglichkeit: Berggasthof Kohlalm, Gasthöfe in Schwendt.
Beste Jahreszeit: Juni bis Oktober.
Tipp: Besonders an heißen Tagen empfehlenswert.

Das Kohlalmtal ist ein besuchenswertes, äußerst idyllisches Hochtal, das im Süden von den Wänden des Scheibenbühelbergs und im Norden vom bewaldeten Scheibenkogelkamm begrenzt wird. Der saubere Kohlalmbach und die weiten Almwiesen mit ihrer artenreichen Alpenflora, in der neben Enzian und vielen anderen typischen Gebirgsblumen auch mehrere Orchideenarten vorkommen, bieten

Almrosen bereichern die artenreiche Flora im Kohlalmtal.

TALORT SCHWENDT

Blick vom Feldberg ins blumenreiche Kohlalmtal

einen wunderbaren Anblick. Eine Besonderheit ist, dass man hier auch noch den echten Alpenschnittlauch finden kann. Von Einheimischen wird dieses Angebot im Frühjahr gerne genützt, weil der Geschmack dieser natürlichen Alpenpflanze wesentlich intensiver als der des gewöhnlichen Gartenschnittlauchs im Tal ist. Der gemütliche Berggasthof Kohlalm bietet neben erfrischenden Getränken auch kulinarische Köstlichkeiten aus Tirol, was die Wanderung zusätzlich attraktiv macht.

WEGVERLAUF. Man geht anfangs etwa 15 Minuten auf dem Almerschließungsweg mäßig steil bis zur ersten Kehre, bei dieser auf dem bezeichneten Bergsteig durch den artenreichen Bergmischwald dann etwas steiler bergauf. Der gut beschilderte Fußweg trifft ein paar Mal auf den Almerschließungsweg. Er folgt diesem auch für kurze Teilstücke, bis jeweils ein Schild wieder auf den Bergsteig führt. Nach etwa 1½ Stunden kommt man aus dem Wald auf die weiten Almböden des Kohlalmtales und erreicht in etwa zehn Minuten den **Berggasthof Kohlalm**.

Zurück wie Aufstieg oder man bleibt auf der Almerschließungsstraße, die zwar länger, aber dafür knieschonender ist, was dem einen oder anderen Wanderer entgegenkommen könnte.

KARTE. Seite 100/101

BRANDALM – IGLGRUBENALM
Wunderschönes Naturschutzgebiet

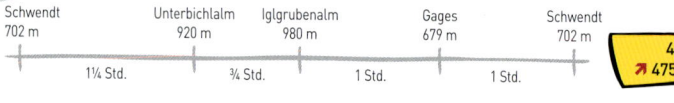

Schwendt 702 m		Unterbichlalm 920 m		Iglgrubenalm 980 m		Gages 679 m		Schwendt 702 m	4 Std. 475 Hm
	1¼ Std.		¾ Std.		1 Std.		1 Std.		

Anreise: Schwendt liegt an der Landesstraße zwischen Kössen und St. Johann, von Innsbruck oder München kommend nimmt man die A12 Autobahnausfahrt Oberaudorf/Niederndorf, anschließend fährt man über den Inn und auf der Bundesstraße über Walchsee nach Kössen, dort nimmt man beim Kreisverkehr die 1. Abzweigung rechts nach Schwendt. Parkplätze unmittelbar neben dem Gasthof Mairwirt und im Dorfzentrum in der Nähe der Kirche und des Gemeindeamts.

Ausgangspunkt: Schwendt, neben dem Mairwirt.
Höhenunterschied und Gehzeit: 475 Hm, 4 Std.
Wegbeschaffenheit: Sträßchen, Almerschließungswege, Wald- und Wiesenwege.
Einkehrmöglichkeit: Gasthöfe in Schwendt.
Beste Jahreszeit: Mai bis Oktober.
Tipp: Die Wanderroute lässt sich über die Ampferbodenalm – Hölzen – Zasserl – Lehen um etwa 1 Std. ausdehnen.

In diesem Teil des Naturschutzgebietes inmitten saftiger Almweiden empfängt uns herrliche Ruhe, welche nur durch das Gezwitscher der Vögel oder das Murmeln eines Baches unterbrochen wird.

Schon nach den ersten Schritten öffnet sich der Blick über die eindrucksvolle Landschaft des Kohlentales zu den steil aufragenden, markanten Gipfeln des Ostkaisers. Es lohnt sich einen Moment zu verweilen und diese lebendige Naturlandschaft auf sich wirken zu lassen.

Mit etwas Glück kann man den hier beheimateten Steinadler seine Kreise ziehen sehen. Kapellen und Wegkreuze sind Zeugen religiöser Ausdruckskraft. Der fantastische Blick über das Habersauer Tal zum gar nicht zahm aussehenden Roßkaiser entschädigt jedenfalls für die Mühen des Aufstiegs. Das beruhigende Gebimmel von Kuhglocken lenkt unsere Sinne schließlich wieder zurück auf die Zivilisation.

An die Bergbauzeit des Ortes erinnert beim Weiler Gages noch die Aufschrift: „Kupferschmiede Anno 1775", die den Bach als Antrieb für die schweren Hämmer nützte.

WEGVERLAUF. Der Weg beginnt neben dem Gasthof Mairwirt. Man hält sich an die Bezeichnung „Brandalm 69".

Der Weg führt uns hinunter nach Mühlau, überquert den Kohlenbach und leitet rechts, leicht aufwärts, dem Wegschild „Brandalm 69" folgend, auf das Sträßchen nach Bichlach. Diesem folgt man bis zur Abzweigung Brandalm/Scheibenkogel. Auf der Almer-

Weiler Gages mit Hauskapelle

schließungsstraße erreicht man nach etwa 1¼ Stunden die 920 Meter hoch gelegene **Unterbichlalm**. Hier teilt sich der Weg in Richtung Kohlalmtal/Scheibenkogel und Brandalm.

Man folgt dem bezeichneten Weg rechts zur **Brandalm**, die man in wenigen Minuten erreicht. Dem Weg weiter folgend, nimmt man bei der **Gruberalm** den nach Norden (rechts) führenden Almerschließungsweg, der über die 980 Meter hoch gelegene **Iglgrubenalm** hinunter zum **Weiler Gages** führt.

Mit dem Blick zu den Chiemgauer Alpen führt der Weg über den Gasteighof zum E-Werk – Weg 66. Nach dem E-Werk geht es über den Steg, anschließend ein paar Schritte bachaufwärts und dann links am Rand der Wiese empor bis zu dem Strommasten.

Ein ausgeprägter Wiesenweg führt, vorbei an einem Einfamilienhaus, nach rechts in den Wald. Bei einer Weggabelung bleibt man rechts und kommt über einen Steg auf einen Schotterweg, dem man kurz abwärts folgt, bis das Wegschild „Schwendt 65" vor einem Bauernhof nach links führt.

Auf einem Wiesenweg mit prächtiger Aussicht auf das attraktive Gebirge zurück zum Ausgangspunkt.

KARTE. Seite 100/101

SCHEIBENKOGEL, 1614 m
Aussichtsberg mit grüner Gipfelglatze

Tour 27

Schwendt 702 m	Unterbichlalm 920 m	Scheibenkogel 1614 m	Kohlalmtal 1280 m	Schwendt 702 m
1¼ Std.	2 Std.	1 Std.	2½ Std.	

6¾ Std
996 Hm

Anreise: Schwendt liegt an der Landesstraße zwischen Kössen und St. Johann, von Innsbruck oder München Autobahnausfahrt Oberaudorf/Niederndorf, anschließend über den Inn und auf der Bundesstraße über Walchsee nach Kössen, dort nimmt man beim Kreisverkehr die 1. Abzweigung rechts nach Schwendt. Parkplätze unmittelbar neben dem Gasthof Mairwirt und im Dorfzentrum in der Nähe der Kirche und des Gemeindeamts.
Ausgangspunkt: Schwendt, Schautafel des Tourismusverbandes an der Hauptstraße neben dem Mairwirt.
Höhenunterschied und Gehzeit: 996 Hm, 6¾ Std. (bei Abstieg wie Aufstieg 6 Std.).
Wegbeschaffenheit: Sträßchen, Almerschließungswege, Wald- und Bergsteige.
Einkehrmöglichkeit: Kohlalm, Gasthöfe in Schwendt.
Beste Jahreszeit: Mai bis Oktober.
Tipp: Für die steilen Abschnitte sind Bergstöcke hilfreich.

Die Schautafeln des Tourismusverbandes Schwendt neben dem Mairwirt sind Ausgangspunkt vieler lohnender Touren in den eher stillen Teil des Gebirges. Schon nach den ersten Schritten öffnet sich der Blick zu unserem Ziel, dem Scheibenkogel.
Dieser ist den steil aufragenden markanten Gipfeln des Wilden Kaisers von Maukspitze, Lärcheck und Ackerlspitze vorgelagert. Der bewaldete Berg hat den Vorteil eines kühlen Aufstiegs, bietet aber eine überraschend gute Aussicht auf den Wilden und den Zahmen Kaiser, die Chiemgauer Alpen sowie das Alpenvorland.
Die reichhaltige Alpenflora wechselt je nach Höhenlage ihr Erscheinungsbild. In diesem Teil des Naturschutzgebietes inmitten saftiger Almweiden genießt man die

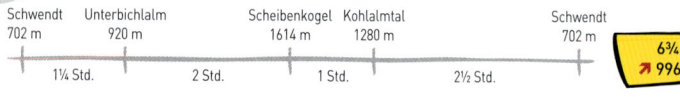

„Schlüsselstelle" – die steile Holzleiter überbrückt erodierendes Gelände.

TALORT SCHWENDT

Blick von Schwendt auf den bewaldeten Scheibenkogel

Ruhe, welche nur durch das Gebimmel von Kuhglocken oder das Murmeln des Kohlalmbaches unterbrochen wird.

Diese idyllische Abgeschiedenheit und die artenreiche Gebirgsflora mit Orchideen und Alpenschnittlauch sind jedenfalls einen Ausflug in das romantische Kohlalmtal wert.

WEGVERLAUF. Man folgt dem Wegweiser „Scheibenkogel Weg 68". Nach etwa 150 Metern geht man links hinunter nach Mühlau, überquert den Kohlalmbach und geht rechts, leicht aufwärts zum Sträßchen, das nach Bichlach führt. Anschließend folgt man diesem bis zur Abzweigung Scheibenkogel. Auf der Almerschließungsstraße erreicht man nach etwa 1¼ Stunden die 920 Meter hoch gelegene **Unterbichlalm**.

Hier folgt man dem bezeichneten Weg nach links südwestwärts bis zur Boariedalm, die man in etwa 20 Minuten erreicht. Kurz nach dieser nimmt man den Weg links aufwärts. Nach etwa 50 Metern leitet nach der Kurve ein verwittertes Schild rechts aufwärts Richtung **Scheibenkogel**. Nach dem Almgelände führt der Weg mäßig steil in

TALORT SCHWENDT

Boariedalm – äußerst romantisch gelegen

Serpentinen durch den Wald, quert einige Male einen Forstweg, bis man zu den aufgelassenen Holzer Almen kommt.

Nach diesen geht es im Zickzack etwa 150 Höhenmeter steil hinauf, bis eine steile Holzstiege ein erodierendes Gelände entschärft (Vorsicht bei Nässe im Abstieg). Danach weniger steil in etwa ¼ Stunde zum **Scheibenkogel**.

Der Gipfel belohnt dann mit einer überraschend guten Aussicht. Jetzt auf dem Bergkamm südwestwärts, bis man auf den gekennzeichneten Abstieg ins **Kohlalmtal** trifft. Dieser Steig führt durch steiles Waldgelände (Vorsicht bei Nässe) hinunter zum 1280 m hoch gelegenen Berggasthof im Kohlalmtal.

Ab der Jausenstation folgt man dem gekennzeichneten Wanderweg „Schwendt über Boariedalm". Anfangs etwa 100 Höhenmeter ansteigend über Almböden und dann schräg abwärts auf einen Forstweg. Auf diesem quert man die bewaldete Bergflanke, bis das Schild „Boariedalm/Schwendt" nach links auf einen Waldweg leitet. Auf diesem kommt man bald zur **Boariedalm** und folgt dem Almerschließungsweg zurück zum Ausgangspunkt.

KARTE. Seite 100/101

FELDBERG, 1813 m
Panoramaweg nördlich des Wilden Kaisers

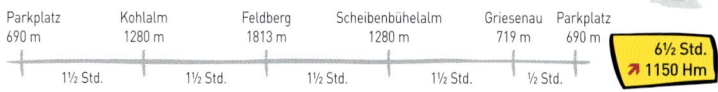

Tour 28

Parkplatz	Kohlalm	Feldberg	Scheibenbühelalm	Griesenau	Parkplatz
690 m	1280 m	1813 m	1280 m	719 m	690 m
1½ Std.	1½ Std.	1½ Std.	1½ Std.	½ Std.	

6½ Std.
1150 Hm

Anreise: Von Schwendt fährt man zuerst ca. 3 km in Richtung Griesenau, etwa 800 m nach dem Gasthof Hohenkendl und 30 m vor dem Kilometerstein „9,6" nach rechts abbiegen, anschließend bis zu den Parkbuchten.
Ausgangspunkt: Parkbuchten an der Almerschließungsstraße ins Kohlalmtal.

Höhenunterschied und Gehzeit: 1150 Hm, 6½ Std.
Wegbeschaffenheit: Almerschließungsweg, Wald- und Bergsteige, Schwierigkeit rot.
Einkehrmöglichkeit: Berggasthof Kohlalm, Gasthof Griesenau, Gasthöfe in Schwendt.
Beste Jahreszeit: Juni bis Oktober.

Diese Tour ist eine unvergleichliche und äußerst lohnende Höhenwanderung über den 1813 Meter hohen Feldberg und den langen Rücken des Scheibenbühelbergs hinunter zur 719 Meter hoch gelegenen Griesenau. Vom Feldberg aus gesehen liegt in Richtung Sü-

Der Mitterkaiser trennt das Kleine und Große Griesner Kar.

TALORT SCHWENDT

den der imposanteste Teil des Wilden Kaisers vor uns. Hier im Herzen des Gebirges bestätigt er seinen Namen besonders eindrucksvoll. Getrennt von großen Karen erblickt man hier mit dem Lärcheck, den Gamsfluchten, der Ackerlspitze, den Goinger Halten bis hin zum Totenkirchl die berühmtesten Kletterberge. Die imponierende Steinerne Rinne, welche den Übergang nach Ellmau ermöglicht, trennt den eher eleganten, schlanken Predigtstuhl von der Fleischbank, deren mächtige Ostwände von hier aus wie ein unbezwingbarer Wall wirken. Dahinter erhebt sich das Totenkirchl wie eine Kathedrale zum Himmel. An seinen Fuß schmiegt sich das Stripsenjochhaus als idealer Ausgangspunkt für Höhenwanderungen und schwierige Kletterrouten. Jedes Bergsteigerherz dürfte bei diesem Anblick höherschlagen. Der Feldberg überrascht aber auch mit einer artenreichen, seltenen Gebirgsflora.

WEGVERLAUF. Auf dem bezeichneten Weg in etwa 1½ Stunden zum **Berggasthof Kohlalm** und weiter neben dem Kohlalmbach aufwärts zum 1513 Meter hohen Kohllanersattel. Von diesem führt der Steig durch Latschen etwas steil hinauf zum Bergkamm, der den Feldberg mit dem Stripsenkopf verbindet. Ab hier geht man dem Kamm Richtung Osten folgend zum aussichtsreichen **Feldberg** (1813 m). Nach einer stärkenden Rast und dem Genuss des prächtigen Panoramas steigt man den langen, latschendurchsetzten Grat des Scheibenbühelberges hinab bis zu einem Sattel, von dem der Weg 21 ins Kaiserbachtal führt. Das Passieren eini-

Rast am Feldberg mit Blick auf Predigtstuhl, Fleischbank und Totenkirchl

Gratwanderung auf dem Feldbergkamm mit Blick ins Kohlalmtal

ger felsdurchsetzter Stellen wird mit Seilversicherungen erleichtert. Man geht, dem Weg Nr. 20 folgend, vorbei an der Oberen weiter zur **Unteren Scheibenbühelalm**. Etwa 150 Meter nach dieser führt ein Fußweg in etwa einer Stunde durch den artenreichen Hochwald hinunter ins Kaiserbachtal. Hier Vorsicht, da der Wegweiser nicht genau in diese Richtung zeigt – auf die rotweißroten Pflöcke in der Wiese achten! Auf der Mautstraße erreicht man bald das weite Tal und wandert neben blumenreichen Bergwiesen zur **Griesenau**. Hier folgt man kurz der Landesstraße Richtung Schwendt. Nach der Schmiede überquert man die Straße und nimmt den Mozartradweg Richtung Schwendt. Man folgt diesem, bis er auf ein asphaltiertes Sträßchen trifft. Auf diesem geht man kurz nach links zur Landesstraße. Auf dieser dann in etwa 10 Minuten Richtung Schwendt zum Ausgangspunkt.
KARTE. Seite 100/101

VARIANTE: Nach der Oberen Scheibenbühelalm zweigt ein anfangs flacher, später aber sehr steiler Weg ins Kohlalmtal ab. Er quert die steile, nördliche, bewaldete Flanke des Scheibenbühelbergs. Der Steig ist für Ungeübte allerdings nicht geeignet. Vorsicht im Herbst bei Nässe mit starker Laubauflage oder gefrorenem Boden!

KIRCHDORF IN TIROL
Touren 29 bis 37

Kirchdorf liegt im Leukental in der Nähe von St. Johann in Tirol und ist flächenmäßig die zweitgrößte Gemeinde des Bezirks Kitzbühel. Sie besteht aus mehreren Weilern und Streusiedlungen und liegt auf 641 Meter Seehöhe. Den Namen erhielt Kirchdorf durch die bereits im 9. Jahrhundert im romanischen Stil errichtete Kirche. Diese wurde im 12. Jahrhundert abgerissen und durch einen gotischen Neubau ersetzt. Bereits 1022 errichtete Kaiser Heinrich II. für das untere Leukental eine Urpfarre. Die erste urkundliche Erwähnung des Ortes erfolgte bereits 1125. Archäologische Funde weisen auf eine frühe, urzeitliche Besiedlung hin. Wie das Brixental dürfte die Gegend um Kirchdorf/St. Johann dann bereits in der frühen Bronzezeit von Illyrern besiedelt gewesen sein, denen keltische Stämme und später die Römer folgten. Während der bayerischen Landnahme im 6. Jahrhundert erfolgte eine völlige Neubesiedlung durch die Bajuwaren.

Später geriet viel Land in den Besitz des Stiftes St. Peter in Salzburg, der Herzog von Bayern blieb jedoch der wichtigste Grundherr. In Litzlfelden gab es ab dem 16. Jahrhundert eine Schmelzhütte der Fugger, in der vorwiegend Silber- und Kupfererz verarbeitet wurde. Während des Tiroler Freiheitskampfes 1809 wurde Kirchdorf von bayerischen Truppen gebrandschatzt. Dem Raubzug fiel auch das Gotteshaus zum Opfer, das 1815/16 neu errichtet wurde.

Heute ist Kirchdorf eine aufstrebende Tourismusgemeinde, wobei auch die traditionelle Landwirtschaft immer noch eine Rolle spielt. Einheimische wie Gäste schätzen die vielen Kapellen und Bildstöcke als besonderes kulturelles Erbe der Region. Mit dem Weiler Gasteig hat Kirchdorf einen großen Anteil am Naturschutzgebiet Kaisergebirge, welches durch das Kaiserbachtal ideal erschlossen ist. Leichte Spazierwege, anspruchsvollere Wandersteige und schwierige Gipfelanstiege in einer prächtigen landschaftlichen Kulisse – dies alles hat Kirchdorf zu bieten.

ANREISE. Von München Autobahnausfahrt Oberaudorf, über Niederndorf, Walchsee nach Kössen, beim 1. Kreisverkehr 2. Abzweigung Richtung Reith im Winkl, nach etwa 2 Kilometern Abzweigung rechts nach Kirchdorf/St. Johann. Von Salzburg oder Wörgl gelangt man am besten über die Loferer Bundesstraße nach Kirchdorf.

WICHTIGE ADRESSEN UND TELEFONNUMMERN.
Tourismusverband Kirchdorf
A-6382 Kirchdorf, Dorfplatz 4, Postfach 9
Telefon: +43/(0)5352/63111-0
E-Mail: tvb.kirchdorf@tourismus-tirol.com
Internet: www.kirchdorf.com

Pfarrkirche zum hl. Stephanus in Kirchdorf

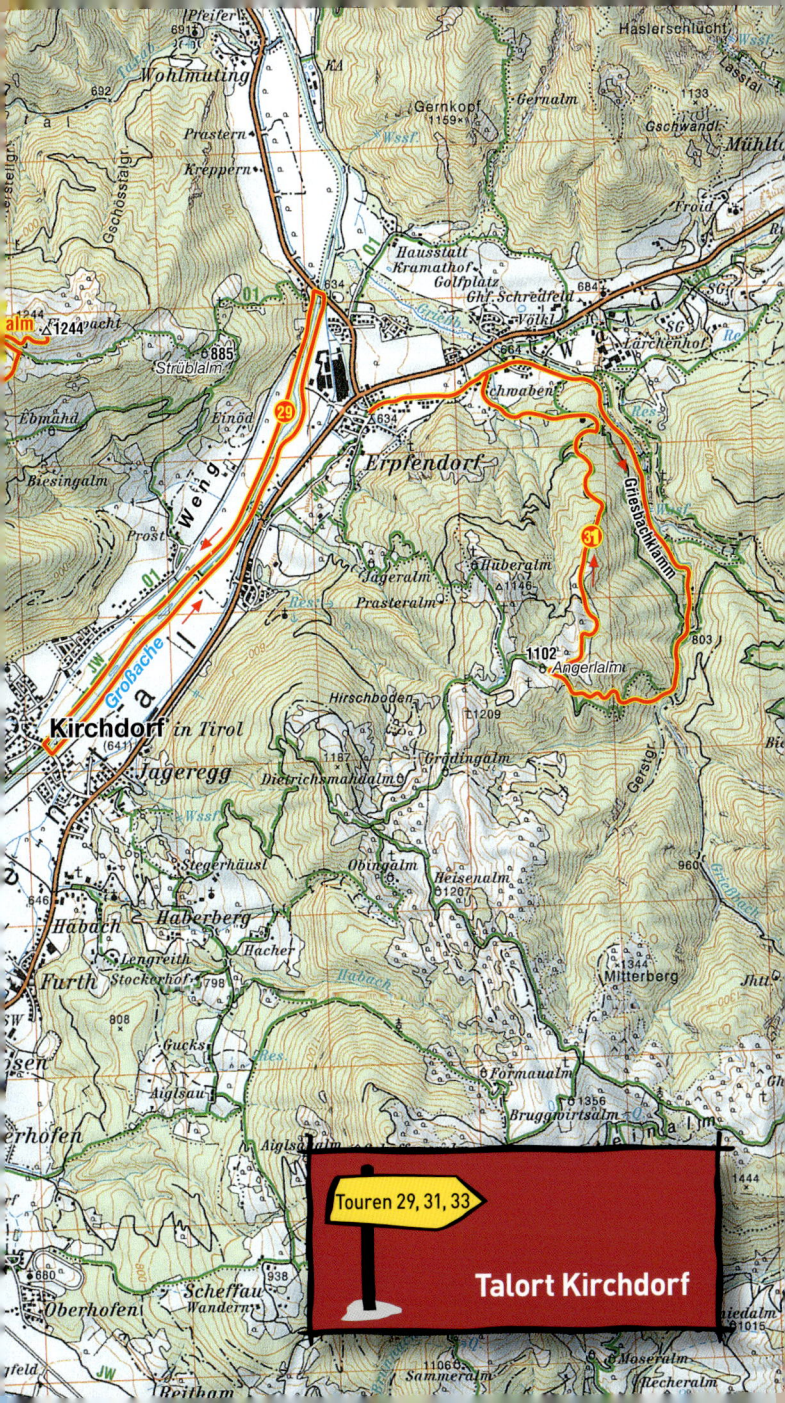

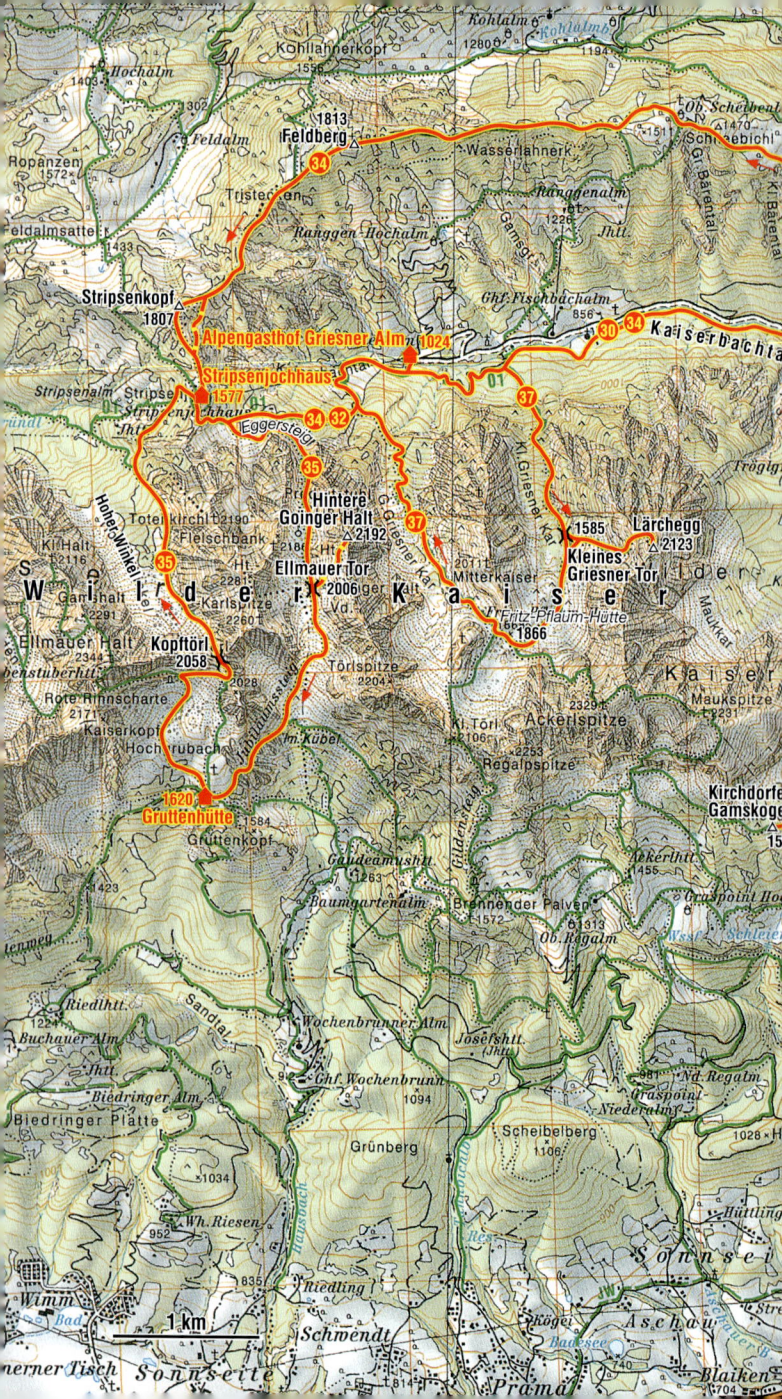

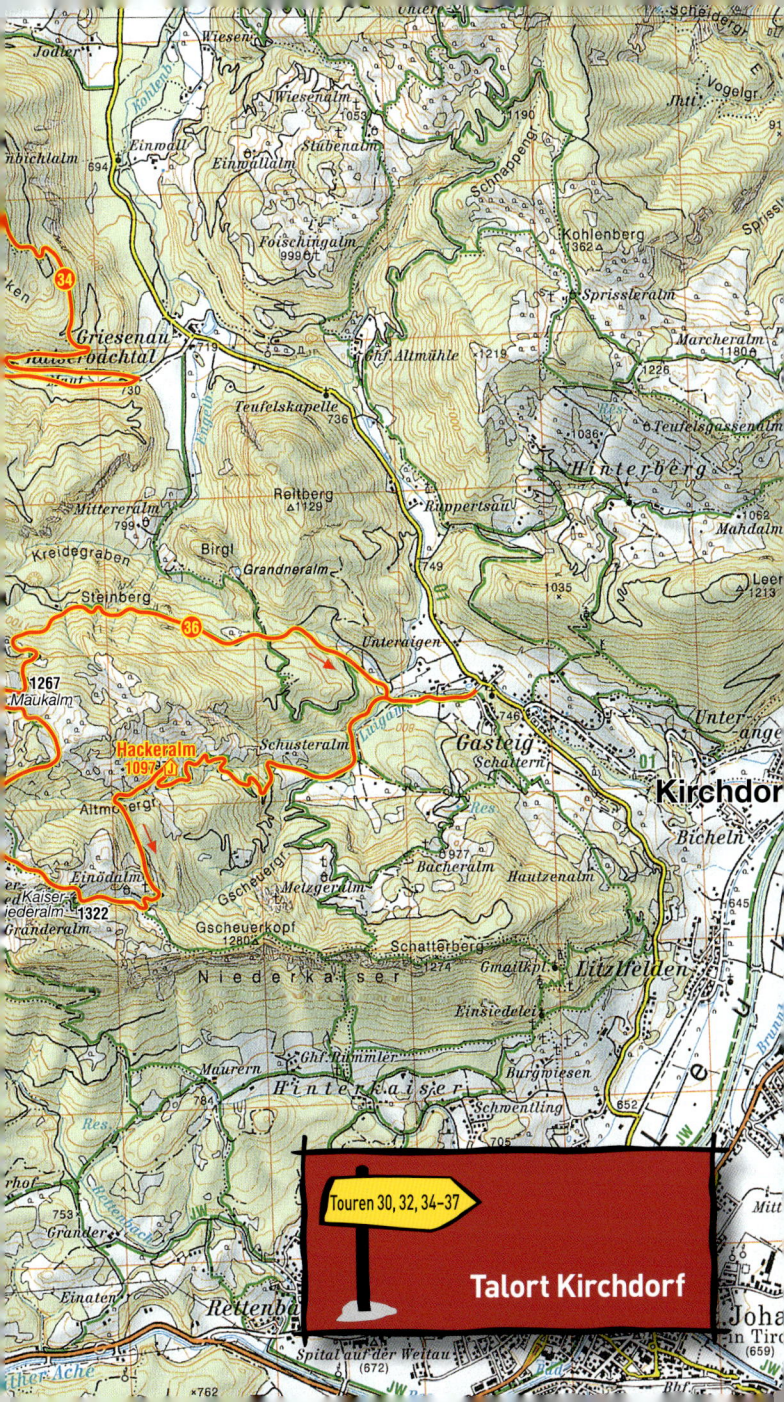

Tour 29

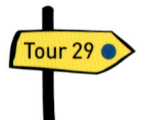

FLUSSERLEBNISWEG GROSSACHE

Einmaliges Naherholungsgebiet

Kirchdorf, Achenbrücke — 3½ km, 1¼ Std. — Erpfendorf, Achenbrücke — 3½ km, 1¼ Std. — Kirchdorf, Achenbrücke

2½ Std.
7 km

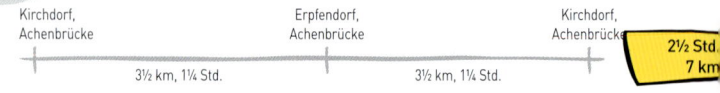

Anreise: Von München Autobahnausfahrt Oberaudorf, über Walchsee nach Kössen, beim Kreisverkehr nimmt man die 1. Abzweigung rechts nach St. Johann. Etwa zwei Kilometer nach Gasteig zweigt eine Seitenstraße links nach Kirchdorf ab. Von Innsbruck auf der Inntalautobahn A12 zur Ausfahrt Wörgl Ost und weiter nach St. Johann, hier nun Richtung Lofer – nach etwa fünf Kilometern erreicht man Kirchdorf.

Ausgangspunkt: Parkplatz bei der Kirche.
Länge und Gehzeit: 7 km, 2½ Std.
Wegbeschaffenheit: Gut ausgebauter Dammweg, für Kinderwägen und Rollstühle geeignet.
Einkehrmöglichkeit: Gasthöfe in Kirchberg.
Beste Jahreszeit: Mai bis Oktober (ganzjährig begehbar).
Tipp: Interessante, informative Schautafeln entlang des Wegs.

Ruheoase an der Großache

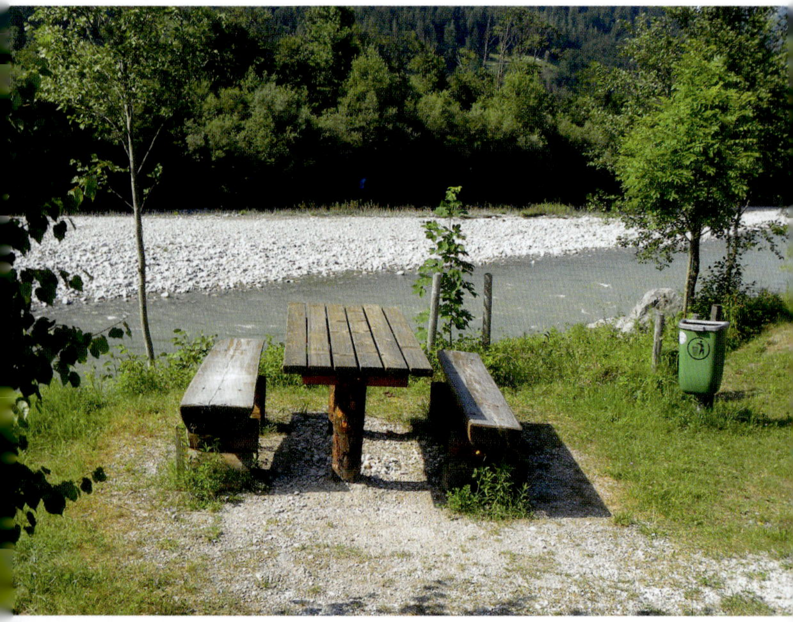

Renaturierte Flusslandschaft zwischen Kirchdorf und Erpfendorf

Die Großache ist ein 79 Kilometer langer Fluss, der am Pass Thurn in Salzburg auf 1270 Meter Seehöhe entspringt und in Bayern bei Grabenstätt als Tiroler Ache in den Chiemsee mündet. Die Großache wurde in den Jahren 1996–2001 im Rahmen des Hochwasserschutzprojektes Kirchdorf renaturiert. Man kann den Projektleitern zum Ergebnis nur gratulieren. Während dieser langen Bauphase konnte man die Menschen von einer nachhaltigen, ökologisch verträglichen Umsetzung des Projekts überzeugen und auch heute noch informieren Schautafeln über den sensiblen Umgang der Bauherren mit der Aufgabe Hochwasserschutz.

So wurden wertvolle Grundflächen im Talboden für die notwendige Aufweitung der Ufer zur Verfügung gestellt. Die zusätzliche Eintiefung der Sohle schaffte dem Wasser den nötigen Abflussraum. So schaffte man mittels technischer Raumaßnahmen den Spagat zwischen Naturerhaltung und Nutzung.

Die Menschen können nun darauf vertrauen, dass sie selbst sowie ihr Hab und Gut vor Hochwässern sicher sind. Gleichzeitig wurde für Einheimische wie für Gäste ein ideales Naherholungsgebiet geschaffen.

Viele Buchten, Sandbänke und Inseln sowie ein liebevoll konzipier-

Spielplatz mit Kriechtunnel an der Großache bei Kirchdorf

ter Wassererlebnisbereich stellen einen idealen Spielplatz für Kinder dar, flache Uferbereiche ermöglichen darüber hinaus ein naturnahes Kneippen.

Auf Aussichtsplattformen mit Tischen und Bänken kann man sich entspannen und sich an einem heilen Stück Natur erfreuen. Auch Fliegenfischer sieht man oft an der Ache, mit etwas Glück fangen diese hier Regenbogen- und Bachforellen oder auch Äschen. Die Nepomukkapelle schließlich befindet sich auch in diesem Naherholungsgebiet und ist immer einen Besuch wert.

WEGVERLAUF. Von der Großachenbrücke in Kirchdorf auf dem ebenen Hochwasserdamm auf der orografisch rechten Seite bis zur Brücke nach Erpfendorf und auf der anderen Flussseite wieder zurück nach Kirchdorf.

KARTE. Seite 122/123

GRIESNER ALM, 1024 m
Alpengasthof mit einzigartigem Panorama

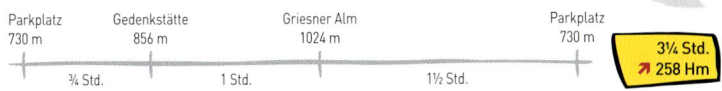

Anreise: Von München Autobahnausfahrt Oberaudorf, über den Inn und auf der Straße über Walchsee nach Kössen, beim Kreisverkehr die 1. Abzweigung rechts nach St. Johann. Etwa vier Kilometer nach Schwendt liegt der Weiler Griesenau. Dort weisen Schilder nach rechts ins Kaiserbachtal zum Parkplatz. Von Innsbruck auf der Inntalautobahn A12 Ausfahrt Wörgl Ost und weiter nach St. Johann. Hier Richtung Lofer und kurz nach St. Johann links Richtung Kössen, nach etwa 8 km kommt man zum Weiler Griesenau. Dort nach links ins Kaiserbachtal.

Ausgangspunkt: Kaiserbachtal-Parkplatz (730 m, gebührenpflichtig).
Höhenmeter und Gehzeit: 5 km, 258 Hm, Aufstieg 1¾ Std. – zurück 1½ Std.
Wegbeschaffenheit: Forstweg (blau).
Einkehrmöglichkeit: Alpengasthof Griesner Alm, Fischbachalm.
Beste Jahreszeit: Mai bis Oktober, je nach Lawinensituation auch ganzjährig.
Adresse: Griesner Alm, Kaiserbachtal 6, 6382 Kirchdorf in Tirol.
Telefon: +43/(0)5352/64443.
Telefax: +43/(0)5352/65519.
Tipp: Für Kinderwägen und Rollstuhlfahrer mit Hilfe geeignet.

Der Alpengasthof Griesner Alm liegt am Ende des romantischen Kaiserbachtales inmitten des Naturschutzgebietes Kaisergebirge auf 1024 Metern Seehöhe. Das wildromantische Tal wird im Süden

Die Fischbachalm ist bekannt für ihre gute Küche.

TALORT KIRCHDORF IN TIROL

Kaiserbachtal – Blick vom Anstieg zum Stripsenjochhaus

vom Hauptkamm des Wilden Kaisers und im Norden von Scheibenbühel und Feldberg eingerahmt. An der Flanke des Letzteren werden immer noch urige Almen bewirtschaftet. Die Flora in diesem Gebiet reicht von Wiesen- und Alpenblumen bis hin zu Orchideen. Die Bachlandschaft wird von Libellen, Bachstelzen, Wasseramseln und verschiedenen Lurchen bevölkert. Im Wasser tummeln sich vor allem heimische Bachforellen. Ausgangspunkt ist der zu Kirchdorf gehörende Weiler Griesenau. Auf Grund seiner Lage mit fesselnden Ausblicken auf die imponierende Felskulisse des Wilden Kaisers könnte man die **Griesner Alm** als „Eingangstor" zum Kaisergebirge bezeichnen. Einfache Wanderungen sowie schwierige Berg- und Kletterrouten haben hier ihren Ausgangspunkt.

Man kann den Alpengasthof mit seiner bekannt guten Küche (Schmankerln aus der Region, insbesondere Wildbret und frische Forellen) als Station für einen Bergurlaub wirklich jedem empfehlen. Die Griesner Alm ist über eine Mautstraße und einen gut ausgebauten Spazierweg leicht erreichbar. Parkplätze sind ausreichend vorhanden. Die Wanderung am Fuß der mächtigen Felswände entlang des wildromantischen Gebirgsbaches hat einiges zu bieten. Selten kann man Berge auf einem idyllischen Wanderweg so hautnah erleben. Eindrucksvoll zeigt nach etwa zwei Kilometern eine Kapelle, welche Gefahren mit dem Berg- und Klettersport verbunden sind. In der stilvollen Gedenkstätte sind alle tödlich verunglückten Bergsteiger der Region namentlich angeführt.

WEGVERLAUF. Vom Parkplatz ca. 100 Meter zurück über die Brücke und immer auf der südlichen Seite des Gebirgsbaches auf dem AV-Weg 801 in etwa 1¾ Stunden das gesamte Kaiserbachtal entlang zum Alpengasthof **Griesner Alm,** Rückweg wie Anstieg.

KARTE. Seite 124/125

Gedenkstätte für die im Kaisergebirge tödlich verunglückten Bergsteiger

ANGERLALM, 1102 m
Wildromantische Klamm und Almweiden

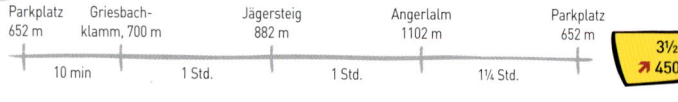

Anreise: Autobahnausfahrt A12 Oberaudorf/Niederndorf über den Inn und auf der Walchsee-Bundesstraße über Niederndorf und Walchsee nach Kössen. Beim Kreisverkehr die 2. Ausfahrt Richtung Reith im Winkel. Nach etwa 2 km zweigt rechts die Straße nach Erpfendorf ab. Auf dieser bis zur Loferer Bundesstraße. In diese nach links (Richtung Weidring) einbiegen. Nach ca. 1 km ist rechts die Einfahrt zu den Parkplätzen. Von Innsbruck auf der Autobahn A 12 zur Ausfahrt Wörgl Ost und weiter nach St. Johann. Hier Richtung Weidring und ca. 1½ km nach Erpfendorf rechts auf die Parkplätze abbiegen.

Ausgangspunkt: Kirchplatz, Hinweistafel Griesbachklamm, Angerlalm.
Höhenmeter und Gehzeit: 450 Hm, 3½ Std.
Wegbeschaffenheit: Forstwege, Bergwege, Klammsteig.
Einkehrmöglichkeit: Angerlalm, „Hexenhäusl", Gasthöfe in Erpfendorf.
Beste Jahreszeit: Mai bis Oktober (Alm nur im Sommer geöffnet).
Adresse: Gabi und Josef Wörgötter, Weng Nr. 3, A-6382 Kirchdorf
Telefon: +43(0)664/9142767.
Tipp: Die Griesbachklamm ist kinder- und familienfreundlich.

Die Griesbachklamm liegt in Erpfendorf, einer östlich des Wilden Kaisers gelegenen, aufstrebenden Tourismusgemeinde. Vom Ausgangspunkt am Kirchplatz führt der Weg durch eine liebliche Land-

Kühne Wegführung durch die wildromantische Griesbachklamm

Angerlalm – ideal für eine Almjause aus eigener landwirtschaftlicher Produktion

schaft mit schmucken Bauernhöfen bis zum Eingang in die Klamm. Die Wanderung durch die **Griesbachklamm** hat die Beschreibung „wildromantisch" auf jeden Fall verdient! Die etwa 5 km lange Strecke ist gespickt mit landschaftlichen Höhepunkten. Enge Schluchten wechseln mit naturbelassenen Bachlandschaften, der Weg führt mäßig ansteigend durch die üppige Blumenpracht des Naturjuwels. Die Engstellen sind durch Holzstege mit Seilsicherung gut erschlossen, Kinder dürften diese Abschnitte als Abenteuer empfinden. Das klare Wasser mäandert stellenweise langsam durch Schotterbänke, gurgelt dann wieder durch Engstellen und stürzt des Öfteren als Wasserfall tosend über Felsstufen. Der Jägersteig leitet etwa 300 Hm durch einen schattenspendenden Wald hinauf auf die offenen, aussichtsreichen Almweiden der urig gebliebenen Angerlalm.

WEGVERLAUF. Vom Kirchplatz immer der Beschilderung „Griesbachklamm, Weg 18" folgend, erreicht man nach etwa 10 Minuten den **Eingang zur Klamm**. Nun abwechslungsreich durch die Klamm, die am Ende auf einen Forstweg trifft. Man geht diesen entlang, bis das Schild „Jägersteig" nach rechts in den Wald leitet. Auf dem **Jägersteig** in etwa einer Stunde zur **Angerlalm**. Abstieg auf dem Weg 18 (einer geschotterten Fahrstraße), bis der Weg schmäler wird und rechts über die Wiese und dann durch den Wald zum Ausgangspunkt führt.
KARTE. Seite 122/123

TALORT KIRCHDORF IN TIROL

STRIPSENJOCHHAUS, 1577 m
Ins Herz des Gebirges

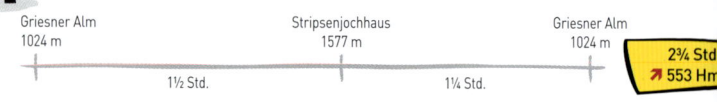

Anreise: Das Kaiserbachtal liegt an der Landesstraße zwischen Kössen und St. Johann. Von Innsbruck oder München Autobahnausfahrt Oberaudorf, über Niederndorf, Walchsee nach Kössen, beim Kreisverkehr nimmt man die 1. Abzweigung rechts nach St. Johann. Etwa vier Kilometer nach Schwendt liegt der Weiler Griesenau. Dort weisen deutliche Schilder nach rechts ins Kaiserbachtal, anschließend nimmt man die Mautstraße zur Griesner Alm.
Ausgangspunkt: Parkplatz der Griesner Alm (1024 m) im Kaiserbachtal.

Höhenunterschied und Gehzeit: 553 Hm, Aufstieg 1½ Std. – zurück 1¼ Std.
Wegbeschaffenheit: Forstweg, Wald- und Bergsteige, gut beschildert (rot).
Einkehrmöglichkeit: Stripsenjochhaus, Alpengasthof Griesner Alm.
Beste Jahreszeit: Mai bis Oktober.
Adresse und Telefonnummer: Stripsenjochhaus Hüttenwirt: Christian Fankhauser, A-6380 St. Johann in Tirol, Telefon Hütte: +43 (0) 664 3559094, Telefon Tal (Mobil): +43/664/4321790
Internet: www.stripsenjoch.at.
E-Mail: office@stripsenjoch.at.

Das geschichtsträchtige Stripsenjochhaus steht exponiert genau am Stripsenjoch, welches das westlich nach Kufstein reichende Kaisertal vom östlichen Kaiserbachtal trennt, gleichzeitig aber den Zahmen und den Wilden Kaiser miteinander verbindet. Von Süden nach Osten erheben sich Totenkirchl, Fleischbank, Predigtstuhl und Lärcheck wie eine zu Stein gewordene Symphonie. Nach Westen reicht der Blick über den mächtigen Haltenstock, das Sonneck und die Steilabstürze der Hackenköpfe bis zum Scheffauer. Im Norden erscheint der Stripsenkopf dagegen als leicht erreichbare Wanderalternative. Vom Tavonaro-Kreuz aus eröffnet sich ein derartig fesselndes Panorama, dass sein Betrachter durchaus so etwas wie innere Ruhe verspüren kann.

Neben den zahlreichen Kletterrouten ist das **Stripsenjochhaus** auch Ausgangs- und Stützpunkt für interessante Bergwanderziele. Die Zustiege von der Griesner Alm entlang der wilden Felsfluchten und durch das idyllische Kaisertal ab Kufstein sind für jeden Bergwanderer und für gehfreudige Kinder ein tolles Erlebnis. Für ambitionierte Bergwanderer gibt es den Höhenweg über Vorderkaiserfelden und die Hochalmen. Zu den Höhepunkten für den Wanderer gehört ganz sicher die Überschreitung des Wilden Kaisers. Dies ermöglicht der Eggersteig, der über die Steinerne Rinne zwischen den imposanten Wandfluchten von Fleischbank und Predigtstuhl zum Ellmauer Tor und weiter zur Gaudeamushütte führt, oder der Steig Nr. 825 zwischen Totenkirchl und

Das Tavonaro-Kreuz – der erste Hüttenpächter des Stripsenjochhauses stiftete dieses nach seiner 150. Besteigung des Totenkirchls.

Ellmauer Halt zum Kopftörl, von dem der Steig durch einen Felsspalt hinab zur Gruttenhütte führt.

WEGVERLAUF. Von der **Griesner Alm** folgt man dem Weg Nr. 801 – Beschilderung „Stripsenjoch". Dieser überquert den Kaisertalbach und trifft auf einen breiten Fahrweg. Nun geht es rechts aufwärts (keine Abschneider!), bis man den Waldgürtel erreicht, vor dem sich der Weg zu einem Bergsteig verjüngt. Auf diesem nun relativ steil bis zur Torlahn, in welche die Steinerne Rinne vom Ellmauer Tor herunterzieht. Mit dem Blick auf Fleischbank und Totenkirchl weiter mäßiger steil bis zum „Wildanger". Den letzten steilen Aufschwung zum Joch und **Stripsenjochhaus** überwindet man mit mehreren Serpentinen und hat nach etwa 1½ Stunden das lohnende Ziel erreicht.

VARIANTE. Für konditionsstarke Wanderer bietet sich beim Abstieg der lohnende Höhenweg Nr. 825 über den Stripsenkopf (1807 m), den Feldberg (1813 m) und den Scheibenbühelberg (1575 m) hinunter über die Ranggenalm (1229 m) zur Griesner Alm an. Die Sicht auf das Herz des Kaisergebirges ist dabei kaum zu überbieten – ab Stripsenjochhaus etwa 4 Stunden.
KARTE. Seite 124/125

STRIPSENJOCHHAUS 1577 m – „STRIPS". Das Stripsenjochhaus wurde 1901/1902 von der ÖAV-Sektion Kufstein errichtet. Die Idee, auf diesem zentralen Punkt des Gebirges eine Schutzhütte zu errichten, dürfte schon länger bestanden haben. Anton Karg war federführend an der Idee beteiligt, dieses Schutzhaus pünktlich zu dem im Jahr 1902 bevorstehenden 25-jährigen Jubiläum der Sektion eröffnen zu können. Trotz schwierigster Bedingungen, vielen Mühen und ungünstigen Wetterverhältnissen war man schließlich erfolgreich. Mit dem Jubiläum konnte auch die Eröffnung der Hütte gefeiert werden.

Um das Schutzhaus und seine Pächter, allesamt Originale und starke Persönlichkeiten, ranken sich viele Geschichten. Der erste Pächter war Johann Tavonaro, genannt „Totenkirchl-Hans", ein ausgezeichneter Bergführer, der am Fuße der Palagruppe in den Dolomiten groß geworden war. Die von ihm durchgeführte Ersterteigung des Predigtstuhls im Jahr 1895 erhöhte seinen Bekanntheitsgrad in Bergsteigerkreisen. Sicher mit ein Grund, weshalb er als erster Pächter auf die „Strips" zog. Die Sektion hatte jedenfalls einen guten Griff getan. Anlässlich seiner 150. Besteigung des Totenkirchls stiftete er das nach ihm benannte Tavonaro-Kreuz, das auch heute noch zentral oberhalb des Hauses auf dem Joch steht. Der Blick über das große Holzkreuz Richtung Predigtstuhl ist für sich ein Erlebnis und gehört zu den klassischen Fotomotiven des „Kaisers".

Von der Hütte aus wurde definitiv Alpingeschichte geschrieben.

Stripsenjochhaus – im Herz des Gebirges

Originalschild aus dem Jahr 1902

Aufgrund seiner zentralen Lage entwickelte es sich sofort zum beliebten Standort für Kletterer und Bergwanderer. Schon 1903 wurde die Hütte um eine Glasveranda und 1905 um 28 Schlafstellen erweitert.
Die besten Kletterer ihrer Zeit eröffneten über Jahrzehnte vom Stripsenjochhaus aus neue und immer schwierigere Routen. Der Wilde Kaiser wurde in den Alpen zu einem Kletter-Eldorado und erwarb sich einen Ruf, der weit über die Grenzen des Landes hinausreichte. Ausgezeichnete und wagemutige Kletterer wie Dülfer und Fiechtl leisteten Pionierarbeit an der Kletterausrüstung. Ihr Ideenreichtum ermöglichte das Erklettern bisher unüberwindlicher Wände, so etwa die Fleischbank-Ostwand 1912 (Dülfer/Schaarschmidt) und die Totenkirchl-Westwand 1913 (Dülfer/von Redwitz).

In die Reihe der bekannten Hüttenpächter, wie Stöger, Aschenbrenner, Seissl, um nur einige zu nennen, reiht sich Christian Fankhauser würdig ein. Das hat Tradition – die Familie Fankhauser bewirtschaftet seit 1971 durchgehend erfolgreich die beliebte Schutzhütte. Im Sinne des Natur- und Umweltschutzes wurde das Haus 2008 mit einem Kanal an die Kleinkläranlage des Anton-Karg-Hauses im Kaisertal angeschlossen.
Über 20 m² große Solarmodule erwärmen nun auf umweltfreundliche Art das Brauchwasser.
Die Sektion Kufstein des ÖAV und der Pächter Christian Fankhauser führen damit das traditionelle Stripsenjochhaus als qualitativ hochwertigen Bergsteigerstützpunkt in eine gute Zukunft.

Tour 33 — VON KIRCHDORF ZUR PROSTALM, 1180 m
Höhenweg Teufelsgasse

Hinterberg 920 m	Teufelsgasse 1179 m	Prostalm 1180 m	Hinterberg 920 m
¾ Std.	1 Std.	1¼ Std.	

3 Std.
↗ 340 Hm

Anreise: Von München Autobahnausfahrt Oberaudorf, über Walchsee nach Kössen, beim Kreisverkehr nimmt man die erste Abzweigung rechts nach St. Johann. Etwa 2 Kilometer nach dem Weiler Griesenau zweigt eine Seitenstraße links zum Parkplatz nach Hinterberg ab.
Auf der Inntalautobahn zur Ausfahrt Wörgl Ost und weiter nach St. Johann. Hier Richtung Lofer zeigt nach etwa 2 km die Straße nach Kössen ab. Von dieser biegt nach etwa einen Kilometer nach dem Weiler Gasteig rechts in die Straße zum Parkplatz Hinterberg ab.
Ausgangspunkt: Parkplatz Hinterberg, derzeit gebührenfrei.
Höhenunterschied und Gehzeit: 340 Hm, 3 Stunden
Wegbeschaffenheit: Forstwege, Bergsteige (rot).
Einkehrmöglichkeit: Prostalm, Gasthöfe in Kirchberg.
Beste Jahreszeit: Mai bis September (Almjause, nur im Sommer geöffnet).
Tipp: In etwa ¼ Stunde kann der Prostkogel mit noch idealerer Aussicht erstiegen werden.

In der Teufelsgasse

Kulinarischer Genuss auf der Prostalm

Die Prostalm liegt nördlich 1180 Meter hoch aussichtsreich über Kirchdorf. Die Wanderung über meist offenes, blumenreiches Weideland garantiert wärmende Sonnenstrahlen. Das reizende Almenland am Hinterberg und Prostkogel ist sehr gut erschlossen und deshalb auch bei Mountainbikern beliebt. Die empfohlene Wanderung durch die mystische Teufelsgasse ist ein abwechslungsreiches Erlebnis, das mit der Begehung des „Teufelskreises" noch erhöht wird. Die Lage östlich des Wilden Kaisers überrascht mit traumhaften, seltenen Einblicken in das wilde Massiv zwischen Maukspitze, Gamsfluchten und Lärchegg. Richtung Osten erheben sich die geschichteten Kalkmauern der Loferer Steinberge mit ihren markanten „Hörnern". Allein wegen dieser Blicke würde sich die Wanderung schon lohnen. Die gute Almjause mit den qualitativ hochwertigen Produkten der Region stärkt noch zusätzlich Leib und Seele. Zusammenfassend eine gute Mischung aus Wandererlebnis, kulinarischem Genuss und Tiroler Gastfreundlichkeit.

Blick vom Prostkogel auf die Prostalm – im Hintergrund Mauk- und Ackerlspitze

WEGVERLAUF. Am Parkplatz weist bereits ein Schild „Teufelsgasse" den Weg, auf dem wir nun etwa 45 Minuten aufwärts bis zum Wegweiser Teufelsgasse gehen. Diesem folgt man nun durch die beeindruckende Schlucht der Teufelsgasse. Der neu errichtete „Teufelskreis" ist für Kinder erst ab dem 8. Lebensjahr in Begleitung eines Erwachsenen geeignet – auf Wegmarkierungen achten. Am Ende der Teufelsgasse weist ein Schild zur Prostalm. Rückweg: auf der Almerschließungsstraße von der Prostalm in etwa 45 Minuten zurück zum Parkplatz.

VARIANTE FÜR RÜCKWEG. Vom Almerschließungsweg zweigt eine Forststraße zur Sprissleralm ab. Auf diesem zur Alm und dann der Beschilderung Hinterberg/Gasteig folgen. Die phantastische Naturkulisse mit dem Osten des Wilden Kaisers lohnt diesen kurzen Abstecher jedenfalls!
KARTE. Seite 122/123

FELDBERG – STRIPSENJOCH
Aussichtsreicher Höhenweg

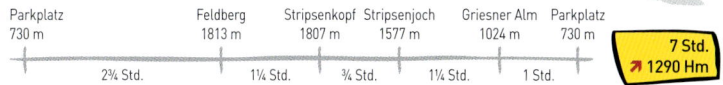

Anreise: Das Kaiserbachtal liegt an der Landesstraße zwischen Kössen und St. Johann. Von München Autobahnausfahrt Oberaudorf, nun nach Kössen, beim Kreisverkehr nimmt man die 1. Abzweigung rechts nach St. Johann. Etwa 4 km nach Schwendt liegt der Weiler Griesenau. Dort nach rechts ins Kaiserbachtal, dessen Parkplatz man nach ca. 1 km erreicht.
Ausgangspunkt: Parkplatz Kaiserbachtal, 730 m (gebührenpflichtig).

Höhenunterschied und Gehzeit: 1290 Hm, Aufstieg 4¾ Std. – zurück 2¼ Std. (7 Std.).
Wegbeschaffenheit: Forstweg, Wald- und Bergsteige, gut beschildert (rot).
Einkehrmöglichkeit: Stripsenjochhaus, Alpengasthof Griesner Alm.
Beste Jahreszeit: Mai bis Oktober.
Telefon: Stripsenjochhaus: +43/(0)664/3559094.
Tipp: Der Stripsenkopf kann in südöstlicher Richtung abgekürzt werden.

Blick vom Stripsenjoch auf den Feldberg und den langen Kamm des Scheibenbühelbergs

TALORT KIRCHDORF IN TIROL

Verdiente Rast auf dem Feldberg (1813 m) mit toller Gipfelschau

Auf dem Stripsenjoch begegnen sich die Welten der Wanderer und Kletterer – für die einen ist es das lohnende Ziel nach mühevollem Anstieg, für die anderen Ausgangspunkt für die berühmten Kletterwände von Fleischbank und Totenkirchl. Die aussichtsreiche Kammwanderung gegenüber den Gipfeln des Wilden Kaisers kann, was das Panorama betrifft, kaum mehr überboten werden. Lärchegg, Predigtstuhl, Fleischbank und Totenkirchl, voneinander getrennt durch mächtige Kare, zeigen sich von ihrer schönsten und wildesten Seite. Wie ein Adlerhorst schmiegt sich das Stripsenjochhaus an den Fuß des Totenkirchls. Im Kontrast dazu reicht die Fernsicht bis ins bayrische Alpenvorland mit dem Chiemsee.

Es gibt eine Qualität der Zeit und eine Qualität des Ortes, wenn beide zusammentreffen, berührt dies viele Menschen und macht sie glücklich. Ein Sonnenuntergang am Tavonaro-Kreuz, mit dem Naturschauspiel der rosa leuchtenden Felsendome, könnte so ein Augenblick sein.

WEGVERLAUF. Vom Parkplatz auf der Mautstraße etwa einen Kilometer taleinwärts, bis rechts (östlich) der Almerschließungsweg zur Oberen Scheibenbühelalm abzweigt. Auf diesem, dem Schild „Feldberg" folgend, aufwärts. Der Almerschließungsweg wird mehrmals auf einem Fußweg abgekürzt (auf Schilder und Markierung achten!).

Kurz vor der Unteren Scheibenbühelalm (1280 m) kommt man auf die freien Almflächen und hat erstmals freie Sicht auf die imponierende Felskulisse. Nach der Oberen Scheibenbühelalm trifft man auf den aus dem Kaiserbachtal kommenden AV-Weg 825. Auf diesem immer den Kamm entlang über den langen Grat des Scheibenbühelbergs (1613 m) zum **Feldberg** (1813 m, 2¾ Std.). Einige felsdurchsetzte Stellen werden durch ein Sicherungsseil entschärft. Nach einer Gipfelrast und herrlicher Gipfelschau geht man auf dem Weg 825 südwestlich hinunter zu einem Sattel. Anschließend geht es manchmal etwas auf und ab, meist aber doch stetig ansteigend zum **Stripsenkopf** mit seinem Aussichtspavillon (1807 m). Von diesem auf dem teilweise felsigen Steig hinunter zum **Stripsenjochhaus**.

Abstieg: auf dem breiten Erschließungsweg ohne Schwierigkeiten in etwa 1¼ Stunden hinunter zur **Griesner Alm** und von dieser auf dem Wanderweg rechts neben dem Kaisertalbach in einer weiteren Stunde zum Parkplatz.

KARTE. Seite 124/125

Windschutzhütte auf dem Gipfel des Stripsenkopfs

TALORT KIRCHDORF IN TIROL

Tour 35

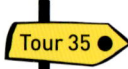

ELLMAUER TOR – KOPFTÖRL

Höhepunkte in grandioser Felslandschaft

Stripsenjochhaus 1577 m – 2 Std. – Ellmauer Tor 2006 m – 1½ Std. – Gruttenhütte 1620 m – 1½ Std. – Kopftörl 2058 m – 1½ Std. – Stripsenjochhaus 1577 m

6½ Std
↗ 1138 Hm

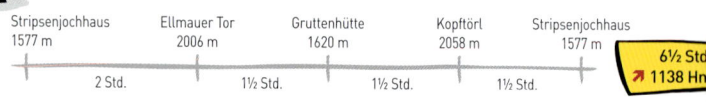

Anreise: wie unter Hüttentour „Stripsenjochhaus" beschrieben.
Ausgangspunkt: Stripsenjochhaus, 1577 m.
Höhenunterschied und Gehzeit: 1138 Hm, 6–6½ Std.
Wegbeschaffenheit: Versicherte Bergsteige (leichte Klettersteige).
Einkehrmöglichkeit: Stripsenjochhaus, Gruttenhütte, Alpengasthof Griesner Alm.
Beste Jahreszeit: Juni bis Oktober (je nach Schneelage in der Steinernen Rinne).
Tipp: Trittsicherheit und Schwindelfreiheit erforderlich.

Diese Bergwanderung gehört zweifellos zu den Höhepunkten in unseren Alpen. Die Steinerne Rinne wird im Osten von den senkrechten Wänden des Predigtstuhls und der Hinteren Goinger Halt und im Osten von der überhängenden Felsbarriere der Fleischbank ein-

Eggersteig – Querung in die Steinerne Rinne

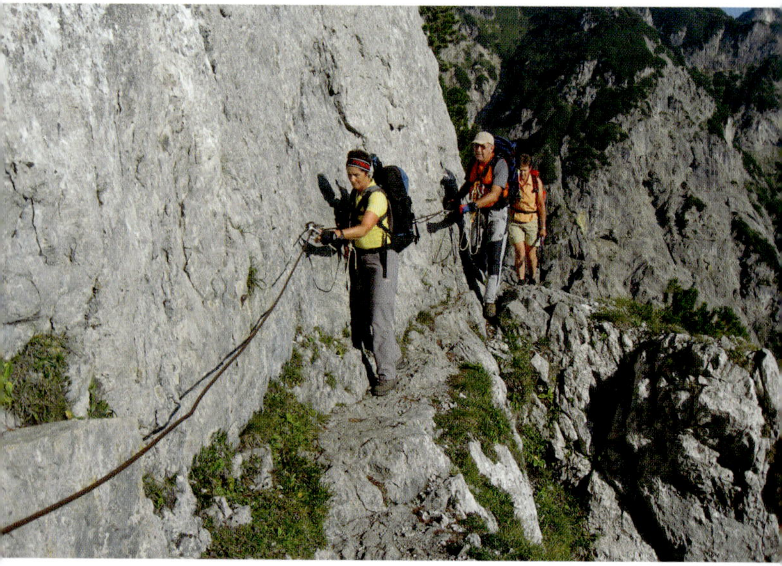

Die Steinerne Rinne – Aufstieg zum Ellmauer Tor

gerahmt. Man muss den Kopf weit in den Nacken legen, damit man die beiden Gratverläufe sehen kann. Zwischen diesen außergewöhnlichen Bergen führt der kuhn angelegte Eggersteig zum sonnigen Ellmauer Tor, das einen unvergleichlichen Blick auf die Tauern bietet.

Beim Abstieg zum Jubiläumssteig kann man in den Südostwänden der Vorderen Karlspitze so manchen wagemutigen Kletterer beobachten. Der Jubiläumssteig ist ein abwechslungsreiches Erlebnis im Fels für sich. Die gastliche Gruttenhütte dann willkommener Rastplatz für die zweite Überschreitung des Wilden-Kaiser-Hauptkammes.

Der Felsspalt vor dem Kopftörl als beliebtes Fotomotiv, der Abstieg in den Hohen Winkel mit dem Kopftörlgrat und dem Haltenstock sowie der Anblick der von vielen Kletterern mit Respekt genannten Totenkirchl-Westwand sind weitere Höhepunkte im Wegverlauf.

Das direkt am Joch gelegene Stripsenjochhaus wird als traditioneller, äußerst gastlicher Stützpunkt mit ausgezeichneter Küche den landschaftlichen Höhepunkten gerecht.

Felsendurchschlupf beim Kopftörl

WEGVERLAUF. Vom **Stripsenjochhaus** hinunter zum Eggersteig und auf diesem zum **Ellmauer Tor**, 2006 m (2 Std.). Ausgesetzte Stellen sind seilversichert. Vom Ellmauer Tor südlich auf dem Normalweg hinunter zum Jubiläumssteig und auf diesem zur **Gruttenhütte,** 1620 m. Nun folgt man anfangs besser dem Steig zur Ellmauer Halt, bis vor den Gamsängern ein Steig östlich zum **Kopftörl** abzweigt. Damit umgeht man die steile Schotterpassage des AV-Weges 825. Nach einem Tiefblick ins Kübelkar überwindet man einen Felsspalt und betritt das Kopftörl, 2058 m. Von diesem steil hinunter in den Hohen Winkel (bei Nässe und hartem Firn heikel). Vom Hohen Winkel hinunter bis zur Waldgrenze und auf dem Westwandweg (AV-Weg 825) zurück zum **Stripsenjochhaus**.
KARTE. Seite 124/125

GAMSKOGEL UND MAUKALM
Blumenwiesen und grandiose Felslandschaft

Anreise: Von München Autobahnausfahrt Oberaudorf, über Walchsee nach Kössen, beim Kreisverkehr nimmt man die 1. Abzweigung rechts nach St. Johann. Etwa acht Kilometer nach Schwendt kommt man zum Weiler Gasteig mit dem Kramerhof. Von Innsbruck auf der Inntalautobahn zur Ausfahrt Wörgl Ost und weiter nach St. Johann, anschließend Richtung Lofer. Kurz nach St. Johann biegt man nach links Richtung Kössen ab und kommt nach etwa vier Kilometern zum Weiler Gasteig mit dem Kramerhof.
Ausgangspunkt: Gasteig, Kramerhof (Parkplatz).

Höhenunterschied und Gehzeit: 812 Hm, Aufstieg 2½ Std., zurück 2 Std. (4½ Std.).
Wegbeschaffenheit: Almerschließungswege und Bergsteige (rot).
Einkehrmöglichkeit: Hackeralm, Alpengasthof Kramerhof, Gasthof Mitterjager.
Beste Jahreszeit: Mai bis Oktober.
Adresse: Fam. Josef Lackner, A-6382 Kirchdorf, Schwendter Straße 73.
Telefon: +43/(0)5352/6901.
Internet/E-Mail: www.kramerhof.at, info@kramerhof.at.
Tipp: Frühzeitiger Aufbruch, Sonnenschutz.

Der Ausgangspunkt ist in Gasteig beim Kramerhof, einem ausgezeichneten 4-Sterne-Hotel für Familien, die etwas Abgeschiedenheit, Ruhe und intensive Naturerlebnisse suchen. Diese Wander-

Gasteig – Kramerhof, Ausgangspunkt für Wanderungen zum Niederkaiser und ins östliche Kaisergebirge

TALORT KIRCHDORF IN TIROL

Die Kaiserhochalm liegt etwas versteckt unter dem Kirchdorfer Gamskogel.

empfehlung führt über die sonnigen Bergwiesen des traditionellen Almenlandes direkt unter die mächtigen Wände der Maukspitze, anschließend am Fuß des beeindruckenden gezackten Grates der Gamsfluchten entlang zur Maukalm. Den Abschluss bildet der imposante, senkrechte Gipfelaufbau des Lärcheggs. Hier bekommt man eine Ahnung von den Dimensionen des Wilden Kaisers. Das weiche Morgenlicht und die aus den Tälern aufsteigenden Nebel können die schroffe Felslandschaft geradezu verzaubern. Der Bergsteig weiter zum Kirchdorfer Gamskogel und hinunter zur Maukalm verlangt etwas Trittsicherheit, ist aber für den passionierten Bergwanderer kein Problem. Früher nannte man einsame Orte „Maukn". Diese Bezeichnung findet man auf dem Weg bestätigt. Wenn man nicht allzu laut ist und etwas Glück hat, sieht man auf den blumenbedeckten Almmatten Rehe, Gämsen und Raufußhühner. Der Blick nach Süden reicht über die Kitzbüheler Alpen zu den höchsten Gipfeln der Hohen Tauern, wie etwa Großvenediger und Großglockner.

WEGVERLAUF. Vom Parkplatz auf dem Almerschließungsweg, jeweils der Bezeichnung Gamskogel oder Kaiseralmen folgend, über die Hackeralm (einzige Einkehrmöglichkeit, 1097 m) zur **Kaiserniederalm** (1322 m). Von dieser auf dem Wilden-Kaiser-Steig (WKS) AV-Weg Nr. 819 über die romantisch gelegene Kaiserhochalm (1434 m) zum 1586 Meter hohen **Kirchdorfer Gamskogel** (2½ Std.). Von diesem auf dem WKS nordöstlich hinunter zur **Maukalm** (1267 m). Nun auf dem Almerschließungsweg (Schilder Gasteig), entlang der bewaldeten nördlichen Flanke des Lengbuitkopfes, zurück zum gastlichen **Kramerhof**.
KARTE. Seite 124/125

LÄRCHEGG, 2123 m
Eckpfeiler des Wilden Kaisers

Griesner Alm 1024 m	Kleines Griesner Tor, 1585 m	Lärchegg 2123 m	Kleines Griesner Tor, 1585 m	Fritz-Pflaum-Hütte, 1866 m	Griesner Alm 1024 m
2 Std.	1½ Std.	1 Std.	¾ Std.	1¾ Std.	

7 Std.
1449 Hm

Anreise: Das Kaiserbachtal liegt an der Landesstraße zwischen Kössen und St. Johann. Von München und Innsbruck Autobahnausfahrt Oberaudorf, nun nach Kössen, beim Kreisverkehr nimmt man die 1. Abzweigung rechts nach St. Johann. Etwa 4 km nach Schwendt liegt der Weiler Griesenau. Dort weisen Schilder nach rechts ins Kaiserbachtal (Mautstraße).
Ausgangspunkt: Parkplatz der Griesner Alm (1024 m) im Kaiserbachtal.

Höhenunterschied und Gehzeit: 1449 Hm, Aufstieg 3½ Std. – zurück 3½ Std. (7 Std.).
Wegbeschaffenheit: Bergsteig, Drahtseilversicherung, Kletterstelle II, Geröllkar.
Einkehrmöglichkeit: Auf dem Weg keine! Alpengasthof Griesner Alm, Fischbachalm, Gasthof Griesenau.
Beste Jahreszeit: Juni bis September.
Tipp: An heißen Tagen genug Flüssigkeit mitnehmen!

Fritz-Pflaum-Hütte (nicht bewirtschaftet) vor dem Mitterkaiser

TALORT KIRCHDORF IN TIROL

Das Lärchegg erhebt sich als nordöstlicher Eckpfeiler des Wilden Kaisers mit 1200 Meter hohen Felsabstürzen über dem Kaiserbachtal. Seine schlanke Gestalt ist imposanter Teil der eindrucksvollen Kulisse des Ostkaisers. Beeindruckend ist vor allem die mächtige Ostwand, über 600 m fällt diese ab bis tief in den nördlichen Teil der Kreidegrube. Das Lärchegg ist über den zackigen Grat der Hinteren und Vorderen Gamsfluchten mit der Maukspitze (2231 m) verbunden.

Die Route führt durch die zwei großen Nordkare des Ostkaisers, welche in die Griesenau herabziehen. Das kleine, stille Griesner Kar wird von Lärchegg und Mitterkaiser eingerahmt. Den Weg weiter zur Fritz-Pflaum-Hütte begrenzen die Nordwände von Ackerl-, Hochgrubach- und Regalmspitze sowie Törlwand und Törltürme.

Beim nördlichen Abstieg durch das große Griesner Kar blickt man auf die Ostwände der Goinger Halten und des Predigtstuhls. Eine Aufzählung wie aus einem Bildband und wie in eben diesem wechseln auch „Seite für Seite" die Eindrücke und machen diese schwierige Bergwanderung zu einem unvergesslichen Bergerlebnis. Die Tour ist anspruchsvoll und sollte aufgrund ihrer Länge und einiger Kletterstellen nur von konditionsstarken, erfahrenen Bergsteigern unternommen werden. Der steile Anstieg ist mühsam, im obersten Teil spannend, lohnt sich aber jedenfalls wegen der gewaltigen Landschaftseindrücke.

WEGVERLAUF. Vom Parkplatz über die Brücke Richtung Stripsenjoch auf den Kaiserbachtal-Wanderweg. Auf diesem auf der orografisch rechten Bachseite talauswärts Richtung Griesenau, bis das Schild „Lärchegg" nach rechts (südlich) ins kleine Griesner Kar weist. Nun auf dem AV-Weg Nr. 816, den Markierungen folgend, steil hinauf zum **Kleinen Griesner Tor** (1585 m).
Felsige Steilstufen werden mit Hilfe von Drahtseilversicherungen überwunden. Kurz nach dem Punkt 1585 m führt der AV-Weg Nr. 816 b links (östlich) in ein großes Schuttkar. Über dieses in Serpentinen etwas mühsam bis zum eigentlichen felsigen Einstieg zum **Lärchegg** (Bergstöcke eventuell dalassen). Nun der Markierung folgend nach links, über Schrofengelände und Steilrinnen zur Schlüsselstelle, einem Klemmblock (II). Nach diesem unschwierig, jedoch auf lose Steine achtend, über den Nordgrat zum Gipfelkreuz.
Abstieg wie Aufstieg, bevor man das **Kleine Griesner Tor** (1585 m) jedoch erreicht, nach links (südlich) zum Weg 816 queren und 226 Höhenmeter zur **Fritz-Pflaum-Hütte** (1866 m) aufsteigen. Von dieser unschwierig auf gutem Weg hinunter zum Berggasthof **Griesner Alm**.
KARTE. Seite 124/125

Imposant erhebt sich das Lärchegg als nordöstlicher Pfeiler des Wilden Kaisers 1200 m hoch aus dem Kaiserbachtal.

ST. JOHANN
Touren 38 bis 44

St. Johann – Marktplatz mit Maibaum

St. Johann in Tirol liegt auf einer Seehöhe von 660 Metern in einem weiten Talkessel, der vom Wilden Kaiser, den Loferer Steinbergen und dem markanten Kitzbüheler Horn eingerahmt wird. Im lieblichen Talboden vereinigen sich die Reiter, Fieberbrunner und die Kitzbüheler Ache zur Großache, die als Tiroler Ache in den Chiemsee mündet. St. Johann ist durch seine Lage ein idealer Ausgangspunkt für sämtliche Spielarten des Wanderns und Bergsteigens.

ANREISE. Von München Autobahnausfahrt Kufstein Süd (mautfrei) über die Eibergstraße nach St. Johann. Von Salzburg oder Wörgl jeweils über die Loferer Bundesstraße nach St. Johann.

WICHTIGE ADRESSEN UND TELEFONNUMMERN.
Tourismusverband St. Johann i. T.
Poststraße 2
A-6380 St. Johann in Tirol
Telefon: +43/5352/63335-0
E-Mail: info@kitzalps.cc

Die Region um St. Johann wurde bereits im 4. Jahrhundert v. Chr. von keltischen Stämmen besiedelt, welche dort Kupferbergbau betrieben. Im ersten nachchristlichen Jahrhundert eroberten die Römer den Ostalpenraum, der von diesem Zeitpunkt an zu den römischen Provinzen Noricum und Rätien gehörte. Nach dem Untergang des Weströmischen Reiches beherrschten die Bajuwaren das Gebiet um St. Johann. Bereits im 8. Jahrhundert wurde eine Taufkirche errichtet, die Johannes dem Täufer geweiht war. Dieses urkundlich erst im Jahr 1150 erwähnte Gotteshaus gab der aufstrebenden Siedlung auch ihren Namen. Die Pfarre St. Johann war ab dem 15. Jahrhundert bis 1808 den Bischöfen von Chiemsee unterstellt, welche die Pfarre als Sommerresidenz benutzten. Die Wiedereröffnung des Kupfer- und Silberbergbaus im 15. Jahrhundert brachte dem Ort einen erheblichen Reichtum. Im 17. Jahrhundert war der „Heilige-Geist-Schacht" mit fast 800 Metern sogar der tiefste damals bekannte Schacht im Bergbau. Im 18. Jahrhundert versiegten die Erzadern jedoch.

Landwirtschaft, traditionelles Handwerk, Dienstleistung und Handel wurden nun die Grundlage des wirtschaftlichen Erfolgs. Dieser hält, massiv unterstützt durch den Tourismus, bis heute an. Das Land Tirol hat die enorme Bedeutung des Ortes für den Bezirk Kitzbühel mit der Erhebung zur Marktgemeinde im Jahr 1956 besonders gewürdigt. Mit über 500.000 Nächtigungen gehört St. Johann heute zu den herausragenden Tourismusorten in Tirol. Gäste finden hier vom Campingplatz bis zum Hotel und vom einfachen Imbiss bis hin zum erstklassigen Restaurant ein breit gefächertes Angebot vor. Darüber hinaus ist die Gemeinde mit 12 Schulen auch ein wichtiges Bildungszentrum in der Region.

Details über St. Johann und seine Geschichte können Sie bei einem Besuch im örtlichen Museum erfahren, dem auch eine Galerie für zeitgenössische Kunst angeschlossen ist. Ein Besuch dieser ambitionierten Einrichtung wäre jedenfalls empfehlenswert und könnte an einem Regentag eine interessante Alternative darstellen.

St. Johann – die dem heiligen Johannes geweihte Pfarrkirche gab dem Ort ihren Namen.

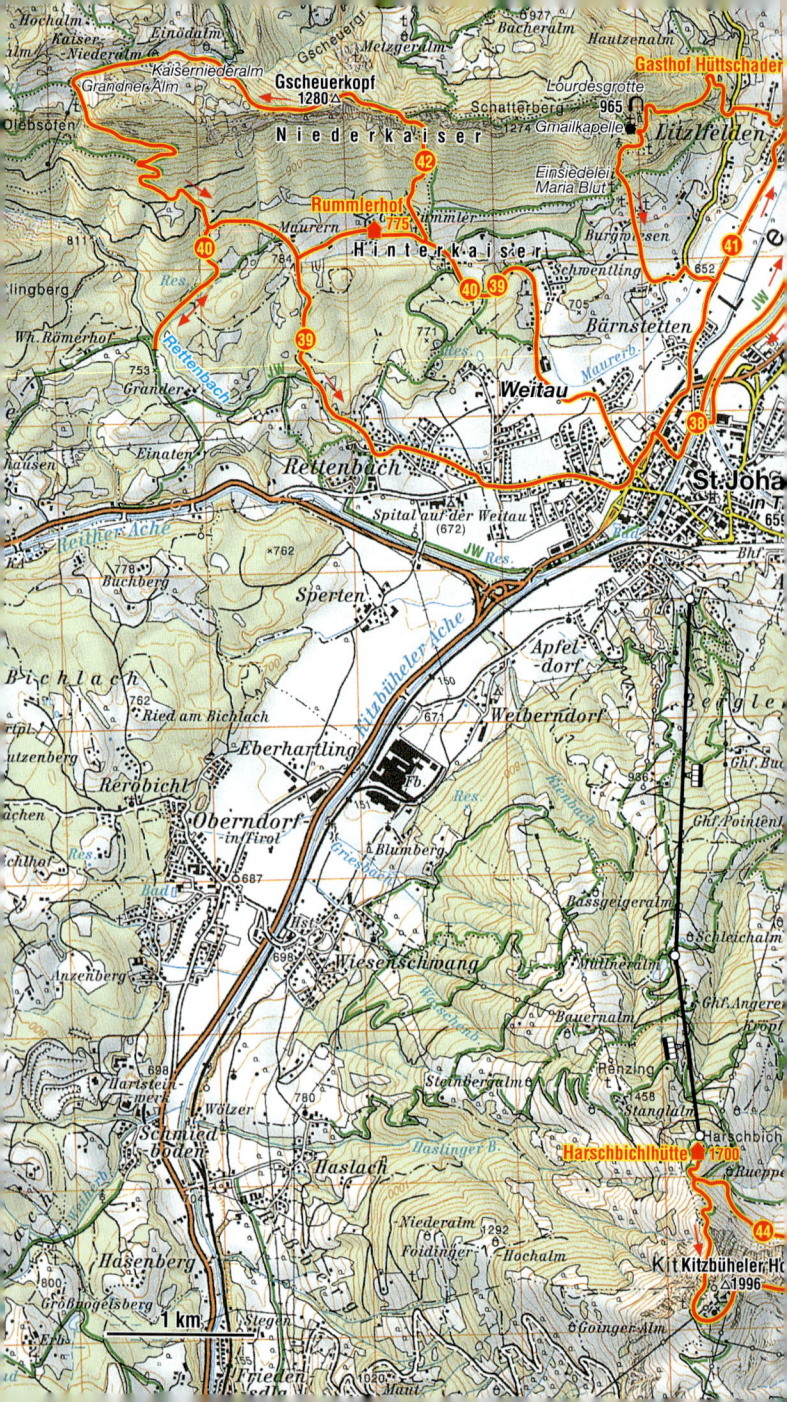

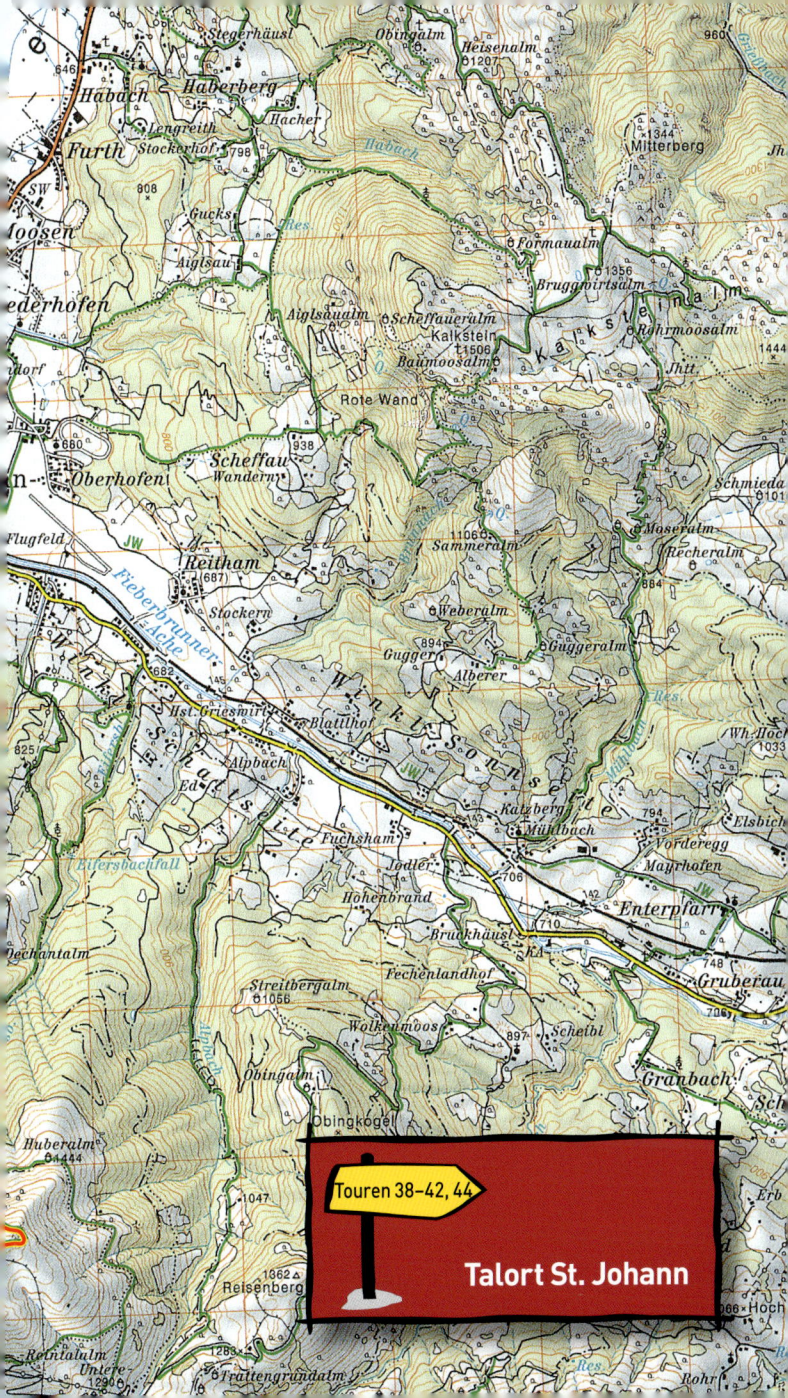

GASTHOF HÜTTSCHADER
Zum Ursprung der Großache

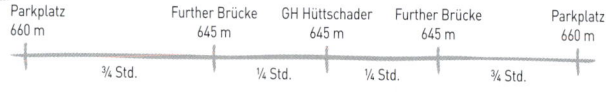

Parkplatz	Further Brücke	GH Hüttschader	Further Brücke	Parkplatz
660 m	645 m	645 m	645 m	660 m
¾ Std.	¼ Std.	¼ Std.	¾ Std.	

2 Std.
6 km

Anreise: Von München Autobahnausfahrt Kufstein Süd (mautfrei) über die Eibergstraße nach St. Johann. Von Innsbruck Autobahnausfahrt Wörgl Ost und über die Loferer Bundesstraße nach St. Johann. Dort Richtung Ortsmitte und beim 2. Kreisverkehr die 3. Ausfahrt, beim Schild „Koasastadion" abbiegen und auf diesem Sträßchen zum Parkplatz.

Ausgangspunkt: Koasastadion-Parkplatz (660 m).
Länge und Gehzeit: 6 km, 2 Std.
Wegbeschaffenheit: Dammweg, asphaltiertes Sträßchen.
Einkehrmöglichkeit: Gasthof Hüttschader, Gasthöfe in St. Johann.
Beste Jahreszeit: Mai bis Oktober, kann ganzjährig begangen werden.
Tipp: Für Kinderwägen und Rollstuhlfahrer geeignet.

Im Talboden von St. Johann vereinigen sich die Reither Ache, die Kitzbüheler Ache und die Fieberbrunner Ache zur Großache, die als Tiroler Ache in den Chiemsee mündet. Die Wanderung führt zu diesem Vereinigungspunkt und somit zum „Ursprung" der Großache. Die drei angeführten Flüsse sind Wildbäche, denen man ihre zerstörerische Kraft nicht mehr ansieht. Vor der Errichtung dieser vorbildli-

Gasthof Hüttschader – ein beliebtes Naherholungsziel

TALORT ST. JOHANN

Blick über die Großache auf den Niederkaiser

chen, naturnahen Verbauung, die den Fluss zwar zähmt, gleichzeitig aber neuen, natürlichen Lebensraum schafft, haben die Bäche den Talboden oft verwüstet. Die Hochwässer von 1959, 1963, 1985 und 1995 sind vielen Einheimischen noch in Erinnerung. Ihre erste Bewährungsprobe hatte die Verbauung beim Hochwasser im Juli 1997 in Kirchdorf, bei dem kein Schaden mehr entstand.

WEGVERLAUF. Vom Parkplatz die Unterführung hindurch, südlich zum Damm der Reither Ache. Über die Brücke und etwa 200 Meter flussabwärts bis zur nächsten Brücke. Über diese und gleich wieder rechts auf dem Damm zur Vereinigung der Reither mit der Kitzbüheler Ache. Auf dem Damm orografisch links der Ache weiter bis zur **Further Brücke**. Dort nach links zur Straße. Diese nun ein paar Schritte nach rechts zum gemütlichen **Gasthof Hüttschader** (Dienstag Ruhetag). Auf dem Rückweg wieder zum Großachendamm über die **Further Brücke** und auf der orografisch rechten Seite flussaufwärts zurück zum Ausgangspunkt.

KARTE. Seite 156/157

HINTERKAISER-RUNDWEG
Malerisches Landschaftserlebnis

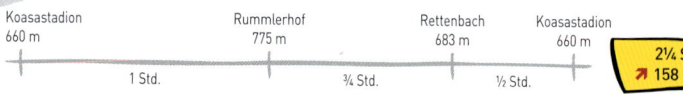

Anreise: Von München Autobahnausfahrt Kufstein Süd (mautfrei) über die Eibergstraße nach St. Johann. Von Innsbruck Autobahnausfahrt Wörgl Ost und über die Loferer Bundesstraße nach St. Johann Richtung Ortsmitte. Beim 2. Kreisverkehr nimmt man die 3. Ausfahrt zum Koasastadion-Parkplatz.
Ausgangspunkt: Koasastadion-Parkplatz (660 m).

Höhenmeter und Gehzeit: 6 km, 158 Hm, 2¼ Std.
Wegbeschaffenheit: Sträßchen, Forstweg, Waldweg (blau).
Einkehrmöglichkeit: Rummlerhof, Gasthöfe in St. Johann.
Beste Jahreszeit: Mai bis Oktober.
Tipp: Bis zum Rummlerhof für Kinderwägen und Rollstuhlfahrer mit Hilfe geeignet.

Der Rundweg um den Hinterkaiser führt durch traditionelles Tiroler Bauernland. Schöne Bauernhöfe und blumenreiche Wiesen säumen den Weg. Wegkreuze sind Zeugen einer tiefen Volksfrömmigkeit. Vorbei am Gasthof Niederkaiser (Einkehrmöglichkeit) kommt man an-

Alte, wunderschöne Bauernhöfe bereichern die Landschaft.

TALORT ST. JOHANN

Blick vom Rummlerhof auf die senkrecht abfallenden Wände des Niederkaisers

steigend zum Gasthof Rummlerhof, einem Beispiel für Tradition und gemütliche Tiroler Gastlichkeit. Bereits 1707 erwarb Georg Lackner den Hof „Rumbla hinterm Kaiser".

Heute führt Josef Lackner jun. bereits in achter Generation den schmucken Bauernhof mit Gastwirtschaft. Das Land Tirol würdigte die Leistung der Familie 1991 mit dem Titel „Erbhof".

Von hier hat man einen herrlichen Blick auf St. Johann mit dem Fieberbrunner Achental und auf die Wände des Niederkaisers.

WEGVERLAUF. Vom Parkplatz Koasastadion zurück zum Kreisverkehr und auf dem Sträßchen (Schild „Niederkaiser") nordwestlich über Fricking in etwa 1 Stunde zum **Rummlerhof** (775 m).

Von diesem etwa 400 Meter westlich Richtung Maurern und beim Knick des Weges, dem Schild „Rettenbachstüberl" folgend, südlich in etwa ½ Stunde nach **Rettenbach**. Ab da, der Beschilderung „St. Johann" folgend, zurück zum Ausgangspunkt (Parkplatz Koasastadion).

KARTE. Seite 156/157

Tour 40

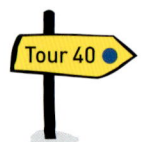

RUMMLERHOF, 775 m

Familienerlebnisweg

Waldparkplatz 751 m		Maurern 803 m		Rummlerhof 775 m		Maurern 803 m		Waldparkplatz 751 m
	1 Std.		¼ Std.		¼ Std.		1 Std.	

2½ Std
↗ 80 Hm

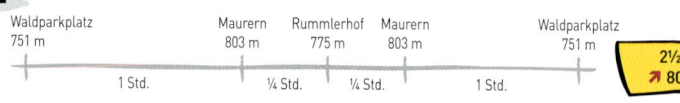

Anreise: Von München Autobahnausfahrt Kufstein Süd (mautfrei) über die Eibergstraße nach St. Johann. Von Innsbruck Autobahnausfahrt Wörgl Ost und über die Loferer Bundesstraße nach St. Johann. Etwa 3 km vor St. Johann zweigt nach links eine Straße mit dem Hinweisschild „Rettenbach" ab. Auf dieser zum Ortsteil Rettenbach und, auf das Schild „Granderhof" achtend, Richtung Westen zum Waldparkplatz.
Ausgangspunkt: Waldparkplatz (751 m).
Höhenmeter und Gehzeit: 3 km, 80 Hm, 2½ Std.
Wegbeschaffenheit: Forstweg, Waldweg, Sträßchen (blau).
Einkehrmöglichkeit: Rummlerhof, Römerhof.
Beste Jahreszeit: Mai bis Oktober.
Adresse: Fam. Josef Lackner, Hinterkaiserweg 68, A-6380 St. Johann.
Telefon: +43/(0)5352/63650.
Internet: www.rummlerhof.com.
Tipp: Zum Rummlerhof für Kinderwägen und Rollstuhlfahrer mit Hilfe geeignet.
Variante: Vom Waldparkplatz aus kann in etwa ½ Stunde auch der gastliche Römerhof besucht werden.

Rummlerhof – Erbhof und einladendes Landgasthaus

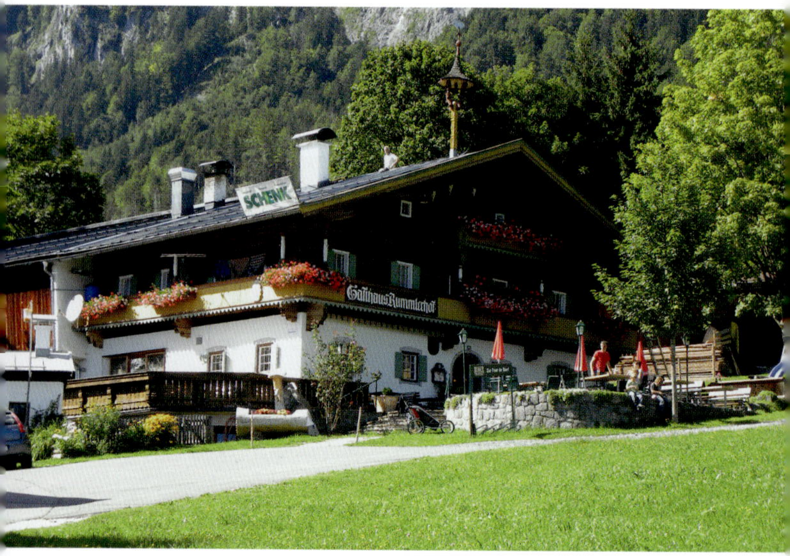

Im Herbst wird das Naturerlebnis durch die Färbung der Blätter noch intensiver.

Gleich am Waldparkplatz beginnt der Weg mit einem schmalen Steg über den Rettenbach. Der flache Bach kann aber auch als Naturkneippstelle durchwatet werden und für viele Kinder stellt er einen Naturspielplatz dar. Hier können sie nach Herzenslust herumtollen und kleine Mauern und Dämme errichten.

Der schattige Weg durch den Bergwald ist dann für Kinder ebenfalls ein großartiges Erlebnis und birgt einige Überraschungen, wie Klettergerüste, Seilrutschen und Tunnels – Begeisterung ist bei den Kleinen fast schon garantiert!

Die Bauernhöfe Maurern, Rummler und Grander auf dem Weg sind großartige Beispiele Tiroler (bajuwarischer) Höfearchitektur. An ihrer Größe sieht man, dass lange Zeit auch sehr viel Platz für das Gesinde benötigt wurde. Der reichhaltige Blumenschmuck lässt viele Höfe darüber hinaus noch prachtvoller erscheinen.

WEGVERLAUF. Vom Waldparkplatz, der Beschilderung „Rummlerhof" folgend, in etwa 1¼ Stunden bis zu diesem. Rückweg wie Anstieg.
KARTE. Seite 156/157

TALORT ST. JOHANN

DREI ORTE DER MARIENVEREHRUNG
Wege zur Stille

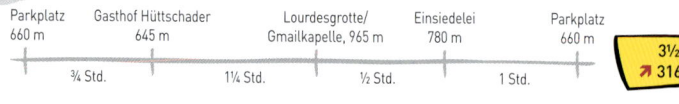

Parkplatz 660 m	Gasthof Hüttschader 645 m	Lourdesgrotte/ Gmailkapelle, 965 m	Einsiedelei 780 m	Parkplatz 660 m
¾ Std.	1¼ Std.	½ Std.	1 Std.	

3½ Std
316 Hm

Anreise: Von München Autobahnausfahrt Kufstein Süd (mautfrei) über die Eibergstraße nach St. Johann. Von Innsbruck Autobahnausfahrt Wörgl Ost und über die Loferer Bundesstraße nach St. Johann. Dort Richtung Ortsmitte und beim 2. Kreisverkehr die 3. Ausfahrt (Schild „Koasastadion") abbiegen und auf diesem Sträßchen zum Parkplatz.
Ausgangspunkt: Koasastadion-Parkplatz (660 m).

Höhenunterschied und Gehzeit: 316 Hm, 3 Std.
Wegbeschaffenheit: Asphaltiertes Sträßchen, Forstweg, Waldweg.
Einkehrmöglichkeit: Gasthöfe in St. Johann.
Beste Jahreszeit: Mai bis Oktober.
Tipp: Stilles Verhalten ist an den Orten der Marienverehrung erwünscht, für den steilen Abstieg von der Gmailkapelle sind zur Schonung der Knie Stöcke hilfreich!

Diese Wanderung führt zu drei Orten der Marienverehrung. Wallfahrtsorte sind meistens besondere Kraftorte und auch ihre Lage ist nicht selten außergewöhnlich. Ähnliches gilt auch für diese Wander-

Innenraum der Maria-Blut-Kapelle

164 **TALORT ST. JOHANN**

Die Gmailkapelle scheint fast aus dem Felsen zu wachsen.

empfehlung. Die Lourdesgrotte liegt etwa 300 Höhenmeter über St. Johann. Viele Menschen erhoffen sich von ihrem Besuch die Heilung von Krankheiten oder auch die Erhörung von Gebeten.

Die Gmailkapelle wurde 1782 unter einem Felswulst am Niederkaiser errichtet. Der Name „Gmail" kommt von einem früher dort angebrachten Gemälde („Gmail"). Zentrales Bild ist die Krönung Mariens. Maria als die Mutter Gottes strahlt eine besondere Macht aus, die den bittenden Menschen helfen kann. Medaillons anderer christlicher Helfer wie etwa der Heiligen Antonius, Franziskus und Aloisius erhöhen die spirituelle Kraft des Ortes. Die Ruhebank lädt ein, an diesem spirituellen Ort zu sich zu finden.

Die am Fuße des Niederkaisers (780 m) liegende Einsiedelei mit der Maria-Blut-Kapelle wird bereits 1696 urkundlich erwähnt. Das in ihr zu bewundernde Gnadenbild wird durch eine barocke Einrahmung besonders hervorgehoben. Die Bedeutung als Einsiedelei zeigt das am Altarsockel angebrachte Gemälde mit den drei hll. Einsiedlern Paulus von Theben, Antonius Eremita und Hieronymus. Die Ein-

Einsiedelei Maria Blut

siedelei wurde von 1696 bis Ende 1998 von Eremiten bewohnt. Seit Mai 2009 hat Sr. Wilbirg Wakolbinger, eine Kreuzschwester aus OÖ, die Betreuung dieses besonderen Ortes übernommen.

KONTAKT. Sr. Wilbirg Wakolbinger, Einsiedlerkapelle, Bärenstetten A-6380 St. Johann in Tirol
Telefon: +43/(0)5352/62253

WEGVERLAUF. Vom Parkplatz zur Hauptstraße, auf dieser nach links, bis man zur Nebenstraße nach Kirchdorf kommt. Neben dieser bis zum Weiler Litzlfelden. Vor dem **Gasthof HÜTTSCHADER**, immer der Beschilderung „Gmailkapelle" oder „Lourdesgrotte" folgend, ansteigend durch den Weiler Litzlfelden. Am Ende überquert man die Gasteigstraße und folgt dem bezeichneten und markierten Weg hinauf zur **Lourdesgrotte** (965 m). Von dieser in fünf Minuten zur nahe gelegenen **Gmailkapelle**. Ab da auf gutem Steig durch den Wald hinunter zur **Einsiedelei Maria Blut**. Von dieser folgt man den Stationen des Kreuzweges. Bei der ersten Station geht es durch ein Gatterl, dann über eine Wiese zum asphaltierten Sträßchen. Auf diesem, der Beschilderung „St. Johann" folgend, zum Ausgangspunkt.

KARTE. Seite 156/157

ÜBER MAIKLSTEIG ZUR GRANDNER ALM
Wanderung in die „Senkrechte"

Parkplatz	Ende Maiklsteig	Kaiserniederalm	Grandner Alm	Parkplatz
770 m	1180 m	1322 m	1263 m	770 m
1¼ Std.	¾ Std.	½ Std.	1½ Std.	

4 Std.
552 Hm

Anreise: Von München Autobahnausfahrt Kufstein Süd (mautfrei) über die Eibergstraße nach St. Johann. Von Innsbruck Autobahnausfahrt Wörgl Ost und über die Loferer Bundesstraße nach St. Johann. Dort Richtung Ortsmitte und beim 2. Kreisverkehr die 3. Ausfahrt (Schild „Hinterkaiser"), dann auf diesem Sträßchen bis zum Parkplatz knapp vor dem Rummlerhof.
Ausgangspunkt: Parkplatz vor Rummlerhof.

Höhenunterschied und Gehzeit: 552 Hm, 4 Std.
Wegbeschaffenheit: Mit Leitern und Seilen versicherter Bergsteig, einfache Almwege.
Einkehrmöglichkeit: Rummlerhof, Gasthöfe in St. Johann.
Beste Jahreszeit: Mai bis Oktober.
Tipp: Für unerfahrene, nicht ganz schwindelfreie Bergwanderer und Kinder empfiehlt sich eine Klettersteigausrüstung!

Blick von der Grandner Alm auf Mauk- und Ackerlspitze

TALORT ST. JOHANN

Maiklsteig – teilweise mit Klammern und Seilen gesichert

Der Niederkaiser schließt sich südöstlich an den Wilden Kaiser an. Der Bergrücken folgt dem Talverlauf bis zur Gemeinde Kirchdorf. Gscheuerkopf (1280 m) und Schatterberg (1274 m) sind keine markanten Gipfel, sondern kaum nennenswerte Erhebungen im Kammverlauf. Da der Kamm nach Süden Richtung St. Johann mit steilen Wänden abbricht, ist er für den Wanderer eine durchaus ernst zu nehmende Vorstufe des majestätischen Massivs.

Durch die einzige Schwachstelle der senkrechten Felswände führt der Maiklsteig. Dieser kann durchaus als leichter Klettersteig eingestuft werden. Trittbügel, Seile und mehrere Leitern ermöglichen den Durchstieg bis zum Kamm. Von der Ruhebank auf dem Kamm hat man eine gute Sicht auf St. Johann und die Kitzbüheler Alpen. Nach diesem interessanten Einstieg bewegt man sich auf dem gut versicherten Höhenweg über die Kaiserniederalm (1322 m) zur Grandner Alm (1263 m). Dieser Abschnitt bietet alles, was das Wandererherz erfreut. Blumenreiche Bergwiesen, urige Almhütten und steile, über 500 Meter in den Himmel emporragende Wände.

WEGVERLAUF. Vom Parkplatz ein paar Schritte zurück zum Wegweiser „Maiklsteig". Nun durch den Wald steil empor zum versicherten Teil des Steiges. Über die Trittbügel und Leitern zum Kamm. Ab diesem auf dem AV-Weg 823 nach Westen zur **Kaiserniederalm**. Von dieser folgt man dem beschilderten AV-Weg 818 bis zur **Grandner Alm**, wo der Steig (Schild „St. Johann 3 Std.") links (südlich) auf dem alten Almweg gemütlich durch den Wald und über den **Rummlerhof** zurück zum Ausgangspunkt führt.

KARTE. Seite 156/157

UMRUNDUNG DES WILDEN KAISERS
4 Tage traumhafte Bergkulisse

● Tour 43

Anreise: Von München Autobahnausfahrt Kufstein Süd über die Eibergstraße nach St. Johann. Von Innsbruck Autobahnausfahrt Wörgl Ost über die Loferer Bundesstraße nach St. Johann. Dort Richtung Ortsmitte und beim 2. Kreisverkehr die 3. Ausfahrt (Schild „Hinterkaiser"), dann auf diesem Sträßchen bis zum Parkplatz knapp vor dem Rummlerhof.
Ausgangspunkt: Parkplatz vor Rummlerhof (760 Hm).
Höhenunterschied und Gehzeit: 3027 Hm, 4 Tage (24 bis 26 Std.).
Wegbeschaffenheit: Versicherte Bergsteige, einfache Almwege.
Einkehrmöglichkeit: Schutzhütten und bewirtschaftete Almen.

Telefonnummern:
Gaudeamushütte: +43/(0)5358/2262
Walleralm: +43/(0)664/524941
Stripsenjochhaus: +43/(0)664/3559094
Rummlerhof: +43/(0)5352/63650
Beste Jahreszeit: Mitte Mai bis Mitte Oktober (je nach Schneelage).
Tipp: Auf den Hütten sollte man sich vor allem im Sommer für die Übernachtung anmelden! Für unerfahrene Bergwanderer und Kinder empfiehlt sich für den Maiklsteig eine Klettersteigausrüstung. Bergstöcke sind jedenfalls hilfreich. Der Maiklsteig kann über den Schleierwasserfall umgangen werden. Jeweils frühzeitig aufbrechen und genügend Flüssigkeit mitnehmen!

Hauptkamm des Wilden Kaisers

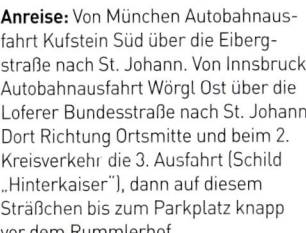

Berggasthof Walleralm

Die Umrundung des Wilden Kaisers auf attraktiven, aussichtsreichen Höhenwegen gehört sicher zu den interessantesten Unternehmungen in den Ostalpen. Leichte Klettersteige, versicherte Bergsteige und romantische Waldwege ermöglichen ein Bergerlebnis, das seinesgleichen sucht.

Die beiden ersten Tage geht es südseitig am Fuß mächtiger Wände und steil aufragender, zackiger Grate (wie zum Beispiel dem Kopftörlgrat zur Ellmauer Halt) zu ausgezeichneten Schutzhütten. Die Blicke nach Süden zu den Kitzbüheler Alpen und den Eisriesen der Hohen Tauern bleiben jedem Wanderer lange in Erinnerung. Der Hintersteiner See am Fuße dieser wilden Felskulisse erstrahlt wie ein blauer Edelstein. Die Wanderung entlang der schroffen Nordseite mit Sicht auf die berühmten Kletterberge Kleine Halt, Totenkirchl, Fleischbank und Predigtstuhl ist ebenfalls ein besonderes Erlebnis.

Während der gesamten Wanderung trifft man immer wieder auf Gämsen, Murmeltiere und verschiedene Raufußhühner. Über dem Wanderer kreist nicht selten der Kaiseradler, unter ihm erfreut der Anblick zahlreicher bunter, blumenbedeckter Almwiesen.

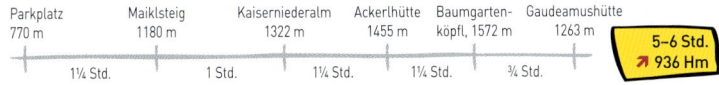

1. Tag:
Parkplatz Rummlerhof – Gaudeamushütte (802 Hm, 5–6 Std.)
Vom Parkplatz beim Rummlerhof über den Maiklsteig auf den **Niederkaiser**. Vom Kamm auf dem AV-Weg 823 zur **Kaiserniederalm** (1322 m). Nun leitet der AV-Weg 818 zur Grandner Alm und trifft auf den AV-Weg 824. Diesem folgt man bis zur **Ackerlhütte** (1455 m, nicht bewirtschaftet).
Von der Ackerlhütte geht man über das Baumgartenköpfl (1572 m) zum ersten Etappenziel, der **Gaudeamushütte** (1263 m). Der Weg ist gut gekennzeichnet und markiert.

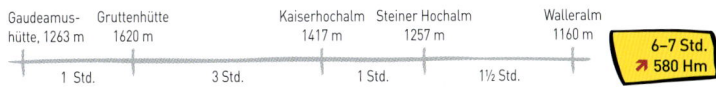

2. Tag:
Gaudeamushütte – Walleralm (357 Hm, 6–7 Std.)
Von der Gaudeamushütte über das „Klamml" steil über eine mit Klammern entschärfte, kaminartige Rinne zur imposanten **Gruttenhütte** (1620 m). Von der Gruttenhütte auf dem Wilden-Kaiser-Steig (AV-Weg 823) unterhalb des Tuxeggs und Treffauers zur **Kaiserhochalm** (1417 m). Von dieser auf dem AV-Weg 821 zur **Steiner Hochalm** (1257 m, Getränke). Nun führt der Wilde-Kaiser-Steig zur **Walleralm**.

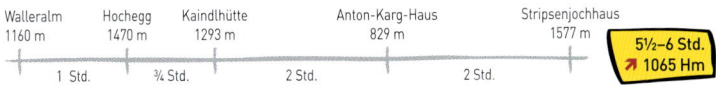

3. Tag:
Walleralm – Stripsenjochhaus (1058 Hm, 5½–6 Std.)
Von der Walleralm zum nächsten Stützpunkt auf dem AV-Weg 827, östlich über das Hochegg (1470 m) zur **Kaindlhütte** (1293 m) an der Nordseite des Scheffauers. Nun weiter auf dem Weg 827 über die Weideflächen der Steinbergalmen, bis man den Bettlersteig erreicht. Auf diesem über die **Straßwalch-Jagdhütte** (Quelle!) in etwa 2 Stunden zum gastlichen **Anton-Karg-Haus** in Hinterbärenbad (829 m). Die Sicht von der Terrasse zum Haltenstock und Totenkirchl ist einmalig! Nach einer Stärkung auf dem AV-Weg 801, vorbei am attraktiven **Hans-Berger-Haus** (gute Küche), in etwa 2 Stunden zum **Stripsenjochhaus** (1577 m).

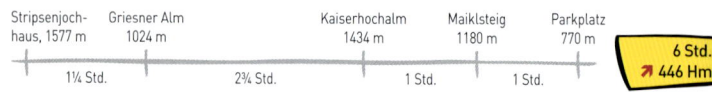

Stripsenjoch-	Griesner Alm		Kaiserhochalm	Maiklsteig	Parkplatz
haus, 1577 m	1024 m		1434 m	1180 m	770 m
1¼ Std.		2¾ Std.	1 Std.	1 Std.	

6 Std.
↗ 446 Hm

4. Tag:
Stripsenjochhaus – Griesenau – Kaiserhochalm – Parkplatz (446 Hm, 6 Std.)

Vom Stripsenjochhaus in etwa 1¼ Stunden hinunter zur Griesner Alm. Dort bleibt man auf der orografisch rechten Seite des Kaisertalbaches und geht auf dem Wanderweg etwa eine Stunde talauswärts, bis auf 740 m Höhe ein Almerschließungsweg zur **Maukalm** (1267 m) und von dieser ein Bergsteig (AV- Weg 819) zur **Kaiserhochalm** (1434 m) und weiter zur Kaiserniederalm leitet. Von

172 TALORT ST. JOHANN

Blick auf den Alpenhauptkamm, links im Bild der Großvenediger

dieser folgt man dem bezeichneten Weg 818 (Schilderbaum) bis zur Grandneralm, wo der Steig (AV Weg 824) links (südlich) durch den Wald hinunter zu den Höfen Maurern und über den Rummlerhof zurück zum Ausgangspunkt führt.

VARIANTEN. Jede Etappe kann auch als Tagestour von jedem Ort zwischen Kirchdorf und Kufstein mit jeweiligem Abstieg ins Tal geplant werden. In die Rundwanderung kann man selbstverständlich von jedem Talort zwischen Kirchdorf und Kufstein einsteigen. Weitere nützliche Auskünfte erteilen alle angeführten Schutzhütten und Tourismusverbände. Vor allem im Sommer ist, wie bereits erwähnt, eine Vorreservierung der Schlafplätze sinnvoll.

KARTE. Seite 174/175

KITZBÜHELER HORN, 1996 m
Paradeberg und Alpenblumengarten

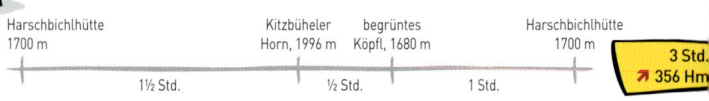

Harschbichlhütte 1700 m		Kitzbüheler Horn, 1996 m	begrüntes Köpfl, 1680 m		Harschbichlhütte 1700 m	3 Std. 356 Hm
	1½ Std.		½ Std.	1 Std.		

Anreise: Von München Autobahnausfahrt Kufstein Süd (mautfrei) über die Eibergstraße nach St. Johann. Von Innsbruck Autobahnausfahrt Wörgl Ost und über die Loferer Bundesstraße nach St. Johann.
Ausgangspunkt: Parkplatz Harschbichlbahn (702 m).
Höhenunterschied und Gehzeit: 356 Hm, 3 Std.
Wegbeschaffenheit: Forstweg, Bergsteige (rot).
Einkehrmöglichkeit: Harschbichlhütte (1700 m), Kitzbüheler-Horn-Haus.
Beste Jahreszeit: Juni bis Oktober.
Tipp: Diese Tour sollte nicht bei Nässe unternommen werden! Für den Abstieg entlang der Hoferschneid sind außerdem Bergstöcke empfehlenswert.

Das zentral zwischen St. Johann und Kitzbühel gelegene Kitzbüheler Horn ist einer der schönsten Aussichtsberge zwischen Wildem Kaiser und den Loferer Steinbergen. Auf seinem Gipfel steht ein Fernsehsender, dessen 102 Meter hohe Spitze hoch in den Himmel ragt.

Mit Hilfe der Gondelbahn kommt man von St. Johann bequem in 20 Minuten zur 1700 Meter hoch gelegenen Harschbichlhütte. Diese liegt unterhalb der steilen, felsdurchsetzten Nordflanke des Kitzbüheler Horns auf einem begrünten Plateau.

Die Aussicht auf die Südseite des Wilden Kaisers sucht ihresgleichen. Von der Maukspitze im Osten bis zum Scheffauer im Westen stehen die senkrechten Kalkwände wie eine gezackte Krone vor dem Betrachter.

Das Kitzbüheler Horn, vielen als Zielpunkt der Österreich-Radrundfahrt bekannt, kann über einen guten, teilweise versicherten Steig über die Nordflanke erstiegen werden. Die Sicht reicht am Gipfel über die gesamten Kitzbüheler Alpen bis zum gleißenden Alpenhauptkamm.

Der Paradeberg weist eine kaum zu überbietende Blumenpracht auf. Über 200 verschiedene Blütenpflanzen verwandeln seine Hänge in einen Alpenblumengarten. Der Steig südlich entlang der Hoferschneid führt östlich in Richtung der markanten Loferer Steinberge. Der Blick auf diesen kühnen Bergstock ist hier besonders fotogen.

Nach einem Wiesenköpfl geht es durch die Nordflanke zurück zur Harschbichlhütte. Dieser Steig führt abseits des Touristentrubels durch die bunte Blumenpracht der Almwiesen. Eine Einkehr auf der schönen, aussichtsreichen Sonnenterrasse der beliebten Almhütte kann einen erlebnisreichen Wandertag abrunden.

Kitzbüheler Horn mit Harschbichlam

WEGVERLAUF. Von der **Bergstation** dem Hinweisschild „Kitzbüheler Horn" in nördlicher Richtung folgen. Nach ein paar Schritten sieht man bereits den nicht zu verfehlenden Steig auf dem gegenüberliegenden Hang. Dieser führt teilweise seilversichert durch die felsige Nordflanke, ist aber für den trittsicheren, etwas schwindelfreien Bergwanderer kein Problem. Kindern dürfte der Felsendurchschlupf mit Fenster imponieren. Gleich darauf trifft man auf die asphaltierte Kitzbüheler-Horn-Straße und geht auf dieser bis zum **Gipfel** (1¼ Std.). Beim Abstieg beginnt der Steig entlang der Hoferschneid am Ende der Terrasse des Kitzbüheler-Horn-Hauses (Markierung!). Nach dem steilen Abschnitt geht es eben zu einem **begrünten Köpfl**. Gleich nach diesem leitet ein selten begangener Pfad in etwa 1½ Stunden zurück zur **Harschbichlhütte**.

VARIANTE I. Abstieg vom Kitzbüheler Horn wie Aufstieg.

VARIANTE II. Von der Harschbichlhütte auf gut bezeichneten Wegen in etwa 2½ Stunden zur Talstation.
KARTE. Seite 156/157

GOING AM WILDEN KAISER
Touren 45 bis 52

Going liegt westlich von St. Johann zwischen den Kitzbüheler Alpen im Süden und dem Wilden Kaiser im Norden auf 795 Meter Seehöhe im sogenannten Söllland, nur knapp eine Autostunde von München, Salzburg oder Innsbruck entfernt.

Die Gegend dürfte wie seine Nachbarorte bis zur bayerischen Landnahme im 6. Jahrhundert von keltischen Stämmen besiedelt worden sein. Die erste urkundliche Erwähnung von Going ist 1156 in einem Schenkungsbuch des Klosters Baumberg nördlich des Chiemsees in Bayern zu finden. 1397 finden sich urkundliche Einträge über die Zugehörigkeit Goings zum Landgericht Kitzbühel. Neben der Landwirtschaft war im 16. und 17. Jahrhundert auch der Bergbau von großer Bedeutung. Die aus dieser Zeit stammende Knappenkapelle zum heiligen Daniel kann heute noch besucht werden. Going war ursprünglich Teil der Mutterpfarre St. Johann, wurde 1628 Vikariat und 1891 zur Pfarre erhoben. Die erste Kirche wurde um das Jahr 1398 errichtet. Dieses Gotteshaus musste 1774/75, dem damaligen Zeitgeist entsprechend, einem barocken Neubau weichen. Dieses Gotteshaus zählt heute zu den schönsten Rokokokirchen Tirols. Besonders zu erwähnen ist für jeden Freund sakraler Kunst eine spätgotische Marienstatue aus dem 15. Jahrhundert.

Der weit über die Grenzen Tirols hinaus bekannte „Stanglwirt" erhielt bereits 1609 seine Gasthauskonzession und kann als Aushängeschild der Tourismuswirtschaft bezeichnet werden.

Trotz Fortschritt und zweisaisonalem Tourismus hat sich das typische Tiroler Dorf seinen ursprünglichen Charakter bewahrt. Seine Attraktivität als Urlaubsort wird durch das beachtliche Wanderangebot nur noch gesteigert. Vielen dürfte der liebliche Ort mit all seinen Schönheiten außerdem aus der Fernsehserie „Der Bergdoktor" bekannt sein.

ANREISE. Going ist von München, Salzburg oder Innsbruck in nur etwa einer Stunde mit dem Auto zu erreichen. Von Innsbruck auf der Autobahn nach Wörgl und dort auf der Loferer Bundesstraße bis Going. Von München über die Autobahnausfahrt Kufstein Süd und den Eiberg nach Going. Von Salzburg bietet sich die Loferer Bundesstraße an.

WICHTIGE ADRESSEN UND TELEFONNUMMERN.
Tourismusverband Wilder Kaiser,
Informationsbüro Going,
Dorfstraße 10, A-6353 Going
Telefon: +43/50509-510
E-Mail: going@wilderkaiser.info
Internet: www.going.at

Barocke Pfarrkirche von Going – errichtet 1774/75

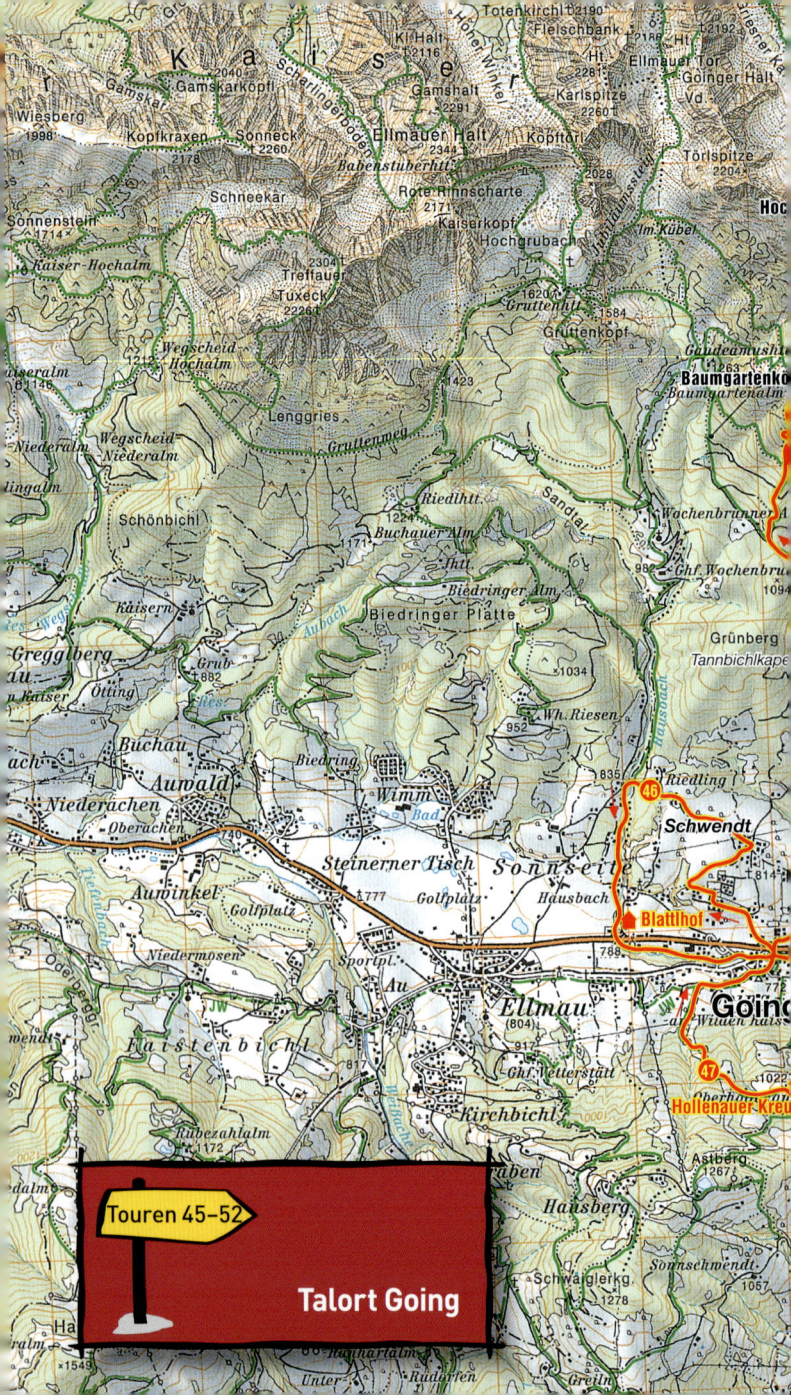

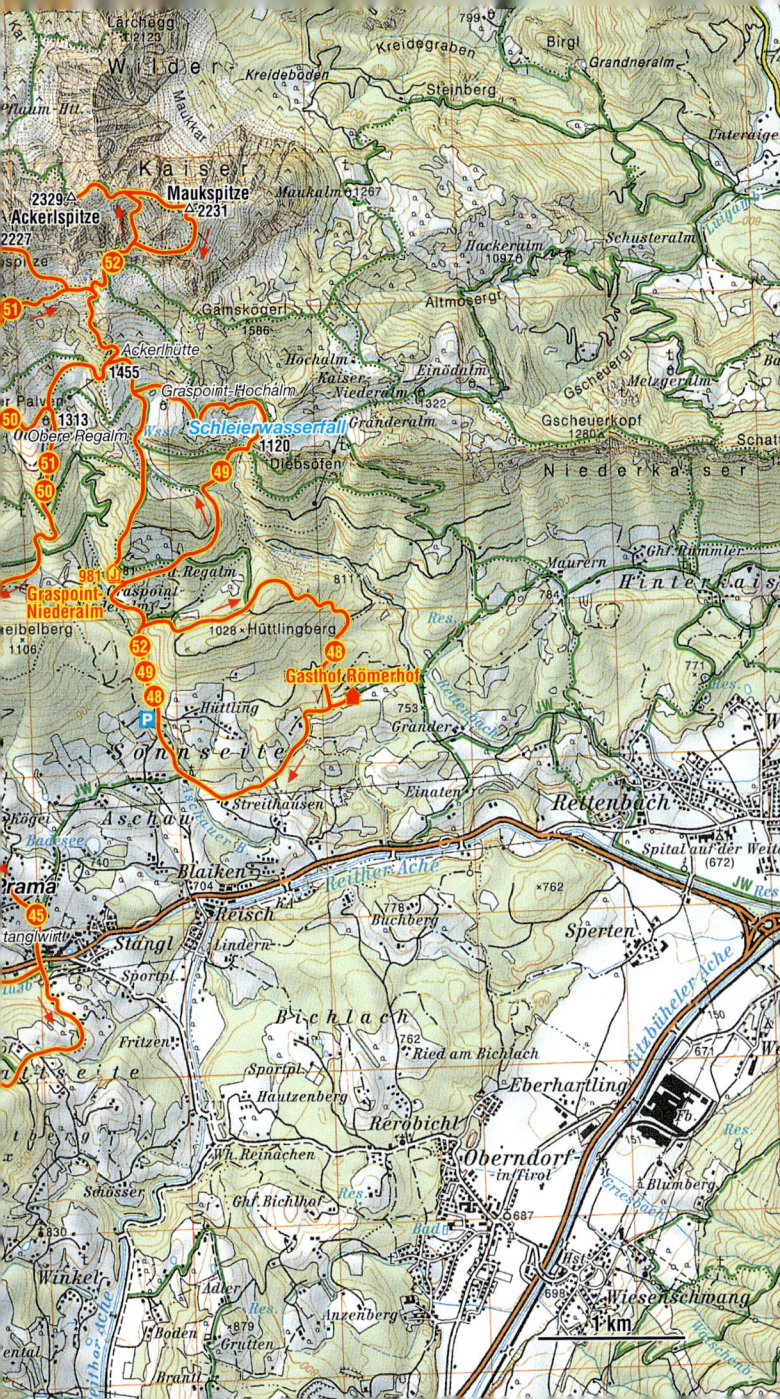

Tour 45 — "PRAMA-WANDERUNG" ZUM STANGLWIRT
Auf den Spuren des Bergdoktors

Anreise: Von München Autobahnausfahrt Kufstein Süd (mautfrei) über die Eibergstraße zur Loferer Bundesstraße. Bei Going die 1. Einfahrt ins Dorf, vorbei am Dorfwirt bis zum östlichen Parkplatz (gebührenfrei). Von Innsbruck A12 Ausfahrt Wörgl Ost, nun nach Going und wie beschrieben zum Parkplatz. Von St. Johann nach dem Stanglwirt rechts abbiegen zur Ortsmitte und zum Parkplatz.

Ausgangspunkt: Going, Östlicher Parkplatz (748 m).
Höhenunterschied und Gehzeit: 5 km, 94 Hm, 2 Std.
Wegbeschaffenheit: Sträßchen.
Einkehrmöglichkeit: Stanglwirt, Gasthöfe in Going.
Beste Jahreszeit: Mai bis Oktober (kann ganzjährig begangen werden).
Tipp: Familienwanderung, Sonnenschutz (Creme, Brille, Hut).

Vielen Lesern wird das Gebirgsdorf Going aus der Fernsehserie „Der Bergdoktor" bekannt sein. In diese traumhafte Landschaft führt uns die „Prama-Wanderung" zum Stanglwirt.

Auf dem Weg Richtung Prama ist alles vorhanden, was eine Wanderung am Fuße des Wilden Kaisers auszeichnet: stolze Bauernhöfe, blumenreiche Wiesen, dunkle Wälder und fantastische, teilweise bizarre Felskulissen. Hinzu kommt, dass der Wanderer sich hier in einem Gebiet befindet, in dem mancherorts die Vergangenheit lebendig wird.

So zum Beispiel in der Pramakapelle. Diese wurde im 15. Jahrhundert von Knappen errichtet, und erinnert an die vom Bergbau geprägte Vergangenheit des Ortes. Eine Besonderheit ist das Altarbild, das Maria, das Jesuskind stillend, als nährende Mutter zeigt. Auch der Stanglwirt blickt auf über 400 Jahre Geschichte zurück. In seiner wechselvollen Geschichte gelang es den Besitzern immer alle Unglücke und Widerstände zu überwinden. Heute ist der Stanglwirt nicht zuletzt dank des Geschicks seines Eigentümers, Balthasar

Pramakapelle, im 15. Jh. von Knappen errichtet

Erholungsoase Stanglwirt – im Hintergrund der Wilde Kaiser

Hauser, weltweit bekannt und der Inbegriff für Tiroler Gastlichkeit. Die köstlichen Schmankerln aus eigener Landwirtschaft sollte man sich jedenfalls nicht entgehen lassen.

WEGVERLAUF. Vom Parkplatz ins Dorf bis zur Raiffeisenbank, dort in nördlicher Richtung unter der Unterführung der Bundesstraße hindurch. Nach dieser rechts weiter, bis der Weg Richtung Durnbühel abzweigt.

Auf diesem nördlich aufwärts, bis der Weg westlich nach Schwendt abbiegt. In der Kurve zweigt ein Weg Richtung Prama ab. Man geht durch einen Graben und über eine Brücke, danach das Sträßchen Richtung Gebirge aufwärts, bis rechts ein weiteres Sträßchen einmündet. Auf diesem nun zurück bis zur Kreuzung mit dem Kapellenweg. Ein paar Schritte nach rechts und man gelangt zur Pramakapelle. Von dieser zurück und die Fahrstraße hinunter zum Stanglwirt. Nach einer Stärkung über die Straße und den Goinger Hausbach, dann neben diesem gegen die Fließrichtung zurück zum Ausgangspunkt.

KARTE. Seite 182/183

ÜBER SCHWENDT ZUM BLATTLHOF
Durch traditionelles Bauernland

Anreise: Von München Autobahnausfahrt Kufstein Süd (mautfrei) über die Eibergstraße zur Loferer Bundesstraße. Von dieser nehmen Sie die 1. Dorfeinfahrt, vorbei am Dorfwirt bis zum östlichen Parkplatz (gebührenfrei). Von Innsbruck Ausfahrt Wörgl Ost und über die Loferer Bundesstraße nach Going und wie beschrieben zum Parkplatz. Von St. Johann nach dem Stanglwirt rechts abbiegen, zur Ortsmitte und zum Parkplatz.

Ausgangspunkt: Going, Östlicher Parkplatz (748 m).
Höhenunterschied und Gehzeit: 5 km, 118 Hm, 2 Std.
Wegbeschaffenheit: Sträßchen, Forstweg, Waldweg.
Einkehrmöglichkeit: Blattlhof, Gasthöfe in Going.
Beste Jahreszeit: Mai bis Oktober (kann ganzjährig begangen werden).
Tipp: Familienfreundliche Wanderung in idyllischer Landschaft.

Einige Ortsteile werden vielen aus der Fernsehserie „Der Bergdoktor" bekannt sein. Hier bietet sich die Gelegenheit, diese natürliche Landschaft selbst hautnah erleben zu können.

Das majestätische Gebirge im Blickfeld, wandert man durch eine über die Jahrhunderte gewachsene Kulturlandschaft. Höfe, wie der „Knappenbauer" oder der Biobauer „Blattlbauer" (vollständige Liste beim Tourismusverband) laden zum idyllischen Urlaub auf dem Bauernhof ein. Wer Erholung durch Bewegung sowie kulinari-

Blattlhof – Biolandwirtschaft

Schwendter Rundweg – Blick auf den Wilden Kaiser

sche Genüsse sucht, ist hier richtig. Wegkreuze und Kapellen sind Zeugen weit zurückreichender, religiöser Traditionen und auch heute immer noch vorhandener Gläubigkeit.
Die Blattlkapelle wurde im 18. Jahrhundert errichtet. Sie liegt etwas nördlich des Blattlhofes und ist von diesem in fünf Minuten zu erreichen. Für den Kunstinteressierten sind die leider nicht mehr gut erhaltenen Fresken auf jeden Fall einen Besuch wert.

WEGVERLAUF. Vom Parkplatz ins Dorf bis zur Raiffeisenbank, dort auf den Schilderbaum achten. Dann jeweils dem Wegschild „Schwendterrundweg Nr. 4" folgend in nördlicher Richtung unter der Unterführung der Bundesstraße hindurch zum Weiler Schwendt. Ab da auf dem Fußweg nordwestlich hinauf bis knapp vor Riedling. Dort leitet die Beschilderung nach Süden, nun geht es den Wald und den Goinger Hausbach entlang zur Blattlkapelle.
Von dieser am „Blattlbauer" vorbei zum Blattlhof. Nach einer Stärkung auf dem Rückweg unter der Bundesstraße hindurch und neben dem Hausbach zurück nach Going zum Ausgangspunkt.
KARTE. Seite 182/183

TALORT GOING

HOLLENAUER KREUZ, 1024 m
Aussichtsloge und Kraftort

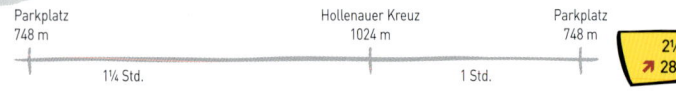

Anreise: Von München Autobahnausfahrt Kufstein Süd (mautfrei) über die Eibergstraße zur Loferer Bundesstraße. Von dieser nehmen Sie die erste Dorfeinfahrt, vorbei am Dorfwirt bis zum östlichen Parkplatz (gebührenfrei). Von Innsbruck Autobahnausfahrt Wörgl Ost und über die Loferer Bundesstraße nach Going und wie beschrieben zum Parkplatz. Von St. Johann nach dem Stanglwirt rechts abbiegen zur Ortsmitte und zum Parkplatz.
Ausgangspunkt: Going, Östlicher Parkplatz (748 m).

Höhenunterschied und Gehzeit: 282 Hm, 2¼ Std.
Wegbeschaffenheit: Sträßchen, Wald- und Wiesenwege.
Einkehrmöglichkeit: Jausenstation Hollenauer Kreuz, Gasthöfe in Going.
Adresse: Jausenstation Hollenauer Kreuz, Astbergweg 51, A-6353 Going.
Telefon: +43/(0)5356/71097.
Beste Jahreszeit: Mai bis Oktober (kann ganzjährig begangen werden).
Tipp: Auf dieser Wanderung erwarten Sie einmalige Ausblicke auf den Wilden Kaiser, Fotoapparat nicht vergessen!

Das einfache Hollenauer Kreuz steht an einem besonderen Ort. Trotz der geringen Höhe kann die Ruhebank beim Kreuz mit einer vorzüglichen Sicht auf den unmittelbar gegenüberliegenden Wilden Kaiser aufwarten. Der Blick reicht über den gesamten Hauptkamm. Von der Maukspitze im Osten über die Zinnen von Regalmspitze, Törlwand und den Goinger Halten. Deutlich vermittelt das größte Kar des Gebirges, das Ellmauer Tor, einen Übergang zwischen den sonst abweisenden Kalkmauern. Der Blick reicht weiter über die Karlspitzen, die Ellmauer Halt (höchster Gipfel 2344 m), den Treffauer bis zum Zettenkaiser, dem westlichsten Eckpfeiler des imponierenden Gebirges. Senkt man den Blick, schmiegt sich das Sölllland lieblich an das Gebirge. Selten dürften sich zahlreichere einmalige Fotomotive

Glückliche Kühe sind hier noch kein Klischee.

TALORT GOING

Die Jausenstation „Hollenauer Kreuz" bietet eine traumhafte Aussicht und kulinarische Genüsse.

anbieten. Gleich neben dem Kreuz liegt die Jausenstation „Hollenauer Kreuz". Traditionelle Tiroler Schmankerln aus bekannt guter Küche in einem einmaligen Gebirgsambiente runden die Wanderung genussreich ab.

WEGVERLAUF. Vom Parkplatz über die Brücke des Goinger Hausbaches. Vor dem Feuerwehrhaus jeweils den Schildern „Hollenauer-Kreuz-Runde, Weg Nr. 3", dem Bach flussabwärts folgen, bis der Weg zu einem Sträßchen hochführt. Diesem entlang bis zum Ende der Besiedlung, dort beginnt ein Wiesenpfad, der in einen Wald führt. Diesen Waldweg hinauf, bis er auf eine schmale Straße trifft. Dort nicht zum nahen Bauernhof, sondern genau gegenüber durch einen schmalen Durchschlupf, dann den Steigspuren aufwärts zum Wald folgen, bis man wieder einen Forstweg erreicht. Auf diesem nach rechts, bis große Schilder deutlich nach links zum **Hollenauer Kreuz** hinauf leiten. Am Wegrand gibt es als Überraschung köstliche Himbeeren. Als Abstieg wählt man direkt von der **Jausenstation** den Weg Nr. 3, der anfangs westlich eine Wiese quert und dann in einen Forstweg mündet. Auf diesem zurück nach Going. Durch das **Dorfzentrum** mit seinen sehenswerten Gasthöfen und blumengeschmückten Tiroler Häusern zurück zum Ausgangspunkt.

KARTE. Seite 182/183

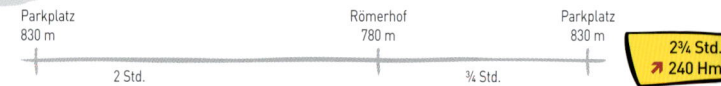

MOOR-ERLEBNISWEG ZUM RÖMERHOF
Jugendgerechtes Naturerlebnis Hochmoor

Parkplatz	Römerhof	Parkplatz
830 m	780 m	830 m
2 Std.		¾ Std.

2¾ Std.
↗ 240 Hm

Anreise: Von München Autobahnausfahrt Kufstein Süd (mautfrei) über die Eibergstraße nach Going. Unmittelbar vor dem Stanglwirt folgt man dem Hinweisschild „Prama". Bei der ersten Straßengabelung (Schild „Badesee") nach rechts ansteigend, bis die Straße vor einem Bauernhof nach links abbiegt. Nun weiter aufwärts, bis das Schild „Parkplatz" nach links auf den Forstweg leitet, nach 100 Metern erreicht man den Parkplatz.
Von Innsbruck Autobahnausfahrt Wörgl Ost und über die Loferer Bundesstraße nach Going und wie beschrieben zum Parkplatz. Von St. Johann unmittelbar nach dem Stanglwirt rechts zum Ortsteil Prama abbiegen und wie vorher zum Parkplatz.
Ausgangspunkt: Parkplatz Aschau (830 m), neue Kapelle mit Brunnen.
Höhenmeter und Gehzeit: 240 Hm, 2¾ Std.
Wegbeschaffenheit: Sträßchen, Forst- und Waldwege.
Einkehrmöglichkeit: Römerhof, Gasthöfe in Going.
Beste Jahreszeit: Mai bis Oktober.
Tipp: Ideal für Kinder, Insektenschutz nicht vergessen!

Die Gemeinde Going hat das Naturschutzgebiet Kaisergebirge mit dem Erlebnisweg „Moore & more" für Einheimische, Schulen und Gäste um eine Facette reicher gemacht. Vor dem fantastischen Hintergrund des Wilden Kaisers liegen im Bereich der dunkelgrünen

Moorlandschaften überraschen im Herbst mit ihren leuchtenden Farben.

TALORT GOING

Alpengasthof Römerhof – ein beliebtes Ausflugsziel

Wälder naturnahe Moore mit einer beachtlichen biologischen Vielfalt. Die einzigartige Tier- und Pflanzenwelt wird den Kindern von zwei „Elfen" mit themenbezogenen Schautafeln, Wegen ins Moor, Aussichtsplattformen, Klettergerüsten, Kriechtunnels etc. spielerisch und unterhaltsam nähergebracht. Das Naturerlebnis garantiert auch Bewegung und hat damit einen besonderen Erholungswert. Von den seltenen und besonderen Pflanzen seien der Fieberklee, die Sumpfcalla und insbesondere der Sonnentau erwähnt, eine fleischfressende Pflanze, die sich das karge Angebot des Moorbodens mit kleinen Insekten aufbessert. Torfmoos, Wollgräser, Binsen und Orchideen sind hier die farbenprächtigen Landschaftsmaler, welche diese naturbelassenen Oasen zu jeder Jahreszeit in einem anderen „Kleid" erscheinen lassen. Moorlandschaften sind aber auch ein idealer Lebensraum für seltene Insekten, Vögel und Lurche.

Der Gasthof „Römerhof" bietet sich als Rastplatz an, für das leibliche Wohl ist dort bestens gesorgt. Genauere Information erhalten Sie vom Tourismusbüro in Going (Telefon: +43 50509 510).

WEGVERLAUF. Vom Parkplatz mit der neuen Kapelle und dem Brunnen mit Trinkwasser folgt man dem Forstweg geradeaus hinauf Richtung Schleierwasserfall, bis

Der sumpfige Untergrund verlangt gut begehbare Holzsteige.

das Schild „Moor & more Erlebnisweg" mit seinen Hinweistafeln die „Führung" übernimmt. Man folgt diesen Richtung Hüttlmoos bis zum Aussichtsturm. Der Blick über das Moor auf die kühnen Felsgestalten des Kaisergebirges ist einmalig. Weiter den Wegschildern nach, mündet der Waldweg nach einer Brücke in einen Forstweg. Ab diesem Punkt gibt es 2 Möglichkeiten:

VARIANTE I. Den Schildern folgend, geht es nach links, östlich abwärts. Bei der nächsten Kreuzung weiter den Rettenbach entlang, bis man zu einem Parkplatz kommt. Man überquert den Rettenbach und folgt bei der nächsten Wegkreuzung dem Forstweg rechts Richtung „Windwehenmoos". Von hier wieder zum Rettenbach und auf dem schmalen Pfad zum **Gasthof Römerhof**.

VARIANTE II. Man geht weiter nach rechts (Riedlweg), bis der Waldsteig links hinunter zum **Römerhof** leitet. Vor diesem gibt es für Kinder noch einen paradiesischen Spielplatz. Vom Römerhof dem Sträßchen entlang, wandert man über Aschau zurück zum Ausgangspunkt.

KARTE. Seite 182/183

SCHLEIERWASSERFALL – ACKERLHÜTTE
Wasserfall, Klettergarten, Kaiseralmen

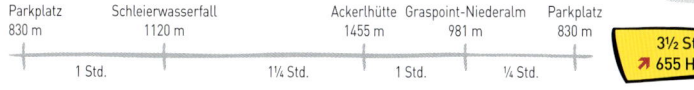

Parkplatz	Schleierwasserfall		Ackerlhütte	Graspoint-Niederalm	Parkplatz
830 m	1120 m		1455 m	981 m	830 m
	1 Std.	1¼ Std.	1 Std.	¼ Std.	

3½ Std.
655 Hm

Anreise: Von München Autobahnausfahrt Kufstein Süd (mautfrei) über die Eibergstraße nach Going. Unmittelbar vor dem Stanglwirt folgt man dem Hinweisschild „Prama". Bei der 1. Straßengabelung nach rechts ansteigend bis zum Wagner. Dort links aufwärts und beim Straßenknick nach links auf den Forstweg abbiegen und in etwa 100 Metern zum Parkplatz. Von Innsbruck Autobahnausfahrt Wörgl Ost und über die Loferer Bundesstraße nach Going und wie beschrieben zum Parkplatz. Von St. Johann unmittelbar nach dem Stanglwirt rechts zum Ortsteil Prama abbiegen und wie vorher zum Parkplatz.

Ausgangspunkt: Aschau, Parkplatz (830 m) neue Kapelle.
Höhenunterschied und Gehzeit: 655 Hm, 3½ Std.
Wegbeschaffenheit: Forstweg, Bergsteige (rot).
Einkehrmöglichkeit: Graspoint-Niederalm, Stanglwirt, Gasthöfe in Going.
Beste Jahreszeit: Mai bis Oktober.
Tipp: Frühzeitiger Aufbruch, Sonnenschutz und Bergstöcke.

Ackerlhütte (nicht bewirtschaftet) vor der Ackerlspitze

TALORT GOING

Der Schleierwasserfall befindet sich in Going unterhalb der Granderhochalm. Zwei sich vereinende Quellbäche des Rettenbaches stürzen 60 Meter tief wie ein Wasservorhang über eine überhängende Felswand. Bei richtigem Sonnenstand kann man in der tosenden Gischt einen Regenbogen bewundern.

Die Felswände hinter diesem Naturschauspiel bieten Kletterrouten, die zu den schwierigsten Europas zählen.

Mit Stefan Fürst, Gerhard Hörhager und den Huber-Brüdern (um nur einige wenige zu nennen) haben sich hier die Besten ihres Fachs mit Erstbegehungen verewigt.

Es lohnt sich, hier etwas zu verweilen und die Kletterer zu beobachten. Manche von ihnen scheinen auf den über 100 Routen vom siebten Grad aufwärts die Schwerkraft fast schon aufzuheben.

Das Leiterl und der versicherte Steig über die Felsstufe zur Granderhochalm sind eine interessante Abwechslung auf unserer Wanderung. Sie lassen die Herausforderung für die Hochkaisergipfel erahnen.

Beim Betreten der Hochalmen steht man fast ehrfürchtig vor einer gewaltigen Felskulisse, die während des weiteren Verlaufs des Weges stets präsent ist. Diese attraktive Höhenwanderung macht sicher Lust auf weitere lohnende Wanderziele.

WEGVERLAUF. Vom Aschau-Parkplatz auf dem Almerschließungsweg jeweils den Schildern **„Schleierwasserfall"** folgend in etwa einer Stunde bis zu diesem (1120 m). Nach fesselnden Einblicken geht es auf einem Waldsteig etwa ¼ Stunde steil aufwärts zu einer Leiter. Über diese gelangt man hinauf zum AV-Weg 824, der über die Almweiden der Granderhochalm zur nicht bewirtschafteten **Ackerlhütte** führt (1455 m).

Nach einer Rast am Fuße der Felsendome mit Sicht zum majestätischen Großglockner geht man den Aufstiegsweg bis zum AV-Weg 817 zurück und auf diesem hinunter zur **Graspoint-Niederalm** (Einkehrmöglichkeit). Nach dieser auf dem Almweg in etwa einer ¼ Stunde zurück zum Parkplatz.

VARIANTE. Es ist möglich, die Leiter zur Granderhochalm auf dem AV-Weg 822 in westlicher Richtung unterhalb des Felsfußes zu umgehen. Beim Zusammentreffen mit dem AV-Weg 817 kann man nun auf diesem neben dem Breitau-Wasserfall zur **Ackerlhütte** aufsteigen oder sofort zur **Graspoint-Niederalm** absteigen.

KARTE. Seite 182/183

Klettergarten Schleierwasserfall

BAUMGARTENKÖPFL, 1572 m
Aussichtsloge unter einmaligen Felsgiganten

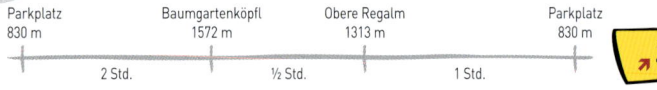

Anreise: Von München Autobahnausfahrt Kufstein Süd (mautfrei) über die Eibergstraße nach Going. Unmittelbar vor dem Stanglwirt folgt man dem Hinweisschild „Prama". Bei der 1. Straßengabelung nach links und in etwa 1½ Kilometern zum Waldparkplatz. Von Innsbruck Autobahnausfahrt Wörgl Ost und über die Loferer Bundesstraße nach Going und wie beschrieben zum Parkplatz. Von St. Johann unmittelbar nach dem Stanglwirt rechts zum Ortsteil Prama abbiegen und wie zuvor beschrieben zum Parkplatz.

Ausgangspunkt: Waldparkplatz (830 m).
Höhenunterschied und Gehzeit: 742 Hm, 3½ Std.
Wegbeschaffenheit: Forstweg, Bergsteige (rot).
Einkehrmöglichkeit: Obere Regalm (Mi/Sa/So), Stanglwirt, Gasthöfe in Going.
Beste Jahreszeit: Mai bis Oktober.
Telefonnummern:
Obere Regalm: +43/(0)664/1309164, +43/(0)664/73291511.
Tipp: Frühzeitiger Aufbruch, Sonnenschutz und Bergstöcke.

Das Baumgartenköpfl ist ein kleiner, aussichtsreicher Gipfel unterhalb der mächtigen Zinnen des Wilden Kaisers. Es liegt oberhalb der dunklen Wälder im Bereich der blumenreichen, grünen Almmatten am Fuß kühner, bizarrer Felszacken. Von seinem Gipfel ist der Blick auf die gewaltigen Wände des Wilden Kaisers, die Anmut der hoch gelegenen Almen und die glänzenden Schneeberge der Hohen Tauern einfach unvergleichlich. Unter den beliebten Kaiserwanderungen ist der Anstieg von Going aus ein Geheimtipp. Für das Fehlen einer bewirtschafteten Hütte wird man im Aufstieg mit Stille und der Begegnung mit Wildtieren belohnt. Zudem dürfte jedes Fotografenherz bei der riesigen Auswahl von beeindruckenden Motiven höherschlagen.

Vom Baumgartenköpfl eröffnet sich auch der Zugang zum Kleinen Törl, einem der höchsten, aber auch anspruchsvollsten Übergänge über den Wilden Kaiser. Das gilt insbesondere für das Frühjahr, wenn in den steilen Nordhängen noch gefrorener Altschnee liegt. Halten Sie am Bergsteigergrab kurz ein. Hier ist tatsächlich der „Wieser Much" begraben, der diese Grabstätte eigenhändig aus dem Fels geschlagen hat. Ältere Bergsteiger können sich noch an die „Prozession" mit dem Leichnam des Much von Going zum Baumgartenköpfl erinnern.

WEGVERLAUF. Vom Parkplatz auf dem Forstweg in den Wald, leicht ansteigend, vorbei an der Tannbichlkapelle (920 m), nimmt man bei der ersten Weggabelung den

Blick vom Baumgartenköpfl auf die Loferer Steinberge

linken Weg und folgt der Beschilderung „Baumgartner Kopf, Bergsteiger-Grab", bis man auf die Kehre einer Forststraße trifft. Die Forststraße kurz rechts (nördlich) aufwärts, bis der AV-Weg 815 unscheinbar nach links (nördlich) zum **Baumgartenköpfl** abzweigt (Achtung! nur rot-weiße Markierung „815" an einem Baum, keine Beschilderung). Auf diesem nun in Serpentinen, auf einem Waldrücken aufwärts, bis der Steig über freies Gelände zum **Baumgartenköpfl** (Brennender Palven, 1572 m) mit Kreuz und Bergsteigergrab führt. Von dieser Aussichtsloge geht man auf dem Bergsteig östlich, den Markierungspfosten und dem Schild „Obere Regalm, Going" folgend, bis zur Steigteilung Ackerlhütte/Obere Regalm. Ab da eine Bergwiese relativ steil hinunter und dann gemütlich zur 1313 Meter hoch gelegenen **Oberen Regalm**, die während der Sommermonate am Mittwoch und an den Wochenenden bei schönem Wetter bewirtschaftet wird. Von dieser auf dem AV-Weg 816, immer den Schildern „Prama/Stanglwirt" und den Markierungen folgend, zurück zum Ausgangspunkt.

KARTE. Seite 182/183

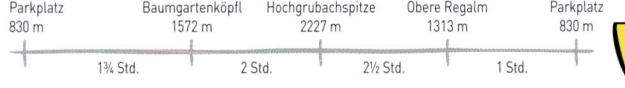

Tour 51 • WESTLICHE HOCHGRUBACHSPITZE, 2227 m
Auf den Spuren der Ersteiger

Parkplatz 830 m	Baumgartenköpfl 1572 m	Hochgrubachspitze 2227 m	Obere Regalm 1313 m	Parkplatz 830 m
	1¾ Std.	2 Std.	2½ Std.	1 Std.

7¼ Std.
↗ 1397 Hm

Anreise: Von München Autobahnausfahrt Kufstein Süd (mautfrei) über die Eibergstraße nach Going. Unmittelbar vor dem Stanglwirt folgt man dem Hinweisschild „Prama". Bei der 1. Straßengabelung fährt man nach links, ansteigend in etwa 1½ km zum Waldparkplatz. Von Innsbruck nimmt man die Autobahnausfahrt Wörgl Ost und gelangt über die Loferer Bundesstraße nach Going und wie beschrieben zum Parkplatz. Von St. Johann unmittelbar nach dem Stanglwirt rechts zum Ortsteil Prama abbiegen und wie vorher zum Parkplatz.
Ausgangspunkt: Waldparkplatz (830 m).
Höhenunterschied und Gehzeit: 1397 Hm, Anstieg 3¾ Std., Abstieg 3½ Std. (7¼ Std.).
Wegbeschaffenheit: Forstweg, Bergsteige (rot/schwarz).
Einkehrmöglichkeit: Obere Regalm (Mi/Sa/So), Gasthöfe in Going.
Beste Jahreszeit: Juni bis Oktober (je nach Schneefallgrenze im Herbst).
Tipp: Sonnenschutz, Bergstöcke, genügend Flüssigkeit.

Das Kaisergebirge besteht aus den unterschiedlichsten Berggestalten. Einige Gipfel sind leicht erreichbar, einige auf teils versicherten Steigen schwierig zu erreichen und einige nur Kletterern vorbehalten. Die Westliche Hochgrubachspitze ist ein schwieriger zu besteigender Berg und verlangt einen guten, trittsicheren und schwindelfreien Bergsteiger.

Viele Wanderer sind hier meist nicht unterwegs, eine einsame Begehung der wilden Felslandschaft ist also fast garantiert. Das Gipfelpanorama lohnt jedenfalls. Die Tiefblicke ins Griesner Kar und die Aussicht auf die mächtigen Wände und bizarren Grate sind einzigartig. Das inselartige Felsenriff des Wilden Kaisers ist von lieblichen, grün schimmernden Tälern eingerahmt, hinter denen sich die benachbarten Gebirge und Höhenzüge erheben, die im Süden mit Großvenediger und Großglockner ihre größte Höhe erreichen.

WEGVERLAUF. Vom Parkplatz auf dem Forstweg in den Wald, leicht ansteigend, nimmt man bei der ersten Weggabelung den linken Weg und folgt der Beschilderung „Baumgartner Kopf, Bergsteiger-Grab", bis man auf eine Forststraße trifft.

Die Forststraße kurz rechts (nördlich) aufwärts, bis der Gildensteig (AV-Weg 815) unscheinbar nach links (nördlich) zum Baumgartenköpfl abzweigt (Achtung! nur rot-weiße Markierung „815" an einem Baum, keine Beschilderung). Auf diesem nun in Serpentinen über einen Waldrücken zum **Baumgartenköpfl** (1572 m) mit Kreuz und

Die Südwände der Hochgrubachspitze sind nur Kletterern vorbehalten. Der Normalweg ist für trittsichere und konditionsstarke Bergsteiger kein Problem.

Bergsteigergrab. Nun geht man auf dem Gildensteig, vorbei an der Wilderer-Kanzel Richtung Kleines Törl, bis der Wilde-Kaiser-Steig (AV-Weg 824) östlich ins Westliche Hochgrubachkar führt. Von diesem über das Schotterfeld (deutliche Steig- und Trittspuren, Steinmandl) zum oberen von zwei nach Westen ansteigenden Grasbändern und weiter bis in eine brüchige Rinne. Aus dieser nach wenigen Metern wieder nach rechts und steil über schrofiges Gelände bis zur Regalmschlucht.

Man überquert diese und steigt links von einem begrünten Kopf wieder steil in die Schlucht. Dann diese empor, bis man eine auffallend gelbe Höhle erreicht. Hier in östlicher Richtung über eine plattige Rampe zu einem deutlichen Absatz. Nun wieder steil und schrofig zum Schönwetterfensterl. Unterhalb dieser Scharte rechtshaltend zum Gipfelgrat und über diesen in wenigen Minuten zum **Gipfel** (2227 m). Abstieg wie Aufstieg ins Hochgrubachkar. Dort folgt man dem Wilden-Kaiser-Steig kurz nach Osten und nimmt den Steig hinunter zur Ackerlhütte. Von dieser geht es weiter zur **Oberen Regalm**, dann auf dem AV-Weg 816, immer den Schildern „Prama/Stanglwirt" und den Markierungen folgend, wieder auf den Forstweg und auf diesem in einer ¼ Stunde zum Ausgangspunkt.

KARTE. Seite 182/183

ACKERLSPITZE – MAUKSPITZE
Zwei markante Zacken der Kaiserkrone

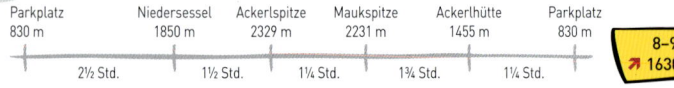

Parkplatz	Niedersessel	Ackerlspitze	Maukspitze	Ackerlhütte	Parkplatz
830 m	1850 m	2329 m	2231 m	1455 m	830 m
	2½ Std.	1½ Std.	1¼ Std.	1¾ Std.	1¼ Std.

8–9 Std.
↗ 1630 Hm

Anreise: Von München Autobahnausfahrt Kufstein Süd (mautfrei) über die Eibergstraße nach Going. Unmittelbar vor dem Stanglwirt folgt man dem Hinweisschild „Prama". Bei der 1. Straßengabelung nach rechts ansteigend bis zum Wagner. Dort links aufwärts und beim Straßenknick nach links auf den Forstweg abbiegen und in etwa 100 Metern zum Parkplatz. Von Innsbruck Autobahnausfahrt Wörgl Ost und über die Loferer Bundesstraße nach Going und wie beschrieben zum Parkplatz. Von St. Johann unmittelbar nach dem Stanglwirt rechts zum Ortsteil Prama abbiegen und wie vorher zum Parkplatz.
Ausgangspunkt: Aschau, Parkplatz (830 m) neue Kapelle.
Höhenunterschied und Gehzeit: 1630 Hm, 4½ Std. im Anstieg, 4 Std. im Abstieg.
Wegbeschaffenheit: Forstweg, Bergsteige (rot/schwarz).
Einkehrmöglichkeit: Graspoint-Niederalm, Stanglwirt, Gasthöfe in Going.
Beste Jahreszeit: Juni bis Oktober (je nach Schneelage).
Tipp: Frühzeitiger Aufbruch, Steinschlaghelm, Flüssigkeit.

Die Ackerlspitze ist mit 2329 Metern Höhe die höchste Erhebung des Ostkaisers und der zweithöchste Gipfel des gesamten Gebirges. Nach Osten ist sie mit der Maukspitze, nach Westen mit den Hochgrubachspitzen und nach Norden durch den zackigen Grat der Gamsfluchten mit dem Lärchegg verbunden. Nach Süden und Norden bricht sie mit senkrechten Wänden ab. Von der Ackerlspitze ist die östlichste Erhebung des Hauptkamms, die Maukspitze, über die Ackerlschneid gut erreichbar. Deshalb lohnt es sich, die Maukspitze im Abstieg „mitzunehmen".

Beide Gipfel bestimmen mit ihren mächtigen Felsabstürzen das ernste „Gesicht" des Wilden Kaisers. Diese Ernsthaftigkeit sollte man wegen der Länge und Ausgesetztheit einzelner Passagen nicht unterschätzen. Bei der Planung dieser Tour bitte den Bergwetterbericht immer miteinbeziehen!

Für trainierte, schwindelfreie und trittsichere Bergsteiger hat diese Tour in die einsame Felslandschaft des Ostkaisers jedoch einen besonderen Erlebniswert. Die exponierte Lage garantiert eine einmalige Aussicht auf die kühne Gestalt des „Kaisers", ebenso aber auch auf die benachbarten Gebirgsgruppen bis hin zu den Schneeriesen der Hohen Tauern. Der Blick nach Norden zum milden Alpenvorland mit dem Chiemsee bildet dazu einen reizvollen Kontrast.

Die Ackerl- und die Maukspitze wurden bereits am 1. Oktober 1826 unter Führung von Stephan Unter-

Maukspitze – Blick von der Ackerlhütte

wieser, genannt Hauzensteffl, erstmalig bestiegen.

WEGVERLAUF. Vom Parkplatz auf dem Forstweg vorbei an der Graspoint-Niederalm hinauf zur **Ackerlhütte**. Von dieser auf dem AV-Weg 817 Richtung Norden ins östliche Hochgrubachkar. Von diesem teilweise ausgesetzt hinauf auf den **Niedersessel**. Hier liegt, je nachdem wie schneereich der Winter war, vor einer Felsstufe ein mehr oder weniger hoher Lawinenkegel aus Altschnee. Ab diesem überwindet man die nur mit Stiften und Bügeln versicherte 10 bis 15 Meter hohe Felsstufe (Höhe je nach Altschneemenge). Nach dieser durch eine steinschlaggefährdete Rinne und später in Serpentinen einen steilen Wiesenhang hinauf zum Grat. Auf diesem nach links (westlich) zu einer kaminartigen Rinne und durch diese zum exponierten Gipfel der **Ackerlspitze**.

Nach einer stärkenden Rast zurück auf den Grat und auf dem AV-Weg 817 in Richtung Maukspitze. Auf die Markierungen achtend, werden Gratspitzen umgangen, bis man über Schrofen den Gipfel der **Maukspitze** erreicht. Ab diesem zur deutlich ausgeprägten, steilen Rampe und über diese, auf die Markierungen achtend, vorsichtig zum Niedersessel. Ab diesem auf dem Aufstiegsweg zurück zum Ausgangspunkt.

KARTE. Seite 182/183

ELLMAU
Touren 53 bis 60

Ellmau liegt an der Südseite des Naturschutzgebietes Kaisergebirge, auf 820 Meter Seehöhe zwischen dem Hartkaiser im Süden und den hoch aufragenden Wänden des Wilden Kaisers im Norden. Mit seinen Nachbargemeinden Going im Osten und Scheffau im Westen gehört Ellmau zum Söllland. Der Ellmauer Sattel trennt als Wasserscheide die Zuflüsse zum Inn und zur Großache (Tiroler Ache). Der Ort hat etwa 2600 Einwohner und verdankt seinen Wohlstand hauptsächlich dem Tourismus. Grundlage dafür ist der Wilde Kaiser und die ihn umgebende herrliche Landschaft sowie die touristische Infrastruktur mit Standseilbahn, kinderfreundlichem Erlebnisbad und einem äußerst schön gelegenen Golfplatz am Fuß des Wilden Kaisers. Ellmau wurde 1155 erstmals urkundlich in einem Güterverzeichnis des Klosters Herrenchiemsee erwähnt und gehörte wie der gesamte Bezirk Kufstein zum Hoheitsgebiet der bayrischen Herzöge. Der Patron der ersten, ursprünglich gotischen Kirche des Ortes war der heilige Michael. Der starke Bevölkerungszuwachs erforderte 1740 einen Neubau, der am 21. August 1746 durch Bischof Karl aus Chiemsee eingeweiht wurde. Mehrere Kapellen sind Ausdruck einer tiefen Religiosität der damaligen Bevölkerung. Als Kleinod ist die Mariä-Heimsuchungs-Kapelle zu erwähnen, die auf einem Hügel über dem Ort steht und dessen Bild prägt. Für Liebhaber barocker Kunst ist diese auf jeden Fall einen Besuch wert.

Die unmittelbare Nähe zum Kaisergebirge war der Grund, warum zu Beginn des 20. Jahrhunderts der Tourismus auch in Ellmau immer mehr an Bedeutung gewann. In jener Zeit schritt die Erschließung des Gebirges rasch voran.

Wallfahrtskapelle Mariä Heimsuchung mit dem Blick zum Tuxegg

Die Wallfahrtskapelle innen – oberhalb des Hauptaltarbildes wird besonders die „Tiroler Muttergottes" verehrt.

Die Akademische Sektion des damaligen Deutsch-Österreichischen Alpenvereins Berlin errichtete im Kübelkar die erste Schutzhütte auf der Südseite des Wilden Kaisers. Nur ein Jahr danach baute das Turner-Alpen-Kränzchen München die Gruttenhütte. Diese Infrastruktur mit Wanderwegen und Gipfelanstiegen war Basis für die rasante Entwicklung des Fremdenverkehrs. Ein bedeutender Pionier des Ortes war Bergführer Johann Schlechter, in der Alpingeschichte bekannt als „Mallhansl", der unter anderem die Ellmauer Halt als Erster erreichte.

ANREISE. Ellmau ist von München, Salzburg oder Innsbruck in nur etwa einer Stunde mit dem Auto zu erreichen. Von Innsbruck auf der Autobahn nach Wörgl und dann auf der Loferer Bundesstraße bis Ellmau. Von München über die Autobahnausfahrt Süd bei Kufstein und den Eiberg nach Ellmau. Von Salzburg aus bietet sich die Loferer Bundesstraße an.

WICHTIGE ADRESSEN UND TELEFONNUMMERN.
Tourismusverband Wilder Kaiser,
Informationsbüro Ellmau
A-6352 Ellmau, Dorf 35
Telefon: +43/50509-10
E-Mail: ellmau@wilderkaiser.info
Internet: www.ellmau.at

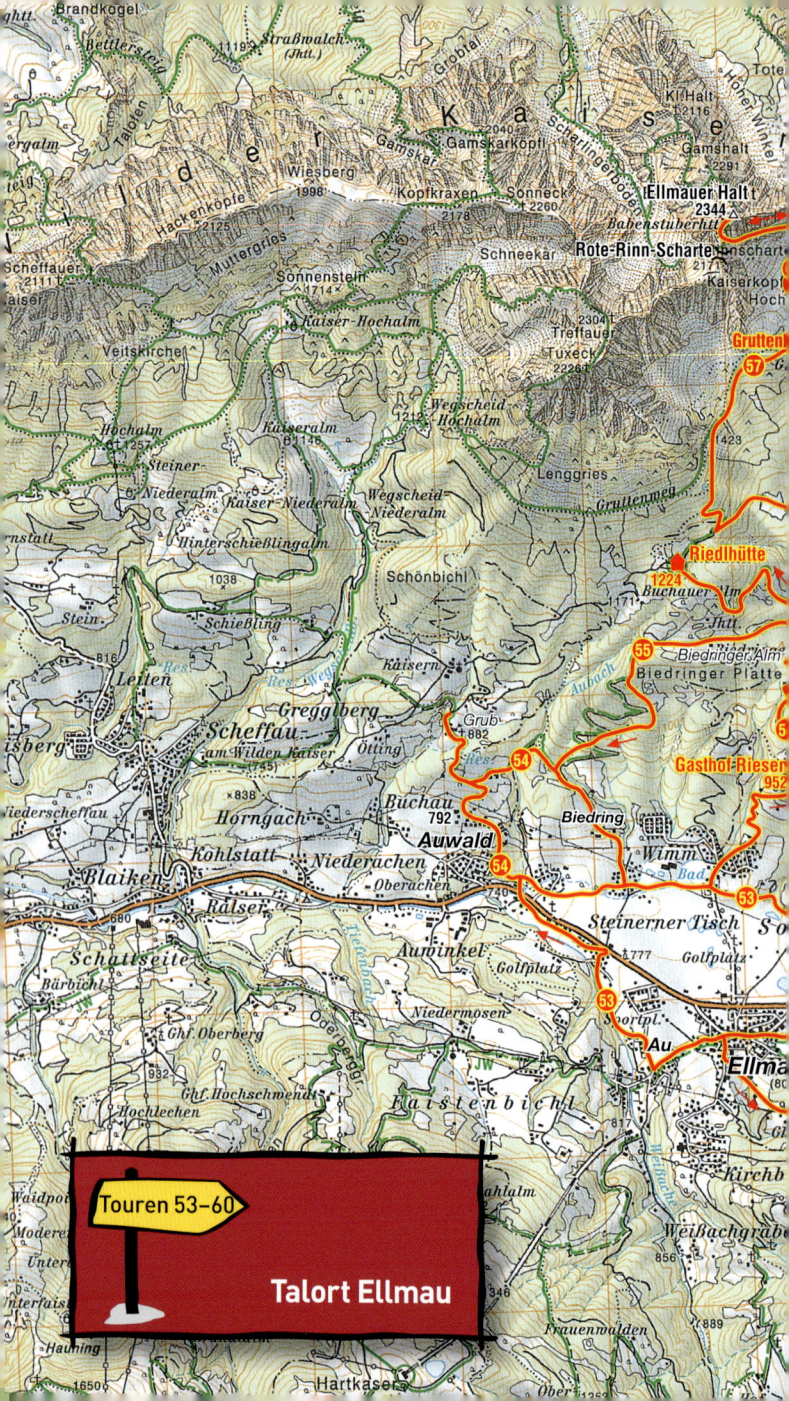

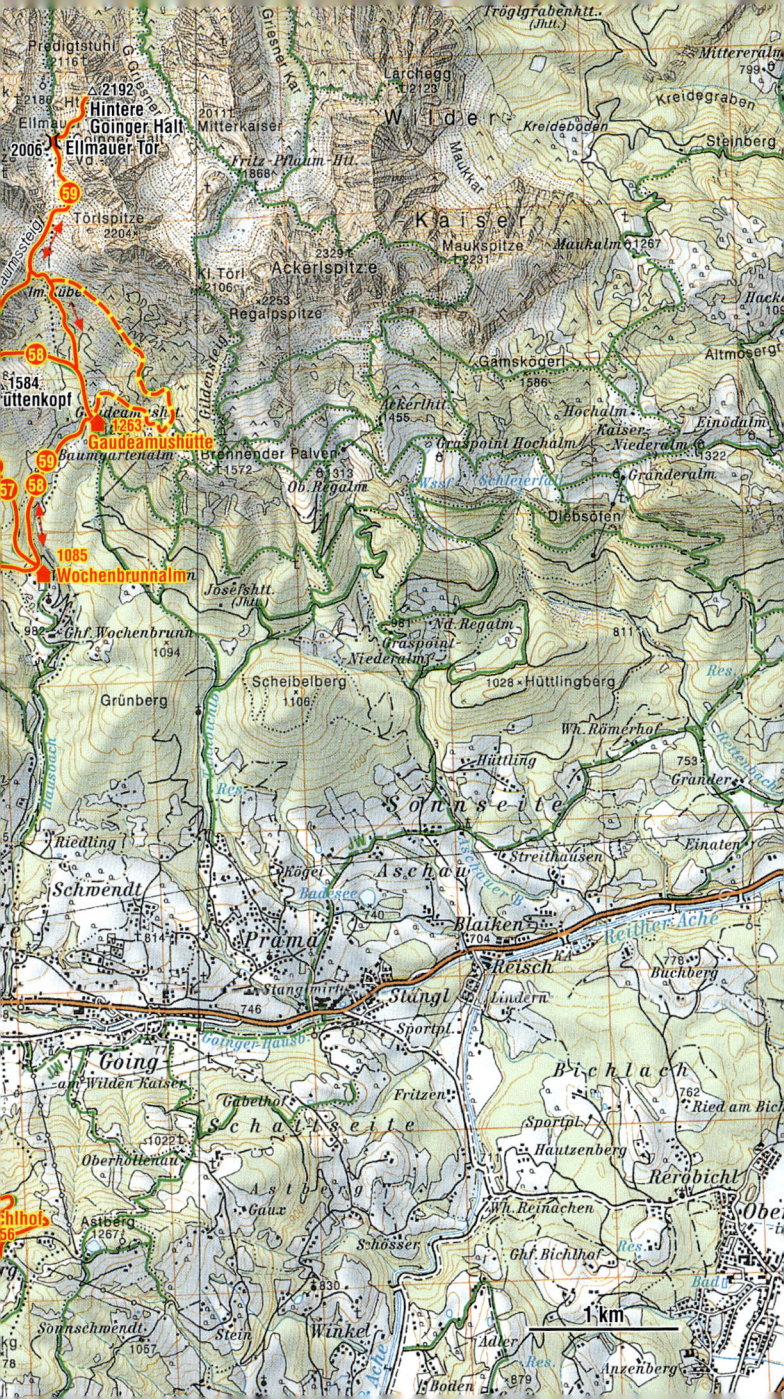

ELLMAUER RINGWEG
Landschaft, Sport und Kultur

Anreise: Von München Autobahnausfahrt A12 Kufstein Süd (mautfrei) über die Eibergstraße und Loferer Straße bis Ellmau. Dort die 1. bezeichnete Ausfahrt nach Ellmau nehmen. Ab jetzt jeweils den grünen Hinweisschildern „zum Kaiserbad" folgen. Von St. Johann kommend die 1. Abfahrt rechts nehmen und dann den grünen Hinweisschildern „Kaiserbad" folgen.
Ausgangspunkt: Kaiserbad-Parkplatz (780 m).

Länge und Gehzeit: 7 km, Gehzeit ca. 2 Std.
Wegbeschaffenheit: Sträßchen, Waldweg (für Familien mit Kindern geeignet).
Einkehrmöglichkeit: Gasthöfe in Ellmau.
Beste Jahreszeit: Mai bis Oktober (ganzjährig begehbar).
Tipp: Badesachen für das Kaiserbad mitnehmen, man kann in den Ringweg „überall" einsteigen, z. B. Ellmau-Ortsmitte, Ellmauer Hof, Biedring usw.

Der Ringweg führt den Wanderer rund um das schöne Gebirgsdorf Ellmau mit all seinen Attraktionen und Besonderheiten. Zu diesen gehört sicher das einmalige Landschaftsbild des Wilden Kaisers. Das Gebirge besitzt zu jeder Jahreszeit eine besondere Ausstrahlung. Hinzu kommt das ausgezeichnete Sport- und Freizeitangebot in Ellmau. Das Kaiserbad, der 18-Loch-Golfplatz, Wanderwege, Langlaufloipen und Skipisten erhöhen die Anziehungskraft des malerisch gelegenen Ortes und garantieren einen abwechslungsreichen Erholungsurlaub mit Bewegung an der frischen Bergluft. Kulturelle Höhe-

Das Ellmauer Kaiserbad vor der Kulisse des Wilden Kaisers

Ellmau liegt inmitten einer atemberaubenden Bergkulisse.

punkte sind die jahrhundertealten Bauernhöfe, Wegkreuze und das „Wahrzeichen" von Ellmau, die Mariä-Heimsuchungs-Kapelle, welche aussichtsreich über dem Tal thront.

WEGVERLAUF. Man beginnt die Wanderung beim Parkplatz des Kaiserbades mit herrlicher Sicht auf Ellmau und den sanften Hartkaiser. Nun geht man in östlicher Richtung zurück, bis die Straße links zum Gasthof Riesen abbiegt. Dort ein paar Meter aufwärts und dann nach rechts auf dem Wanderweg oberhalb des Golfplatzes bis zur Wochenbrunner Almstraße. Dieser folgt man etwa 100 Meter nördlich aufwärts und biegt dann wieder rechts (östlich) in den Wald ein. Nach diesem geht man vor dem Hausbach über die Hausbachhöfe hinunter zur Bundesstraße und auf die andere Straßenseite. Nach der Unterführung, neben der Straße Richtung Ellmau, nimmt man sofort die erste Straße links aufwärts und geht dann wieder die erste Straße rechts Richtung Ellmau (Jakobsweg).
In der Dorfmitte vor der Kirche leitet das Schild „Jakobsweg" westlich zum Gasthof Au. Anschließend wandert man entlang der Weißache, vorbei am Fußballplatz und dem Ellmauer Hof, bis zur Unterführung der Loferer Bundesstraße. Unter dieser hindurch geht man gemütlich auf dem Ringweg zurück zum Kaiserbad.
KARTE. Seite 206/207

KOGLHOF, 860 m
Auf den Spuren der Lamas

Parkplatz	Auwinkel	Buchau	Koglhof	Parkplatz	
780 m	740 m	792 m	860 m	780 m	2 Std.
20 Min.	20 Min.	30 Min.	40 Min.		122 Hm

Anreise: Von München Autobahnausfahrt Kufstein Süd (mautfrei) über die Eibergstraße und Loferer Straße bis Ellmau. Dort die 1. bezeichnete Ausfahrt nach Ellmau nehmen. Ab jetzt jeweils den grünen Hinweisschildern „Kaiserbad" folgen.
Von St. Johann kommend die 1. Abfahrt rechts nehmen und dann den grünen Hinweisschildern „Kaiserbad" folgen.
Ausgangspunkt: Kaiserbad-Parkplatz (780 m).

Höhenunterschied und Gehzeit: 6 km, 122 Hm, 2 Std.
Wegbeschaffenheit: Sträßchen (für Familien mit Kindern geeignet).
Einkehrmöglichkeit: Gasthöfe in Ellmau.
Beste Jahreszeit: Mai bis Oktober
Tipp: Badesachen für Ausklang im Kaiserbad mitnehmen!
Adressen: Josef Oberhofer, Lechen 1, 6352 Ellmau
Telefonnummern: +43/(0)5358/2956, E-Mail: info@koglhof-llama-trekking.at

Der Koglhof liegt traumhaft schön, sonnig auf 860 Meter Höhe oberhalb von Ellmau an der Südseite des Wilden Kaisers und überrascht mit seinen Lamas. Ein Lamatrekking wäre ein weiteres besonderes Bergerlebnis nicht nur für Kinder. Mit einem Rucksack bepackt dürfen die Kinder die Lamas führen. Die freundlichen genügsamen Tiere vermitteln einen „Hauch" von Südamerika. Die Familie Kogler bietet Ihnen auf Anfrage ein auf Sie abgestimmtes Programm. Möglich sind Wanderungen mit der ganzen Familie, aber auch im Rahmen von Schul- oder Firmenausflügen. Auch im Winter kann man mit den Lamas ohne Hektik und Stress die Natur erkunden.

Altes Wegkreuz – im Hintergrund das Tuxegg

Lamatrekking – ein Erlebnis für Jung und Alt

WEGVERLAUF. Vom Parkplatz in westlicher Richtung unterhalb des Kaiserbades auf dem „Ringweg" Richtung Weiler Auwald bis fast vor die Bundesstraße. Dann dem Radweg „Scheffau" folgen und über einen Steg zur Straße, die Richtung Buchau aufwärts führt. Nun im Wald stets aufwärts, rechts zum Weiler Buchau (792 m). Ab da auf einem schmalen Sträßchen über freies Wiesengelände Richtung Gebirge (nördlich) bis zur Abzweigung mit dem Wegschild „Kaiserbad 40 Minuten".

In etwa 5 Minuten erreicht man den schmucken und einladenden Koglhof mit über 50 Lamas. Nach wohlverdienter Rast geht es hinter dem Hof auf dem Forstweg aufwärts, bis eine Brücke den Aubach überquert. Nach dieser auf dem Wald- und Forstweg weiter, bis er bei Biedringetz in den Weg von der Biedringer Alm einmündet. Auf diesem, vorbei an den Biedringer Höfen und auf dem Sträßchen nach links (östlich) zurück zum Kaiserbad-Parkplatz.

KARTE. Seite 206/207

RIEDLHÜTTE, 1224 m
Urige Hütte am Fuß des Tuxeggs

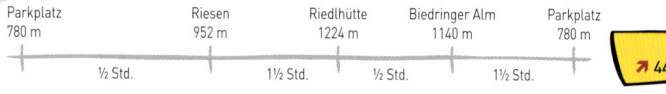

Parkplatz 780 m	Riesen 952 m	Riedlhütte 1224 m	Biedringer Alm 1140 m	Parkplatz 780 m
½ Std.	1½ Std.	½ Std.	1½ Std.	

4 Std.
444 Hm

Anreise: Von München Autobahnausfahrt A12 Kufstein Süd (mautfrei) über die Eibergstraße und Loferer Straße bis Ellmau. Dort die 1. bezeichnete Ausfahrt nach Ellmau nehmen und dann dem Hinweisschild „Zentrum" zum Zentrumsparkplatz folgen. Von St. Johann kommend die 1. Abfahrt rechts nehmen und dann den grünen Hinweisschildern „Zentrum" folgen.
Ausgangspunkt: Kaiserbad-Parkplatz (780 m).

Höhenunterschied und Gehzeit: 444 Hm, 4 Std.
Wegbeschaffenheit: Forst- und Bergwege.
Einkehrmöglichkeit: Gasthof Riesen, Riedlhütte, Gasthöfe in Ellmau.
Telefon: Riedlhütte: +43/(0)664/2770697.
Beste Jahreszeit: Juni bis Oktober (je nach Wintereinbruch im Herbst).
Tipp: Die Riedlhütte ist ein ursprünglich gebliebenes, gemütliches Tiroler Gasthaus. Hunger mitbringen!

Im Kaisergebirge gibt es viele sehr beliebte, stark frequentierte Plätze, aber auch romantische, deren Entdeckung sich lohnt. Die Riedlhütte abseits der bekannten Routen zur Gruttenhütte und der Ellmauer Halt ist so ein Platz. Sie liegt auf 1224 Meter Höhe in einem romantischen Tälchen. Vom schattigen Garten blickt man auf die bizarre Südwand des Tuxeggs (2226 m). Die kleine Hütte hat nur 6 Doppelzimmer, dadurch sind ruhige Erholungstage garantiert. Eine einfache, aber ausgezeichnete Verpflegung mit Produkten aus der Region lässt viele Gäste wieder kommen, die Holzstube vermittelt zudem Gemütlichkeit in einer fast unberührten Natur.

Der Anstieg führt anfangs auf dem Sträßchen zum Gasthof Riesen, ab da abwechslungsreich durch einen schattigen Hochwald, vorbei an kleinen Mooren und blumenreichen Almwiesen. Libellen, Schmetterlinge und Blumen bereichern als bunte Farbtupfer die Landschaft. Das beruhigende Gebimmel der Kuhglocken begleitet den aktiven Wanderer. Von der

Moorlandschaft am Aufstieg zur Riedlhütte

Die Riedlhütte ist immer noch fast ein Geheimtipp.

Biedringer Platte, 10 Minuten vor dem Ziel, hat man in Richtung Süden Ellmau, das anmutige Sölland, die dunklen Kitzbüheler Alpen und in der Ferne sogar den glitzernden Alpenhauptkamm im Blickfeld. Hinter einem erheben sich hingegen die Kalkriffe zu den bekannten Felsbildern des Wilden Kaisers.

WEGVERLAUF. Vom Parkplatz nördlich neben dem kleinen Bach aufwärts zur „Riesenstraße". Diese nun links (nördlich) weiter hinauf zum **Gasthof Riesen** (952 m). Vom Gasthof Riesen, der Beschilderung „Riedlhütte" folgend, durch den Wald, bis man auf die freien Almflächen der **Biedringer Alm** kommt. Der Forstweg führt weiter aufwärts bis zu einer Wiesenschulter (Biedringer Platte), von der man einen schönen Blick auf Ellmau und das Söllland hat.
Nun nordwestlich, leicht ansteigend weiter und über eine kleine bewaldete Erhebung zur **Riedlhütte**. Auf dem Rückweg den Aufstiegsweg hinunter, bis der Almerschließungsweg nach rechts (westlich) zur **Biedringer Alm** führt (Wegschild). Von dieser auf der Forstraße westlich weiter und in weiten Serpentinen südlich durch den Wald, über die Biedringer Höfe zum Kaiserbad zurück.

VARIANTE. Für Familien mit (kleineren) Kindern und Senioren bietet sich der Gasthof Riesen als leicht erreichbares Wanderziel mit bester Aussicht an.
KARTE. Seite 206/207

TREICHLHOF, 1156 m
Panoramatour zum Alpengasthof Treichlhof

Parkplatz	Marienkapelle	Treichlhof	Café Ritter	Parkplatz
790 m	847 m	1156 m	820 m	790 m
	½ Std.	1¼ Std.	1 Std.	¼ Std.

3 Std
366 Hm

Anreise: Von München Autobahnausfahrt A12 Kufstein Süd (mautfrei) über die Eibergstraße und Loferer Straße bis Ellmau. Dort die 1. bezeichnete Ausfahrt nach Ellmau nehmen und dann dem Hinweisschild „Zentrum" zum Zentrumsparkplatz folgen. Von St. Johann kommend die 1. Abfahrt rechts nehmen und dann den grünen Hinweisschildern „Zentrum" folgen.
Ausgangspunkt: Parkplatz (790 m) an der Bundesstraße.
Höhenmeter und Gehzeit: 366 Hm, Gehzeit ca. 3 Std.

Wegbeschaffenheit: Sträßchen, Forstweg, Waldsteig.
Einkehrmöglichkeit: Treichlhof, Gasthöfe in Ellmau.
Beste Jahreszeit: Mai bis Oktober (ganzjährig begehbar, Winter Rodelbahn).
Adresse: Familie Herbert Treichl, Hausberg 5, A-6352 Ellmau.
Telefon: +43/(0)5358/3101.
Tipp: Besuchen Sie die sehenswerte, kleine Marienkapelle mit ihrer gemalten Pieta.

Der Treichlhof liegt auf 1156 Meter Höhe am Hartkaiser. Vom Dorfzentrum mit der sehenswerten Pfarrkirche führt der Weg zur 1827 erbauten Marienkapelle, die schützend über dem Ort thront. Sie enthält einen Barockaltar mit dem Altarblatt „Mariä Heimsuchung",

Marienkapelle – Ort der Stille und Einkehr

Vorbei am schmucken Naschberghof führt der Weg durch den Wald zum Treichlhof.

das 1831 vom Tiroler Künstler Alois Wagner gemalt wurde.
Von der Ruhebank vor der Kapelle hat man einen umfassenden Panoramablick auf Ellmau, das Söllland und den Wilden Kaiser, der viele Menschen durch seine Schönheit zur Ruhe kommen lässt. Der Treichlhof bietet großartige Tiroler Schmankerln, für Ihr leibliches Wohl inmitten dieser beeindruckenden Naturlandschaft ist also gesorgt.

WEGVERLAUF. Man wandert vom Parkplatz zur Pfarrkirche und vor dieser zur deutlich sichtbaren **Marienkapelle** (847 m). Neben der Kapelle leitet das Wegschild „Naschberghof" zu diesem. Ab da jeweils der Beschilderung „Treichlhof/Brennalm" folgen, bis man die Rodelbahn erreicht. Auf dieser zum **Treichlhof** am Hausberg. Nach verdienter Rast geht man den Aufstiegsweg zurück, bis ein Schild nach rechts (östlich) zum **„Café Ritter"** weist. Auf diesem Weg nun östlich hinunter, vorbei am Marcherbauer zur Straße. Dieser folgt man nach links und geht auf dem Jakobsweg, vorbei an der kleinen Marienkapelle mit gemalter Pieta, zurück zum Dorfzentrum.

VARIANTE.
Vom Treichlhof auf der Fahrstraße in etwa ¼ Stunde weiter hinauf bis zur **Brennalm**. Von dieser auf der Rodelbahn bis zur Einmündung des Weges zum **Treichlhof** und dann wie zuvor beschrieben zurück nach Ellmau.
KARTE. Seite 206/207

GRUTTENHÜTTE (RUNDWEG)
Zur höchstgelegenen Hütte im Süden

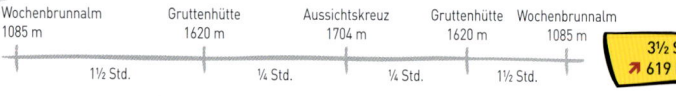

Anreise: Von München Autobahnausfahrt A12 Kufstein Süd (mautfrei) über die Eibergstraße und Loferer Straße bis Ellmau. Dort die 1. bezeichnete Ausfahrt nach Ellmau nehmen. Ab jetzt jeweils den grünen Hinweisschildern „Wochenbrunnalm" folgen. Von St. Johann kommend die 1. Abfahrt rechts nehmen und dann den grünen Hinweisschildern „Wochenbrunnalm" bis zum Parkplatz folgen.

Ausgangspunkt: Wochenbrunnalm (1085 m).
Höhenunterschied und Gehzeit: 619 Hm, 3½ Std.
Wegbeschaffenheit: Bergsteig, Bergweg.
Einkehrmöglichkeit: Wochenbrunnalm, Gruttenhütte (+43/(0)5358/2242).
Beste Jahreszeit: Juni bis Oktober (je nach Wintereinbruch im Herbst).
Tipp: Der Blick von der Gruttenhütte auf den Alpenhauptkamm ist einzigartig!

Die Gruttenhütte wurde 1899 von der Sektion Turner-Alpen-Kränzchen des DAV errichtet und im Juli 1900 feierlich eröffnet.
Sie erwies sich schnell als ein idealer Ausgangspunkt für viele Wanderrouten, einige Übergänge und zahlreiche Kletterrouten und war aus diesem Grund schon bald nach ihrer Eröffnung sehr oft überbelegt, weshalb man in den folgenden Jahren mehrere bauliche Erweiterungen durchführte.
Die stolze Hütte steht attraktiv an einem der schönsten Plätze des Gebirges. Man hätte die Hütte durchaus auch „Tauernblick" taufen können, so nahe und prachtvoll präsentieren sich in Richtung Süden hinter den dunkelgrünen Bergen der Kitzbüheler Alpen Großglockner, Venediger und viele andere schneebedeckte Gipfel der Gebirgskette.

Gegen Westen versperrt die über 600 Meter hohe Südostwand des Treffauers den Blick, gefolgt vom Kaiserkopf. Nach der Rote-Rinn-Scharte erheben sich die mächtigen Südwände der Ellmauer Halt und die bizarren Türme des Kopftörlgrats. An diesen schließen sich die wuchtigen Zacken des Ostkaisers an.
Die urige Schutzhütte wird von der Familie Erhart vorbildlich geführt. Die traditionellen Tiroler Gerichte und hausgemachten Kuchen sind bei Einheimischen und Gästen gleichermaßen beliebt.

WEGVERLAUF. Vom Parkplatz führt der AV-Weg 825 nördlich hinauf durch den Wald, bis er in Serpentinen links (westlich) die Abbrüche des Gruttenkopfs umgeht. Nach etwa 1½ Stunden kommt man zum beeindruckenden Stein-

TALORT ELLMAU

Gruttenhütte vor der gezackten Krone des Wilden Kaisers

bau der **Gruttenhütte**. Von da folgt man etwa 100 Höhenmeter der Beschilderung und Markierung Richtung Kopftörl, bis man auf einer benachbarten, kleinen Kuppe das **Aussichtskreuz** erreicht.
Dieser stille Ort ist ein idealer Zwischenstopp, bevor man in den Trubel der beliebten Hütte eintaucht. Hat man diese erreicht, stellt eine Rast auf der Veranda mit dem Paradeblick nach Süden eines der Erlebnisse dar, an die man sich gern und lange erinnert. Auf dem Rückweg von der Hütte geht man zuerst Richtung Westen auf dem AV-Weg 823 hinunter, bis der Weg zur Riedlhütte abzweigt. Hier nimmt man den AV-Weg 822 Richtung Osten zurück zur **Wochenbrunnalm**.
KARTE. Seite 206/207

Tour 58

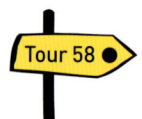

JUBILÄUMSSTEIG

Erste Gehversuche im Fels

Parkplatz Wochenbrunnalm, 1085 m	Gaudeamushütte 1263 m	Beginn Jubiläumssteig, 1620 m	Gaudeamushütte 1263 m	Parkplatz Wochenbrunnalm, 1085 m
½ Std.	1 Std.	1 Std.	½ Std.	

3 Std.
↗ 655 Hm

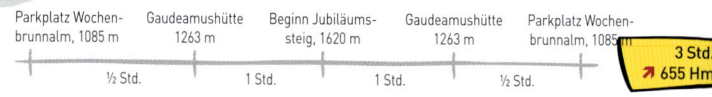

Anreise: Von München Autobahnausfahrt A12 Kufstein Süd (mautfrei) über die Eibergstraße und Loferer Straße bis Ellmau. Dort die 1. bezeichnete Ausfahrt nach Ellmau nehmen. Ab jetzt jeweils den grünen Hinweisschildern „Wochenbrunnalm" folgen. Von St. Johann kommend die 1. Abfahrt rechts nehmen und dann den grünen Hinweisschildern „Wochenbrunnalm" bis zum Parkplatz folgen.
Ausgangspunkt: Wochenbrunnalm (1085 m).
Höhenunterschied und Gehzeit: 655 Hm, 3 Std.
Wegbeschaffenheit: Bergsteig, Klettersteig.
Einkehrmöglichkeit: Wochenbrunnalm, Gaudeamushütte, Gruttenhütte.
Telefon: Gaudeamushütte: 43/(0)5358/2262.
Beste Jahreszeit: Juni bis Oktober (je nach Wintereinbruch im Herbst).
Tipp: Früher Aufbruch, Klettersteigset für Klettersteiganfänger!

Eine mit Klammern und Stahlseil gut gesicherte Stelle am Jubiläumssteig

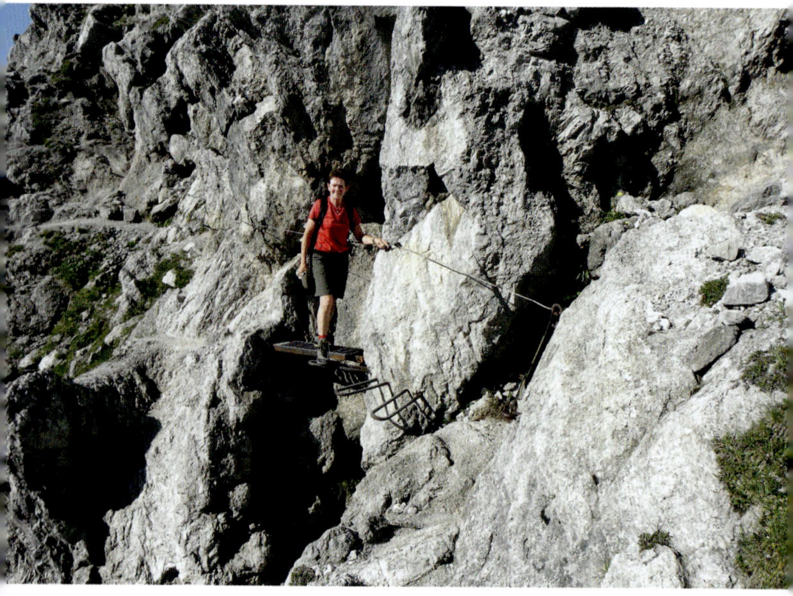

Imposanter Blick von der Gaudeamushütte auf die Ellmauer Halt und die Vordere Karlspitze

Dieser landschaftlich sehr schöne Höhenweg bietet alles, was eine Wanderung im Wilden Kaiser zu etwas Besonderem macht: traumhafte Felskulissen, wunderschöne Aussichtspunkte und traditionelle, urige Schutzhütten. Die Gaudeamushütte als erstes Ziel dieser Tour wurde ursprünglich 1899 von der Akademischen AV-Sektion Berlin im Kübelkar auf der Südseite des Kaisergebirges erbaut. Der Standort war nicht gut gewählt. 1924 zerstörte eine mächtige Lawine das Schutzhaus. 1927 errichtete die Sektion Berlin das neue Schutzhaus etwa 300 Meter östlich am heutigen Standort auf 1263 Meter Seehöhe. Von der sonnigen Terrasse genießt man einen beeindruckenden Blick auf das Ellmauer Tor und auf die wuchtigen Wände der Vorderen Karlspitze, durch die zahlreiche Kletterrouten im obersten Schwierigkeitsbereich führen. Die beliebte Gaudeamushütte ist von der Wochenbrunnalm aus leicht erreichbar. Sie ist idealer Standort für viele Wanderungen, aber auch schwierigste Unternehmungen im Fels. Nicht wenige berühmte Kletterer, unter ihnen auch einige Pächter der Hütte, planten hier ihre Erstbegehungen. Der Jubiläumssteig führt von der Gruttenhütte durch interessante Felslandschaften zum Kübelkar (oder umgekehrt). Wegen der nicht zu großen Schwierigkeiten und der guten Versicherungen ist er ein idealer Einstieg für Klettersteiganfänger (siehe Infokasten).

WEGVERLAUF. Von der Wochenbrunnalm (letzte Kehre) auf dem Schotterweg AV Nr. 813 leicht ansteigend entlang des Hausbaches durch den Wald und über Weideflächen in etwa einer ½ Stunde zur **Gaudeamushütte** (1263 m). Ab da leiten Wegschilder und gute Mar-

---

KLETTERSTEIG-TIPPS – SICHER AUF KLETTERSTEIGEN.

Klettersteige üben auf viele Bergsteiger eine besondere Faszination aus. Sie ermöglichen die Besteigung schwierigster Gipfel, die sonst nur Kletterern vorbehalten wären. Das Risiko wird durch die gut versicherten Steige stark minimiert, darf aber nicht unterschätzt werden. Damit die Begehung eines Klettersteigs zu einem freudvollen Erlebnis werden kann, sollte jede Begehung vorher sorgfältig geplant werden. Klettersteigführer können hier eine große Hilfe sein (sie geben nützliche Informationen über Länge und Schwierigkeit der geplanten Tour), ebenso ist es unerlässlich, sich vorher über die zu erwartenden Wetterverhältnisse zu erkundigen.

– **Schwierigkeit:** Die Schwierigkeitsstufen sind heute in einer Skala von „A" bis „E" eingeteilt. „A/B" kann dabei als leicht betrachtet werden. „C" verlangt schon Armkraft und eine gute Kondition. „D" ist bereits eine schwierige Unternehmung und „E" verlangt ein besonderes Training für die Armkraft sowie gute Klettertechnik.

– **Länge:** Die Länge eines Klettersteigs erhöht die Anforderung an die körperliche Fitness. Nach einigen Stunden Anstieg können Kletterstellen mit der Schwierigkeit „C" oder „D" manchen Kletterern schon Schwierigkeiten bereiten. Deshalb sollte das eigene Können immer kritisch beurteilt werden. Selbstüberschätzung ist oft Ursache eines Unfalles.

– **Lage:** Die Lage des Klettersteigs ist für die Planung sehr wichtig. Süd- und Ostanstiege liegen oft früh und lange in der Sonne – der Flüssigkeitsbedarf erhöht sich. Nordanstiege können im Frühjahr und Herbst bereits vereist sein oder es kann schon Schnee liegen. Der Steiganlage nicht blind vertrauen, auf lockere Verankerungen und eventuell beschädigte Seile achten!

– **Wetter:** Nachdem die Tour ausgewählt ist, sollte man sich immer auch über das Wetter informieren. Stahlseile und Gewitter sind eine Kombination, die unbedingt zu vermeiden

ist. Bei Nässe erhöht sich die Bewertung der Schwierigkeit um eine Stufe. Kälte kann die motorischen Fähigkeiten stark beeinträchtigen.
- **Ausrüstung:** Der nächste wichtige Punkt ist die Ausrüstung. Im Fachhandel wird man in der Regel gut beraten. Zur Grundausrüstung gehören gute Schuhe, ein geprüfter, gut sitzender Hüftgurt, ein normgerechtes, als Y-System industriell gefertigtes Klettersteigset mit Einbindeschlaufe, Fangstoßdämpfer, Sicherungssträngen und einem Klettersteigkarabiner. Hinzu kommen noch sinnvollerweise Klettersteig-Handschuhe, Kletterhelm und eine Notfallausrüstung. Die Einbindeschlaufe des Klettersteig-Sets wird mit einem sogenannten „Ankerstich" am Gurt befestigt. Die Schuhe werden je nach Klettersteigtyp, Schwierigkeit, Zu- und Abstiegsgelände ausgewählt. Der Helm dient als Schutz vor Steinschlag, dem Anstoßen am Felsen und als Aufprallschutz bei einem Sturz. Die Klettersteighandschuhe verhindern Blasenbildung und schützen vor Verletzungen bei beschädigten Seilen. Rucksack und Bekleidung werden der ausgewählten Tour angepasst.
- **Notfall:** Die Notfallausrüstung besteht aus einem Erste-Hilfe-Paket, Mobiltelefon, bei längeren Touren einem Biwaksack und eventuell einer Stirnlampe. Im Handy sollten die Notrufnummern 112 (Euronotruf) bzw. 140 (Alpinnotruf Österreich) eingespeichert sein.

Leiternpassage auf dem Jubiläumssteig

Wuchtig hebt sich der Kapuzenturm aus dem Kopftörlgrat.

kierungen über das „Klamml", eine mit Klammern und Stufen entschärfte, steile, kaminartige Rinne, zur imposanten **Gruttenhütte** (1620 m).

Von dieser, östlich dem Schild **„Jubiläumssteig/Ellmauer Tor"** folgend, zum leichten Klettersteig. Diesem folgt man auf- und absteigend über Leitern, kleine Brücken und Tritthilfen. Wo notwendig, ist dieser stets mit Seilen versichert, in die man die Karabiner des Klettersteig-Sets einhängen kann.

Nach diesem interessanten Abschnitt trifft man auf den Abstiegsweg vom Ellmauer Tor. Nun auf diesem direkt hinunter zur Gaudeamushütte und auf dem Aufstiegsweg zurück zur **Wochenbrunnalm**.

VARIANTE. Man nimmt den Höhenweg zur Baumgartenalm und wandert anschließend von dieser dann zur Gaudeamushütte hinunter. Der Höhenweg zweigt nach etwa 60 Hm im Abstieg nach links (östlich) ab (Schild „Baumgartner Köpfl") und führt zur Baumgartenalm (Brunnen). Von dieser sind es noch 200 Hm abwärts zur Gaudeamushütte. Die Variante dürfte etwa 1 Stunde länger dauern. Man durchquert dabei den Kessel des Kübelkars.

KARTE. Seite 206/207

HINTERE GOINGER HALT, 2192 m

Beliebter Gipfel mit einmaligem Blick

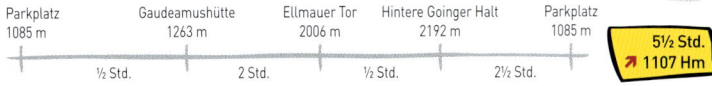

Parkplatz	Gaudeamushütte	Ellmauer Tor	Hintere Goinger Halt	Parkplatz
1085 m	1263 m	2006 m	2192 m	1085 m
½ Std.	2 Std.		½ Std.	2½ Std.

5½ Std.
↗ 1107 Hm

Anreise: Von München Autobahnausfahrt Kufstein Süd (mautfrei) über die Eibergstraße und Loferer Straße bis Ellmau. Dort die 1. bezeichnete Ausfahrt nach Ellmau nehmen. Ab jetzt jeweils den grünen Hinweisschildern „Wochenbrunnalm" folgen. Von St. Johann kommend die 1. Abfahrt rechts nehmen und dann den grünen Hinweisschildern „Wochenbrunnalm" bis zum Parkplatz folgen.

Ausgangspunkt: Wochenbrunnalm (1085 m).
Höhenunterschied und Gehzeit: 1107 Hm, 3 Std., Abstieg 2½ Std. (5½–6 Std.).
Wegbeschaffenheit: Bergsteig, Geröllkar.
Einkehrmöglichkeit: Wochenbrunnalm, Gaudeamushütte, Gasthöfe in Ellmau.
Beste Jahreszeit: Juni bis Oktober (je nach Wintereinbruch im Herbst).
Tipp: Früher Aufbruch, Sonnenschutz, ausreichend Flüssigkeit.

Die Goinger Halt ist ein Gebirgsstock mit zwei Gipfeln, der die Ostseite des Ellmauer Tors begrenzt. Die Vordere Goinger Halt (2243 m) ist nur auf Steigspuren und mit leichter Kletterei erreichbar und wird selten bestiegen.
Dagegen ist die Hintere Goinger Halt (2192 m) ein beliebter und leicht erreichbarer Gipfel im Wilden Kaiser. Die Karlspitzen und die Fleischbank bilden die westliche Begrenzung des Ellmauer Tors, durch dessen Südseite der Anstieg von Ellmau aus erfolgt. Dieses ist vermutlich der wichtigste Übergang des Wilden Kaisers und bereits ein Erlebnis für sich.
Der Blick in die Steinerne Rinne mit den senkrechten und überhängenden Wänden von Fleischbank und Predigtstuhl ist überwältigend. Durch sie führt der mit Seilen versicherte Eggersteig zum Stripsenjochhaus und zur Griesenau. Dieser Übergang gehört zu den schönsten Unternehmungen in den Ostalpen.
Trittsicherheit und Schwindelfreiheit sind dabei unerlässlich, ein Klettersteigset kann hilfreich sein. Vom Ellmauer Tor aus erreicht man den schmalen Gipfel der **Hinteren Goinger Halt** in etwa einer ½ Stunde.
Am Gipfelgrat angekommen, bricht der Berg mit senkrechten Wänden ins Große Griesner Kar ab. Die fesselnden Tiefblicke und die mächtige Einrahmung des Großen und Kleinen Griesner Kars lohnen jedenfalls den Anstieg.
Der großartige Blick über das anmutige Söllland mit den grünen Kitzbüheler Alpen und die im Firn schimmernden Hohen Tauern lässt einen in diesem Moment den Alltag völlig vergessen.

TALORT ELLMAU

Ellmauer Tor mit Blick zum Chiemgau

WEGVERLAUF. Von der Wochenbrunnalm (letzte Kehre) auf dem Schotterweg AV Nr. 813 leicht ansteigend den Hausbach entlang, durch den Wald und über Weideflächen in etwa einer ½ Stunde zur **Gaudeamushütte** (1263 m).
Ab da leiten Wegschilder und gute Markierungen zum Ellmauer Tor. Der Steig zieht durch Latschen und über Geröllhalden links (westlich) Richtung Vordere Karlspitze. Zwei Steilstufen werden mit Drahtseilsicherungen entschärft. Nach diesen geht es unschwierig zum **Ellmauer Tor** (2006 m). Nun rechts auf dem markierten Steig in nordöstlicher Richtung in etwa einer ½ Stunde unschwierig zum Gipfel. Die **Hintere Goinger Halt** verlangt wie alle Gipfel im Wilden Kaiser Trittsicherheit und Schwindelfreiheit, belohnt einen dafür jedoch mit einer großartigen Aussicht. Abstieg wie Aufstieg.
KARTE. Seite 206/207

ELLMAUER HALT, 2344 m

Auf des Kaisers Krone

Tour 60

Parkplatz 1085 m – 1¼ Std. – Gruttenhütte 1620 m – 2¼ Std. – Ellmauer Halt 2344 m – 2 Std. – Gruttenhütte 1620 m – 1 Std. – Parkplatz 1085 m

6½ Std.
↗ 1259 Hm

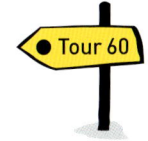

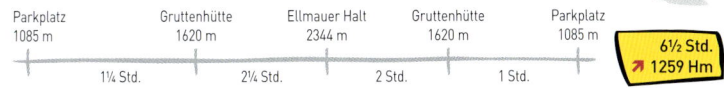

Anreise: Von München Autobahnausfahrt A12 Kufstein Süd (mautfrei) über die Eibergstraße und Loferer Straße bis Ellmau. Dort die 1. bezeichnete Ausfahrt nach Ellmau nehmen. Ab jetzt jeweils den grünen Hinweisschildern „Wochenbrunnalm“ folgen. Von St. Johann kommend die 1. Abfahrt rechts nehmen und dann den grünen Hinweisschildern „Wochenbrunnalm“ bis zum Parkplatz folgen.

Ausgangspunkt: Wochenbrunnalm.
Höhenunterschied und Gehzeit: 1259 Hm, 3½ Std., Abstieg 3 Std. (insges. 6½–7 Std.).
Wegbeschaffenheit: Bergsteig, leichter Klettersteig.
Einkehrmöglichkeit: Wochenbrunnalm, Gruttenhütte, Gasthöfe in Ellmau.
Beste Jahreszeit: Juni bis Oktober (je nach Wintereinbruch im Herbst).
Tipp: Früher Aufbruch, Sonnenschutz, Steinschlaghelm!

Kurz vor dem letzten Gipfelaufbau steht exponiert die Babenstuber Hütte (Notbiwak).

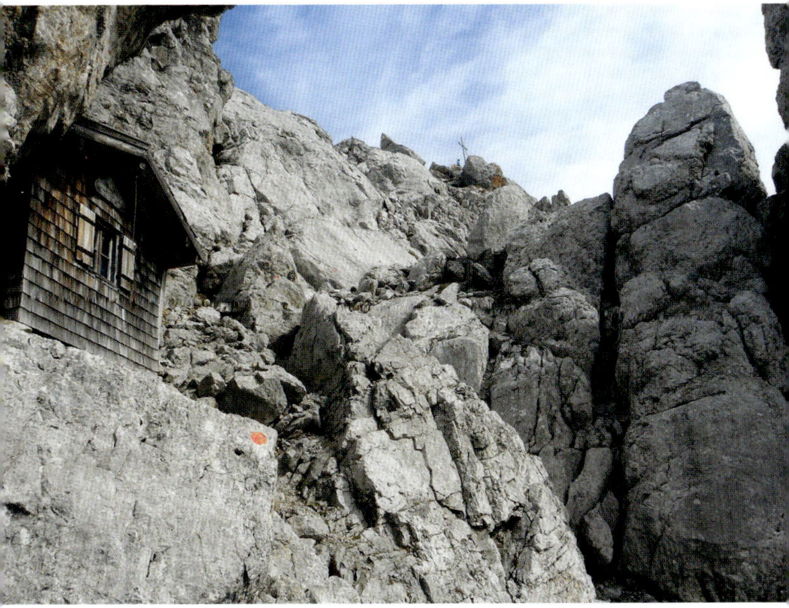

Die Ellmauer Halt ist mit 2344 Metern der höchste Gipfel des Kaisergebirges. Bereits 1869 gelang K. Hofmann mit seinem Führer J. Schlechter, genannt „Mallhansl", die touristische Ersteigung.

Nach Osten verbindet der Kopftörlgrat den Gipfel mit den Karlspitzen. Aus dem Grat ragt der Kapuzenturm als kühne, allein stehende Felsnadel heraus. Nach Norden bilden die Gamshalt und die Kleine Halt den „Haltenstock", der mit dem Totenkirchl zum unvergleichlichen Talschluss des Kaisertales wird.

Der höchste Kaisergipfel bietet naturgemäß einen entsprechenden Rundumblick: nach Osten zu den Loferer Steinbergen, nach Süden zur Bastion der Hohen Tauern, nach Westen über den Rofan zum Karwendel und nach Norden auf das bayrische Alpenvorland. Die Höhe des Gipfels und die traumhaften Felslandschaften ziehen viele Bergsteiger an, wodurch sich auf dem Weg die Steinschlaggefahr durch Vorausgehende wesentlich erhöht.

Der Gipfel sollte nur bei sicheren Wetterverhältnissen von erfahrenen Bergsteigern mit Steinschlaghelm bestiegen werden. Die Verwendung eines Klettersteigsets kann die Sicherheit wesentlich erhöhen.

Auf den Berg führt als Variante aus dem Kaisertal der Kaiserschützensteig. Dieser Klettersteig ist landschaftlich kaum zu überbieten, überschreitet er doch alle drei Haltengipfel. Aufgrund des langen Anmarsches von Kufstein aus ist die Begehung nur von den Stützpunkten Anton-Karg-Haus und Hans-Berger-Haus zu empfehlen. Von diesen Schutzhütten aus führt ein markierter AV-Steig über die Scharlinger Böden und den Kaiserschützensteig auf die Ellmauer Halt. Er kann ebenfalls als Übergang vom Norden nach Süden (und natürlich auch umgekehrt) verwendet werden.

WEGVERLAUF. Vom Parkplatz auf dem AV-Weg 825 durch den Wald in 1¼ Stunden zur **Gruttenhütte**, von der aus die Ellmauer Halt mit ihren senkrechten Südabbrüchen gut einzusehen ist.

Nach den Gamsängern – eine mit Klammern und Seilen versicherte Stelle

Letzter Steilaufschwung vor dem Gipfel der Ellmauer Halt

Nun auf dem AV-Weg 813 nördlich über freie Flächen in etwa einer ¾ Stunde zum Beginn der Gamsänger (ab hier Steinschlaghelm). Der Steig führt westlich über die steilen, teilweise ausgesetzten Gamsänger hinauf Richtung **Rote-Rinn-Scharte**, die nicht betreten wird.

Kurz vorher beginnt der Klettersteig. Bügeln, Klammern, Stifte, Seile und eine Leiter entschärfen den steilen Aufstieg. Im oberen Teil kann eine ausgesetzte Kante durch eine Schlucht und über eine Leiter umgangen werden.

Nach etwa 1½ Stunden ab den Gamsängern erreicht man die Babenstuber Hütte (nur Notbiwak, bei Gewitter nicht benützen, Blitzschlaggefahr) und nur ein paar Meter weiter steht man schließlich auf dem felsigen **Gipfelaufbau**. Abstieg wie Aufstieg.

KARTE. Seite 206/207

SCHEFFAU
Touren 61 bis 68

Scheffau – im Zentrum die sehenswerte Pfarrkirche

Scheffau liegt direkt am Fuß des Naturschutzgebietes Wilder Kaiser, abseits der verkehrsmäßig stark belasteten Loferer Bundesstraße, auf einer Seehöhe von 745 Metern. Der Name leitet sich von der leicht nach Süden abfallenden, begrasten Terrasse (der schiefen Au) ab. Scheffau ist nur 12 km von der Autobahnausfahrt Kufstein Süd entfernt und über die Eibergstraße gut erreichbar. Der Ort blickt auf eine bajuwarische Vergangenheit zurück, sein Name

ANREISE. Scheffau ist von München, Salzburg oder Innsbruck in nur etwa einer Stunde mit dem Auto zu erreichen. Von Innsbruck auf der Autobahn nach Wörgl und dann auf der Loferer Bundesstraße bis Scheffau. Von München über die Autobahnausfahrt Kufstein Süd und auf der Eibergstraße nach Scheffau. Von Salzburg aus ist Scheffau am besten über die Loferer Bundesstraße erreichbar.

WICHTIGE ADRESSEN UND TELEFONNUMMERN.
Tourismusverband Wilder Kaiser
Informationsbüro Scheffau
Dorf 28, A-6351 Scheffau
Telefon: +43/50509-310
E-Mail:
scheffau@wilderkaiser.info
Internet: www.scheffau.at

scheint erstmals in Besitzurkunden der bayrischen Herzöge auf. Scheffau setzt sich aus 17 Ortsteilen zusammen, die ursprünglich auf die Höfe von „freieigenen" Bauern zurückgeführt werden können. Scheffau kam erst nach dem Ende des Bayerischen Erbfolgekriegs gemeinsam mit Kufstein zu Tirol, im Jahr 1865 wurde es zur selbstständigen Gemeinde erhoben.

Das landschaftliche „Juwel" des Gemeindegebietes ist der etwa 4 km vom Ortskern entfernte, malerische Hintersteiner See auf 883 Meter Seehöhe. Der ca. 56 ha große See gehört zweifellos zu den schönsten Bergseen Österreichs, im Sommer lädt sein kristallklares Wasser zum Baden ein.

Die sehenswerte Barockkirche des Ortes wurde 1755–1756 errichtet und Johannes dem Täufer sowie Johannes dem Evangelisten geweiht. Der Kirchturm stammt dabei noch von dem früheren, im gotischen Stil erbauten Gotteshaus.

Anfang des 20. Jahrhunderts hielt auch in der Gemeinde Scheffau der Tourismus Einzug. Dabei spielte das in jener Zeit stark anwachsende Interesse an den Bergen eine große Rolle. Der Bergtourismus führte in der Gemeinde zu einem enormen wirtschaftlichen Aufschwung und zur Errichtung einer erstklassigen Infrastruktur. Heute sind sehr viele gute Hotels, Gasthöfe und Pensionen in Ellmau zu finden und die Ernennung zum 1. Kneipp-Erlebnisdorf Tirols im Juni 2007 beweist, dass hier auch jene, die sich nicht in die höchsten Höhen vorwagen, durchaus einen spannenden und entspannenden Urlaub erleben können.

Scheffau ist seit 2007 offizielles Kneipp-Erlebnisdorf.

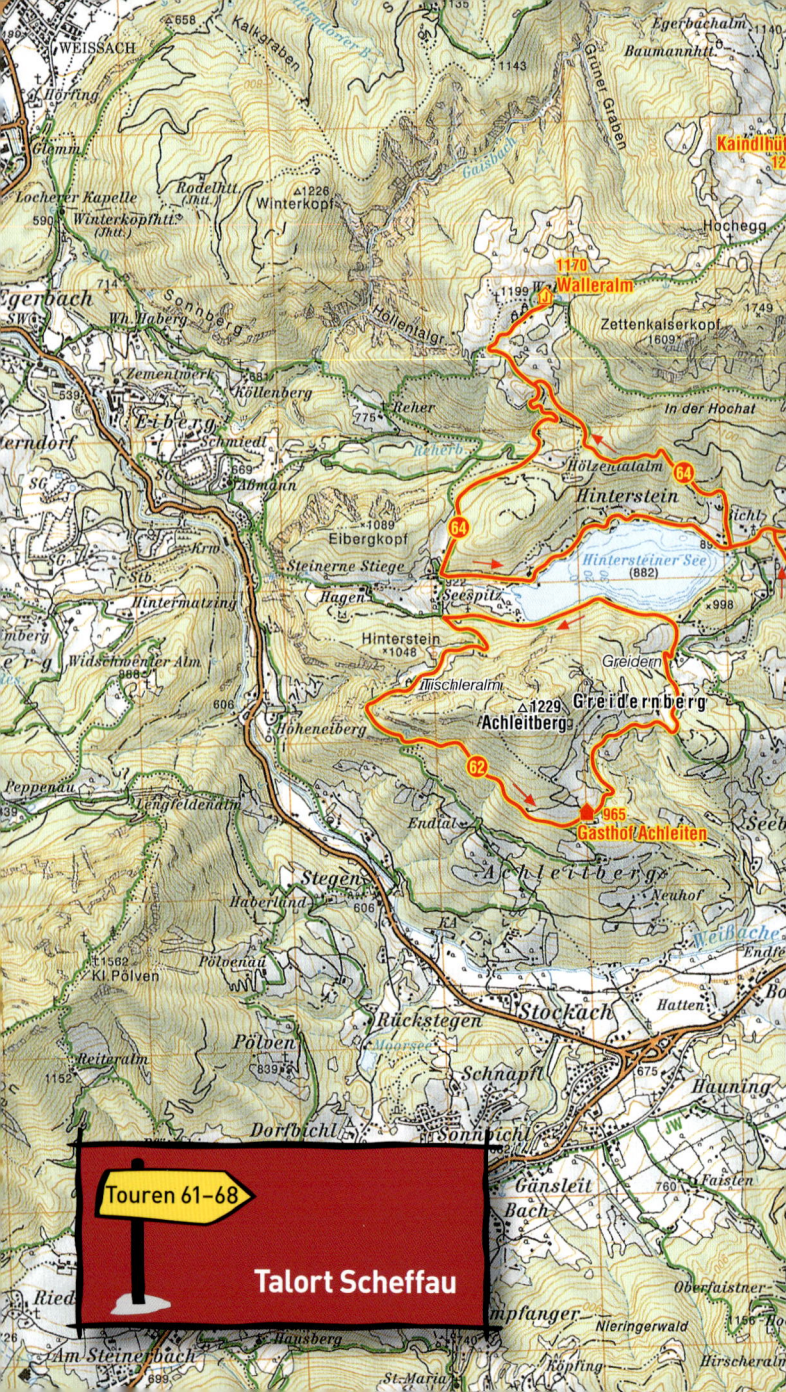

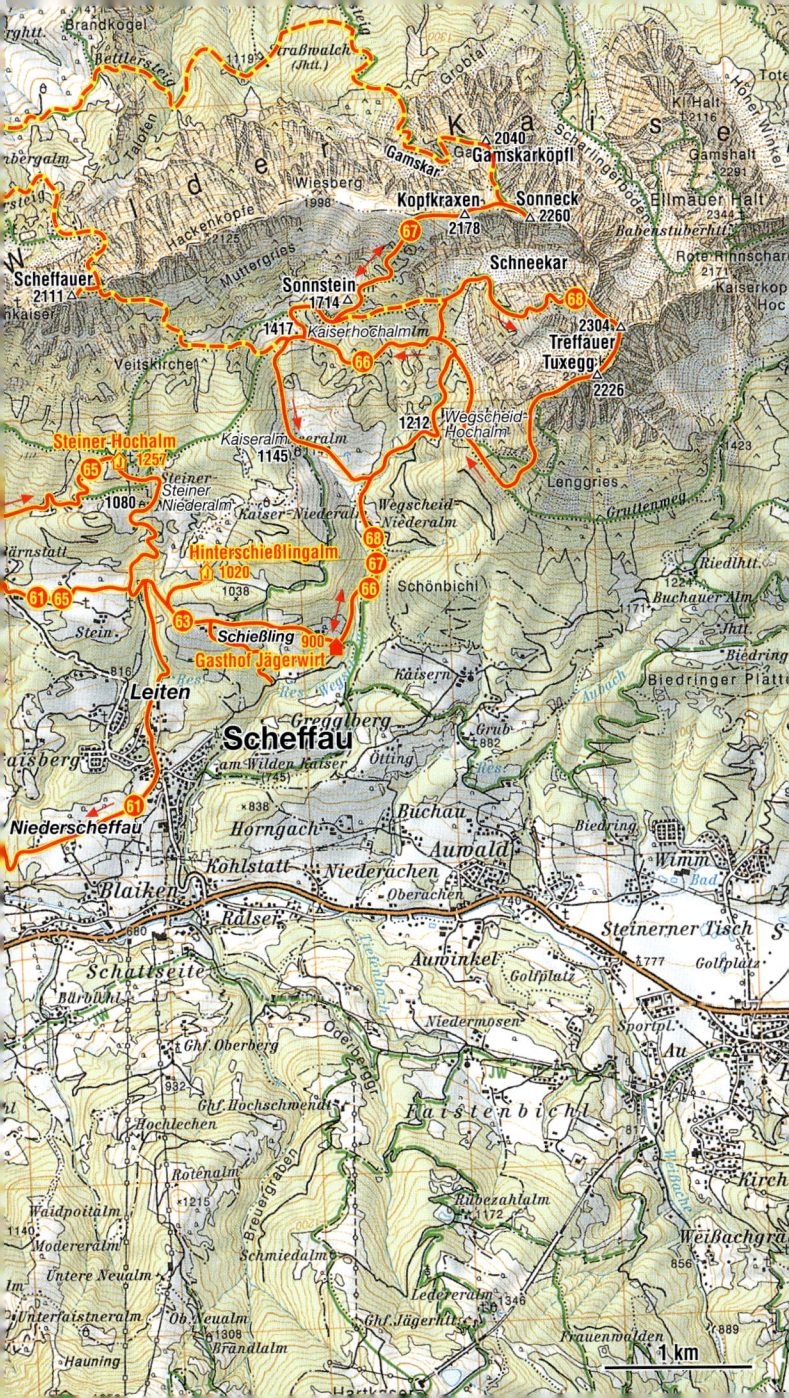

HINTERSTEINER SEE, 883 m
zum Juwel des Kaisers

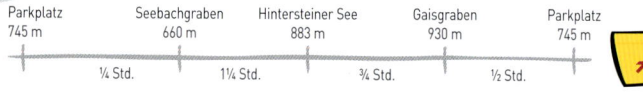

Anreise: Von München Autobahnausfahrt Kufstein Süd (mautfrei) über die Eibergstraße zur Loferer Bundesstraße und auf dieser weiter bis zur Abzweigung nach Scheffau und zum Parkplatz hinter der Kirche. Von Innsbruck Autobahnausfahrt Wörgl Ost und über die Loferer Bundesstraße nach Scheffau.
Ausgangspunkt: Parkplatz neben der Kirche (745 m).

Höhenmeter und Gehzeit: 250 Hm, Gehzeit ca. 2¾ Std.
Wegbeschaffenheit: Sträßchen, Wald- und Bergwege.
Einkehrmöglichkeit: Seestüberl, Gasthof Bärnstatt, Gasthöfe in Scheffau.
Beste Jahreszeit: Mai bis Oktober.
Tipp: Beschauliche und landschaftlich äußerst interessante Wanderung für die ganze Familie.

Der Hintersteiner See ist ein schöner und sauberer Gebirgssee im Naturschutzgebiet Wilder Kaiser. Er liegt auf 883 Meter Höhe romantisch im Hochtal von Hinterstein im Gemeindegebiet von Scheffau. Entstanden ist dieser außergewöhnliche See wohl nach der letzten Eiszeit, sein kristallklares Wasser wird von unterirdischen Quellen gespeist. Ein besonders schönes Bild erwartet den Wanderer, wenn sich bei Windstille neben Himmel und Wolken auch die bekannten Kaisergipfel in ihm spiegeln.

Die hier vorgestellte Wanderung führt entlang von Gebirgsbächen durch schattige Wälder und prächtige Wiesen, vorbei an stolzen Bauernhöfen und ist der perfekte Einstieg, um die verschiedenen Landschaftsformen rund um Scheffau und damit diesen Teil des „Kaisers" besser kennen zu lernen.

WEGVERLAUF. Vom Parkplatz hinter der Kirche auf dem Wanderweg westlich über Wiesen hinunter zum Seebach. Neben diesem geht man zuerst auf einem Sträßchen, dann auf einem Schotterweg, jeweils den Schildern „Hintersteiner See" folgend, stets aufwärts durch den **Seebachgraben**, bis man über eine Wiese die Straße zum **Hintersteiner See** erreicht. Auf dieser nach links (westlich) in fünf Minuten zum schön gelegenen See. Von der Terrasse des Seestüberls kann man den traumhaften Ausblick genießen.

Auf dem Rückweg zuerst auf der Hintersteiner-See-Straße bleiben, vorbei an der Leonhardkapelle und dem Gasthof Bärnstatt, bis links der Weg (Schild „Sackgasse, Leitenhof, Scheffau") am Beinstinglhof vorbei, über eine Wiese zum Steinerhof führt. Immer den Schildern „Leitenhof Scheffau" folgend, überquert man den **Gaisgraben** und geht hinunter über Leiten nach Scheffau.

KARTE. Seite 232/233

Blick nach Westen auf den Hintersteiner See

ACHLEITEN-RUNDWEG
Zum tiefblauen Auge des Kaisers

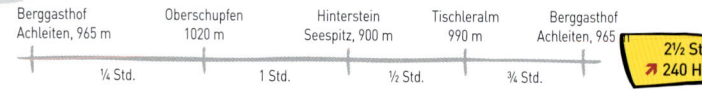

Anreise: Von München, Salzburg und Innsbruck Autobahnausfahrt Kufstein Süd (von München aus mautfrei) über die Eibergstraße bis zum Gasthof „Oberstegen". Dort nach links auf die Achleitenstraße abbiegen und auf dieser bis zum Alpengasthof mit Parkplatz.
Ausgangspunkt: Gasthof Achleiten, Parkplatz (965 m).
Höhenmeter und Gehzeit: 240 Hm, Gehzeit ca. 2½ Std.
Wegbeschaffenheit: Sträßchen, Forstweg, Wald- und Bergwege.
Einkehrmöglichkeit: Gasthof Achleiten, Jausenstation Maier, Gasthof Oberstegen.
Telefon: Alpengasthof Achleiten: +43/(0)5333/5286.
Beste Jahreszeit: Mai bis Oktober.
Tipp: Großartige Küche und ein traumhafter Ausblick auf den Wilden Kaiser – das alles bietet diese Wanderung!

Der Alpengasthof Achleiten liegt aussichtsreich oberhalb des Weißachtales am Achleitberg auf 965 Meter Höhe. Das beliebte Gasthaus mit guter Küche ist Ausgangspunkt dieser landschaftlich äußerst reizvollen Wanderung.

Oberschupfen und Greidernberg sind malerisch gelegene Orte, von denen man einen ausgezeichneten Blick auf den westlichen Kamm des Wilden Kaisers hat. Scheffauer, Treffauer und Tuxegg heben sich majestätisch in den Himmel.

Berggasthof Achleiten – Ausgangs- und Endpunkt dieser Wanderung

Die türkise Farbe des Hintersteiner Sees leuchtet an schönen Tagen besonders intensiv.

Östlich grüßen als Nachbarn die geschichteten Hörner der Loferer Steinberge. Westlich steht wuchtig die Hohe Salve als Vertreter der Kitzbüheler Alpen. Dazu der klare Gebirgssee, der wie eine blaue Perle durch den Wald schimmert. Schmucke Bergbauernhöfe mit ihrem prachtvollen Blumenschmuck veredeln das einprägsame Bild. Die verdiente Rast auf der aussichtsreichen Terrasse mit besten Schmankerln aus der Region ist krönender Abschluss eines abwechslungsreichen Wandertages.

WEGVERLAUF. Vom Parkplatz geht man auf dem Forstweg relativ steil durch den Wald bergauf, bis man bei **Oberschupfen** auf die freien Flächen der Bergbauernwiesen tritt. Ab da wandert man auf einem Sträßchen gemütlich den Greidernberg abwärts, bis man schließlich den Hof Greidern erreicht. Vor diesem nun links (nördlich) zum Rundweg um den See, dem man an seinem südlichen Ufer Richtung Westen bis zum **Seespitz** folgt.

Hier leitet das Schild „Achleiten/Hinterstein" Richtung Norden, durch den Wald schräg links aufwärts und in einem Bogen über die Almwiesen zur **Tischleralm**. Ab da geht es im leichten Auf und Ab um die Westschulter herum, entlang der Südflanke des Achleitberges zum **Alpengasthof Achleiten**.

KARTE. Seite 232/233

HINTERSCHIESSLINGALM, 1020 m
Herzhafte, gesunde Almjause

Anreise: Von München Autobahnausfahrt Kufstein Süd (mautfrei) über die Eibergstraße zur Loferer Bundesstraße und auf dieser weiter bis zur Abzweigung nach Scheffau. Nach der Kirche die 1. Straße rechts abbiegen (Schild) und auf dieser zum Gasthof Jägerwirt. Von Innsbruck Autobahnausfahrt Wörgl Ost und auf der Loferer Bundesstraße bis Scheffau zum Jägerwirt.

Ausgangspunkt: Jägerwirt, Parkplatz (900 m).
Höhenmeter und Gehzeit: 120 Hm, Gehzeit Hin- und Rückweg ca. 1½ Std.
Wegbeschaffenheit: Forst- und Waldwege.
Einkehrmöglichkeit: Hinterschießlingalm, Jägerwirt.
Beste Jahreszeit: Mai bis Oktober.
Tipp: Für gehfreudige Kinder ab 6 Jahren geeignet.

Die Hinterschießlingalm liegt oberhalb der Schießlinghöfe auf 1020 Meter Seehöhe. Wer noch Tiroler Gastfreundschaft erleben und selbstgemachte Produkte genießen möchte, ist hier richtig. Vom Brot über Butter, Wurst, Speck, Käse bis hin zu verschiedenen Kuchen wird alles noch selbst zubereitet. Trotz ihrer ausgezeichneten Küche und wunderbaren Lage ist die Hinterschießlingalm immer noch ein Geheimtipp und auf jeden Fall einen Besuch wert. Der Anblick der schönen Bauernhöfe auf dem Anmarschweg wird dann nur noch von der Sicht auf die steil aufragenden Gipfel des Wilden Kaisers übertroffen.

WEGVERLAUF. Vom Jägerwirt links, westlich vorbei am Treffauer Hof, auf einem schmalen Waldweg zur Fahrstraße, der man bis zu den **Schießlinghöfen** folgt. Auf dieser westlich weiter, bis der Almerschließungsweg am Waldrand rechts (nördlich) hinauf zur **Hinterschießlingalm** führt.
Rückweg wie Aufstieg.

Almhütte auf dem Weg zur Hinterschießlingalm

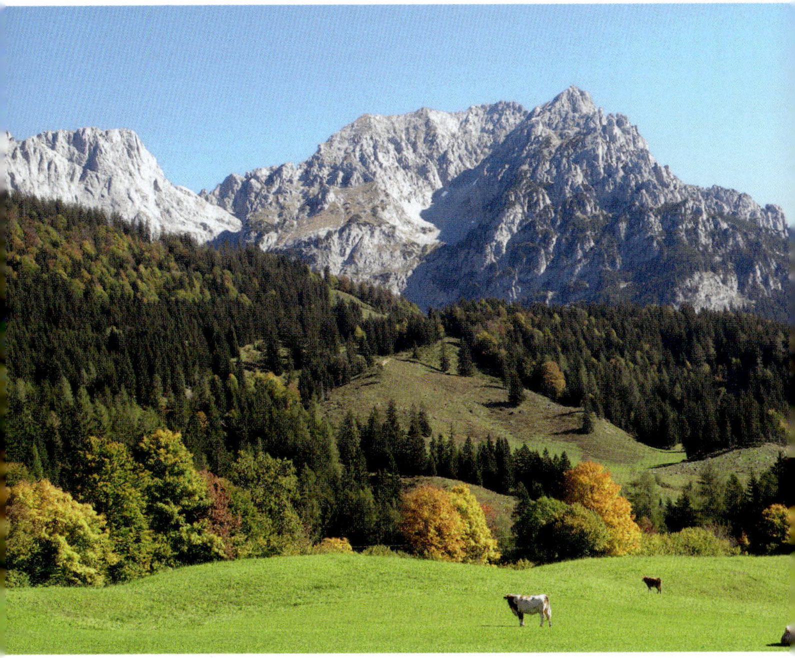

Blick über die Almweiden der Hinterschießlingalm auf den Treffauer und Tuxegg

Kirche 745 m		Schießlingstraße 930 m		Hintere Schießlingalm 1020 m		Leitenhof 870 m		Kirche 745 m
	¾ Std.		½ Std.		¾ Std.		¼ Std.	

2¼ Std.
↗ 275 Hm

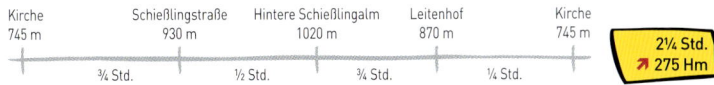

VARIANTE. Als Alternative kann man diese Tour auch in Scheffau beim Parkplatz neben der Kirche beginnen.
Man geht die Straße Richtung Hintersteiner See etwa zehn Minuten aufwärts, bis der Weg (Schild „Rehgrabenweg") rechts durch den Rehgraben neben dem Gaisbach und schließlich bis zur Straße zu den Schießlinghöfen führt. Auf dieser nun rechts (östlich) ein kurzes Stück Richtung Schießlinghöfe, bis die Almstraße links (nördlich) zur **Hinterschießlingalm** führt.
Rückweg zuerst gleich wie Aufstieg, aber statt durch den Rehgraben nun auf den Weg zum **Leitenhof** und von diesem nach Scheffau.
KARTE. Seite 232/233

WALLERALM, 1170 m
Wanderung zu einem malerischen Almdorf

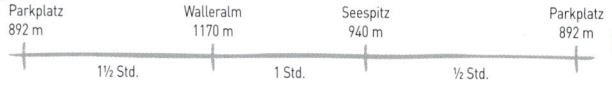

Anreise: Von München Autobahnausfahrt Kufstein Süd (mautfrei) über die Eibergstraße zur Loferer Bundesstraße und auf dieser weiter bis zur Abzweigung nach Scheffau. Nach der Kirche (Schild „Hinterstein") auf der Straße zum Hintersteiner See ziemlich steil aufwärts zum Ostufer mit gebührenpflichtigem Parkplatz.
Ausgangspunkt: Parkplatz (892 m).
Höhenmeter und Gehzeit: 268 Hm, Gehzeit ca. 3 Std.

Wegbeschaffenheit: Sträßchen, Forstwege, Wald- und Bergsteige.
Einkehrmöglichkeit: Walleralm, Stöfflalm, Jausenstation Maier, Gasthöfe in Scheffau.
Telefonnummern:
Walleralm: +43/(0)664/9858139,
Stöfflhütte: +43/(0)664/5249441.
Beste Jahreszeit: Mai bis Oktober.
Tipp: Auch diese Tour ist bereits für gehfreudige Kinder ab 8 Jahren geeignet!

Das malerische Almdorf der Walleralm liegt auf einer begrünten Terrasse 1170 Meter hoch am Fuß des Zettenkaiserkopfes und ist vom Ostufer des Sees in 1½ Stunden leicht zu erreichen. Die Lage an der Westschulter des Wilden Kaisers eröffnet besonders interessante

Blick vom Seespitz auf den Hintersteiner See

TALORT SCHEFFAU

Walleralm – rechts die Stöfflhütte

Ein- und Ausblicke. Die Hohe Salve, das Inntal, der Rofan und die Felsbastionen des Karwendels scheinen hier sehr nahe. Das Almgebiet besticht mit einer prächtigen Gebirgsflora und kann ohne Übertreibung als Naturparadies bezeichnet werden. Viele seltene Pflanzen- und Insektenarten sind hier beheimatet. Dies macht sich auch in der Qualität der in diesem Gebiet erzeugten Milch bemerkbar. Aus ihr werden hier ausgezeichnete Käsesorten hergestellt.

Auf der Walleralm gibt es zwei bewirtschaftete Hütten, den traditionellen, älteren Alpengasthof Walleralm und die Stöfflhütte. Der Alpengasthof ist eine Schutzhütte mit ausgezeichneter Küche und Übernachtungsmöglichkeit für 20 Personen und deshalb für Bergsteiger, die auf dem Wilden-Kaiser-Steig unterwegs sind, besonders interessant. Die Stöfflhütte ist eine Almhütte mit netter Terrasse und uriger Stube. Hier bekommen Sie köstliche Almprodukte aus eigener Erzeugung.

WEGVERLAUF. Vom Parkplatz (große Panoramatafel) noch vor dem Seestüberl rechts durch den Wald hinauf bis zur Almstraße (1000 m). Auf dieser gemütlich zum Almdorf der **Walleralm** (etwa 1½ Stunden). Auf dem Rückweg anfangs auf der Almstraße bleiben, bis das Schild „Hintersteiner See" nach links auf einen breiten, guten Waldweg hinunter zum **Seespitz** mit seinen Jausenstationen führt. Nun auf der asphaltierten Seeuferstraße zurück zum Ausgangspunkt.

KARTE. Seite 232/233

STEINER ALMENRUNDWEG
Almwanderung am Fuße des Scheffauers

Parkplatz	Steiner Hochalm	Steiner Niederalm	Steinerhof	Parkplatz
920 m	1257 m	1080 m	930 m	920 m
	1 Std.	½ Std.	½ Std.	¼ Std.

2¼ Std.
337 Hm

Anreise: Von München Autobahnausfahrt Kufstein Süd (mautfrei) über die Eibergstraße zur Loferer Bundesstraße und auf dieser weiter bis zur Abzweigung nach Scheffau. Nach der Kirche (Schild „Hinterstein") auf der Straße zum Hintersteiner See ziemlich steil aufwärts und bei Bärnstatt nach der St.-Leonhard-Kapelle rechts zum Parkplatz (gebührenpflichtig).

Ausgangspunkt: Parkplatz (920 m).
Höhenmeter und Gehzeit: 337 Hm, Gehzeit ca. 2¼ Std.
Wegbeschaffenheit: Forstwege, Wald- und Bergsteige.
Einkehrmöglichkeit: Steiner Hochalm, Gasthof Bärnstatt, Gasthöfe in Scheffau.
Beste Jahreszeit: Mai bis Oktober.
Tipp: Für gehfreudige Kinder ab 10 Jahren geeignet.

Der Bauernhof Stein liegt malerisch auf einer Wiesenterrasse am Fuß des Scheffauers und der Hackenköpfe, zu ihm gehören die Steiner Niederalm und Steiner Hochalm. Der Viehauftrieb kann im Frühjahr relativ früh auf die Niederalm begonnen und dann im Sommer auf die Hochalm fortgesetzt werden. Zur Hochalm (nur

Steinerhof mit prächtigem Blumenschmuck

Malerisch gelegene Steiner Hochalm

während der Almzeit geöffnet) sollte man seine eigene Jause mitnehmen. Der Senner schenkt nur Getränke aus, erfreut seine Gäste jedoch oft mit Gesang und Harfenspiel. Die Lage am Fuß des Scheffauers gleicht einer Aussichtsloge. Sonneck, Treffauer und Tuxegg scheinen zum Greifen nahe, wunderschön auch der Blick zu den meist schneebedeckten Hohen Tauern im Süden.

WEGVERLAUF. Vom Parkplatz auf dem AV-Weg 821, jeweils den Schildern „Steiner Hochalm, Scheffauer" folgend, anfangs auf einem Forstweg mäßig steil aufwärts, bis dieser in einen Steig übergeht. Ab da mit abwechslungsreichem Blick auf den Hintersteiner See ziemlich steil aufwärts zur **Steiner Hochalm** auf 1257 Meter Höhe. Zurück von der Alm zuerst südöstlich über Weideflächen neben dem Wald hinunter zur **Steiner Niederalm** (1080 m). Von dieser dann auf dem Almerschließungsweg zum wunderschön gelegenen **„Heimatbauernhof" Stein**. Westlich weiter, vorbei an einem Wegkreuz und dem schönen Hof Beinstingl, zur Straße nach Hinterstein und auf dieser in etwa zehn Minuten zurück zum Ausgangspunkt.

KARTE. Seite 232/233

TALORT SCHEFFAU 243

KAISERALMEN-RUNDWEG
Einblick in die Almwirtschaft

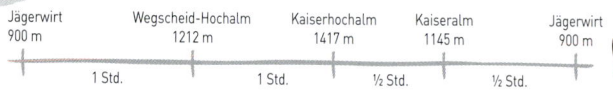

Jägerwirt	Wegscheid-Hochalm	Kaiserhochalm	Kaiseralm	Jägerwirt
900 m	1212 m	1417 m	1145 m	900 m
1 Std.	1 Std.	½ Std.	½ Std.	

3 Std.
650 Hm

Anreise: Von München Autobahnausfahrt Kufstein Süd (mautfrei) über die Eibergstraße zur Loferer Bundesstraße und auf dieser weiter bis zur Abzweigung nach Scheffau. Nach der Kirche die 1. Straße rechts abbiegen (Schild) und auf dieser zum Gasthof Jägerwirt. Von Innsbruck Autobahnausfahrt Wörgl Ost und auf der Loferer Bundesstraße bis Scheffau zum Jägerwirt.
Ausgangspunkt: Jägerwirt, Parkplatz (900 m).

Höhenmeter und Gehzeit: 650 Hm, Gehzeit ca. 3 Std.
Wegbeschaffenheit: Forstwege, Wald- und Bergsteige.
Einkehrmöglichkeit: Gasthof Jägerwirt, Wegscheid-Niederalm, Gasthöfe in Scheffau.
Beste Jahreszeit: Mai bis Oktober.
Tipp: Südseite, daher bei Schönwetter früher Aufbruch und Sonnenschutz sinnvoll, Bergstöcke insbesondere beim Abstieg hilfreich.

Diese Wanderung gibt Einblick in die traditionelle Almwirtschaft, welche für die Bewohner der Gebirge zum Überleben der Winter existenziell notwendig war, weil damit der Ertrag der Talwiesen als Vorrat für den Winter eingelagert werden konnte (siehe Infokasten Almwirtschaft).

Im Laufe der Jahrhunderte veränderten die Menschen den vorhandenen Lebensraum nach ihren Bedürfnissen. Das Umland des Kaisergebirges war zu Urzeiten durchgehend bewaldet und erhielt erst durch Rodung und Schwenden sein heutiges Bild.

So entstand eine äußerst reizvolle, kontrastreiche Landschaft mit dunklen Wäldern, blumenreichen,

Wasserfall oberhalb der Kaiserhochalm

Kaiserhochalm mit Blick zum Scheffauer

grünen Almweiden, azurblauen Gebirgsseen und hellen, wuchtigen Felswänden.

WEGVERLAUF. Vom Jägerwirt auf dem Forstweg AV-Weg 826 nördlich aufwärts, vorbei an der Wegscheid-Niederalm über freie Almweiden zur **Wegscheid-Hochalm** (1212 m, Brunnen).
Von dieser weiter aufwärts bis zum Wilden-Kaiser-Steig. Diesem folgt man nach links (westlich, Schild) in leichtem Auf und Ab zur **Kaiserhochalm**. Von dieser auf dem AV-Weg 826 südlich hinunter zur **Kaiseralm** (1145 m, Brunnen). Anschließend geht man über die Almwiesen zuerst östlich und dann südlich auf dem AV-Weg 814 zur Wegscheid-Niederalm und auf dem Aufstiegsweg zurück zum Parkplatz.

VARIANTE. Man kann vom Wilden-Kaiser-Steig in etwa 20 Minuten zu einem Wasserfall aufsteigen und dann von diesem auf dem AV-Weg 826 westlich unterhalb des Sonnsteins zur Kaiserhochalm wandern (ca. eine ¾ Stunde länger).
KARTE. Seite 232/233

ALMGESCHICHTE. Über die Jahrhunderte lernten die Menschen in den Alpen, Natur und Klima dieses Lebensraums für sich bestmöglich zu nutzen. Eingriffe in die Natur waren bereits früh von Nachhaltigkeit geprägt, eine rücksichtslose Ausbeutung der Ressourcen fand nicht oder nur selten statt. Auf diesem Weg entstand die heutige Natur- und Kulturlandschaft. Fruchtbare Talböden, blumenreiche Almweiden und intakte Wälder sind damals wie heute der Lebensraum der heimischen Tiere und Pflanzen und bestechen durch ihre Schönheit und ihren Artenreichtum.

Die Vielfältigkeit der Landschaftsformen (unterschiedliche Höhen, Sonn- und Schattseiten, flache oder auch steile Hänge) verlangt differenzierte Organisationsformen in der Bewirtschaftung und der Almarchitektur. Breitere Hochtäler und flache Hänge können ähnlich wie das Tal bewirtschaftet werden. Hier stehen bis heute die bekannten Almdörfer. An steilen, lawinengefährdeten Hänge hingegen schmiegen sich die Gebäude oft an einen Felsvorsprung oder an eine Geländekante.

Da wie dort verbessern Lesesteinhaufen und Steinmauern die Weideflächen. Almhecken und einfache Weidezäune sichern die Weidetiere vor Gefahren und sind gleichzeitig Lebensraum für viele kleine Lebewesen, wie etwa Eidechsen, Mäuse, Vögel und zahlreiche Insekten. Schöne Holzbrunnen und einfache Quellfassungen ergänzen das typische Landschaftsbild unserer Almen. Auf einigen sind noch jene alten Werkzeuge zu sehen, die vor der Erschließung durch Straßen und der Elektrifizierung über Jahrhunderte im Einsatz waren. In unserer Zeit sind die Almhütten oft Teil der touristischen Infrastruktur, sie erleichtern das Wandern und bieten oft Schutz und Verpflegung. Gleichzeitig sind sie aber auch ein wichtiges wirtschaftliches Standbein der Landwirte geblieben.

Steile Bergwiesen wie diese können nur händisch bewirtschaftet werden.

SONNECK, 2260 m

Über den Wiesberg und Kopfkraxen

Tour 67

Jägerwirt 900 m		Kaiserhochalm 1417 m		Sonneck 2260 m		Kaiserhochalm 1417 m		Jägerwirt 900 m
	1½ Std.		2 Std.		2 Std.		1¼ Std.	

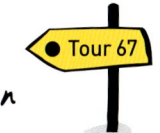

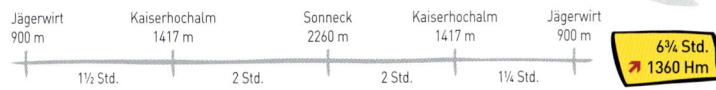

6¾ Std.
↗ 1360 Hm

Anreise: Von München Autobahnausfahrt Kufstein Süd (mautfrei), über die Eibergstraße zur Loferer Bundesstraße und auf dieser weiter bis zur Abzweigung nach Scheffau. Nach der Kirche die 1. Straße rechts abbiegen (Schild) und auf dieser zum Gasthof Jägerwirt. Von Innsbruck Autobahnausfahrt Wörgl Ost und auf der Loferer Bundesstraße bis Scheffau zum Jägerwirt.

Ausgangspunkt: Jägerwirt, Parkplatz (900 m).
Höhenmeter und Gehzeit: 1360 Hm, Gehzeit Auf- und Abstieg ca. 7 Std.
Wegbeschaffenheit: Forstwege, Wald- und seilversicherte Bergsteige.
Einkehrmöglichkeit: Gasthof Jägerwirt, Gasthöfe in Scheffau.
Beste Jahreszeit: Mai bis Oktober.
Tipp: Südseite, daher bei Schönwetter früher Aufbruch, bei Nässe abzuraten!

Blick vom Sonneck auf die Kopfkraxen

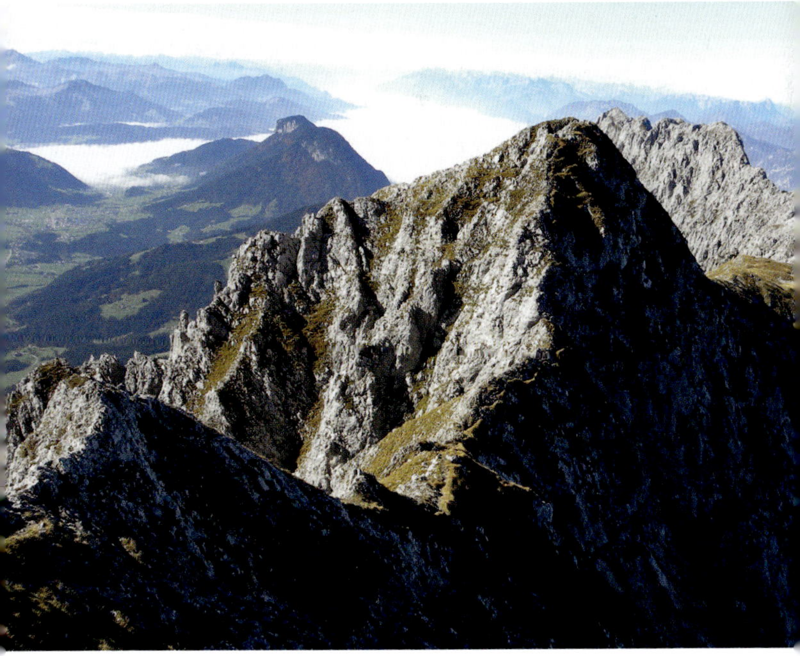

Das Sonneck ist ein aussichtsreicher, 2260 Meter hoher Berg im westlichen Hauptkamm des Wilden Kaisers. Von seinem Gipfel sieht man an klaren Herbsttagen nach Norden über den Zahmen Kaiser bis zum Bayerischen Wald, nach Osten fesselt der Tiefblick auf die steilen Wände des Zentralmassivs. Nach Westen reicht der Blick über die Hackenköpfe und den Scheffauer bis hin zu den Zillertaler und Stubaier Alpen und nach Süden zu den höchsten Bergen der Ostalpen wie etwa Großvenediger, Großglockner oder dem Wiesbachhorn.

Trotz dieses einmaligen Gipfelblicks und der relativ leichten Erreichbarkeit wird das Sonneck selten bestiegen. Der Gipfel ist von der Süd- und von der Nordseite mit einem Steig gut erschlossen. Erfahrene Bergsteiger können eine Überschreitung des Sonnecks und des Scheffauers zu einer äußerst lohnenden, zweitägigen Bergtour verbinden.

WEGVERLAUF. Vom Jägerwirt auf dem AV-Weg 826 durch den Wald und über Wiesen, jeweils den Schildern und der Markierung folgend, vorbei an der Wegscheid-Niederalm zur Kaiseralm und weiter zur **Kaiserhochalm** (1417 m). Weiter aufwärts, den Sonnstein westlich umgehend, kommt man zum steilen, begrasten Aufschwung des **Wiesberges**. Im steilen Zickzack hinauf zum Kamm und auf diesem östlich zur **Kopfkraxen** (2178 m). Von dieser seilversichert über eine ausgesetzte Gratmulde und dann steil über Gras zum felsigen Gipfelplateau und zum Gipfelkreuz (2260 m). Abstieg gleich wie Aufstieg.

Blick über den Herbstwald auf den Wiesberg und das Sonneck

Vorderes Gamskarköpfl mit sehenswertem Gipfelkreuz

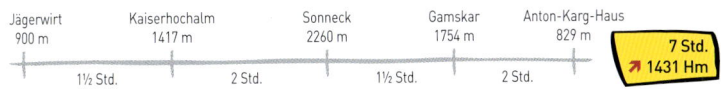

Jägerwirt	Kaiserhochalm	Sonneck	Gamskar	Anton-Karg-Haus	7 Std.
900 m	1417 m	2260 m	1754 m	829 m	↗ 1431 Hm
	1½ Std.	2 Std.	1½ Std.	2 Std.	

VARIANTE. Wie zuvor beschrieben auf den Gipfel des Sonnecks. Nun geht man jedoch auf dem Güttlersteig AV-Weg 821 zuerst westlich, dann nördlich auf dem Kamm zum Gamskarköpfl. Hier wendet sich der Steig Richtung Westen und führt über die steile Westflanke hinunter ins Gamskar. Ein kurzer Abstecher auf das **Vordere Gamskarköpfl** (1891 m) mit geschnitztem Gipfelkreuz und wunderbarer Aussicht ist zu empfehlen (seit 2009 führt durch die Nordtlanke der schwierige Kufsteiner Klettersteig auf den Gipfel – nicht ohne Klettersteigausrüstung begehen!). Aus dem Gamskar führt der Weg noch über eine Steilstufe hinunter und dann in den Wald bis zum **Bettlersteig**. Diesem folgt man nach rechts (östlich) zum **Anton-Karg-Haus**, das man in etwa 3½ Stunden erreicht.

Güttlersteig mit Blick auf das Vordere Gamskarköpfl

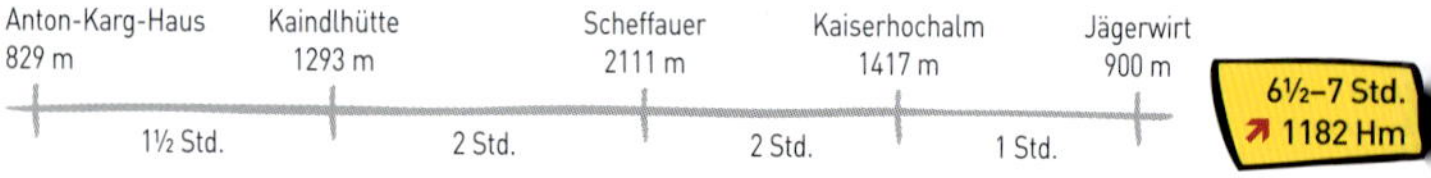

Anton-Karg-Haus	Kaindlhütte	Scheffauer	Kaiserhochalm	Jägerwirt	
829 m	1293 m	2111 m	1417 m	900 m	6½–7 Std.
1½ Std.	2 Std.	2 Std.	1 Std.		↗ 1182 Hm

Am zweiten Tag über den Bettlersteig in 1½ Stunden zur gemütlichen **Kaindlhütte** (1293 m). Von dieser wandert man auf dem Widauersteig durch den Wald in einer Stunde bis zum Felsfuß der Nordwand. Über diese gelangt man in einer weiteren Stunde zum Gipfel des Scheffauers. Nach verdienter Gipfelrast und umfassender Gipfelschau zurück zum Sattel und nun südseitig auf dem AV-Weg 814 zurück zur Kaiserhochalm und von dieser wie im Aufstieg zurück zum Gasthof Jägerwirt.

KARTE. Seite 232/233

TREFFAUER, 2304 m – TUXEGG, 2226 m
Herausfordernde Gipfelüberschreitung

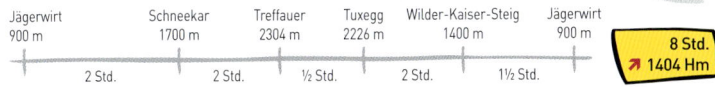

Jägerwirt	Schneekar	Treffauer	Tuxegg	Wilder-Kaiser-Steig	Jägerwirt
900 m	1700 m	2304 m	2226 m	1400 m	900 m
	2 Std.	2 Std.	½ Std.	2 Std.	1½ Std.

8 Std.
1404 Hm

Anreise: Von München Autobahnausfahrt Kufstein Süd (mautfrei), über die Eibergstraße zur Loferer Bundesstraße und auf dieser weiter bis zur Abzweigung nach Scheffau. Nach der Kirche die 1. Straße rechts abbiegen (Schild) und auf dieser zum Gasthof Jägerwirt. Von Innsbruck Autobahnausfahrt Wörgl Ost und auf der Loferer Bundesstraße bis Scheffau zum Jägerwirt.
Ausgangspunkt: Jägerwirt, Parkplatz (900 m).

Höhenmeter und Gehzeit: 1404 Hm, Gehzeit Auf- und Abstieg ca. 8 Std.
Wegbeschaffenheit: Forstwege, Wald- und seilversicherte Bergsteige.
Einkehrmöglichkeit: Gasthof Jägerwirt, Wegscheid-Niederalm, Gasthöfe in Scheffau.
Beste Jahreszeit: Mai bis Oktober (je nach Schneelage auch Juni bis Sept.).
Tipp: Südseite, früher Aufbruch, bei Nässe abzuraten! Tuxeggabstieg: Steinschlaggefahr durch Nachkommende – Steinschlaghelm verwenden!

Gipfelrast am Treffauer

Der Treffauer ist mit 2304 Metern der dritthöchste Gipfel des Wilden Kaisers. Er ist dem Hauptkamm von Ellmauer Halt über Sonneck zum Scheffauer südlich vorgelagert und bildet mit seinem südlichen Ausläufer, dem 2226 Meter hohen Tuxegg, einen eigenen, mächtigen Gebirgsstock, der den westlichen Hauptkamm dominiert. Das Panorama von seinem Gipfel ist aufgrund der Höhe grandios. Die Tour ist einsam, anspruchsvoll, aber lohnend. Für den erfahrenen, trittsicheren und schwindelfreien Bergsteiger ist die Überschreitung des Gipfels kein Problem. Besonders attraktiv ist die Ersteigung des Treffauers mit dem Übergang zum Tuxegg, dem südlichsten Vorposten des Gebirges. Während der Gipfelrast sieht man tief hinunter auf Scheffau, den Hintersteiner See und das Söllland. Hebt man den Blick, stehen am Horizont die Eisriesen der Hohen Tauern.

WEGVERLAUF. Vom Jägerwirt auf dem Forstweg AV-Weg 826 nördlich aufwärts, vorbei an der Wegscheid-Niederalm über freie Almweiden zur Wegscheid-Hochalm (1212 m, Brunnen). Von dieser weiter aufwärts bis zum Wilden-Kaiser-Steig. Diesem folgt man nach links, westlich (Schild „Treffauer 2½ Std.") etwa 40 Höhenmeter aufwärts, bis der Steig (Schild „Treffauer") rechts aufwärts zum Schneekar abzweigt. Man steigt

Treffauer und Tuxegg bilden einen mächtigen Gebirgsstock – Blick von der Steiner Hochalm

Treffauer – Blick vom Tuxegg

bis kurz vor den Wasserfall aufwärts und dann rechts neben diesem steil ins **Schneekar**. Aus diesem führt der Steig auf der rechten Seite über eine Rampe auf die steilen, teils begrasten, teils schrofigen Westhänge und über diese im steilen Zickzack hinauf zum begrünten Vorgipfel. Ah da über den Nordwestgrat teilweise ausgesetzt zum **Gipfel** des mächtigen Gebirgsstocks (2304 m).

Nach der verdienten Gipfelrast steigt man südlich, den Markierungen folgend, über schrofiges, felsdurchsetztes Gelände oberhalb der Westwände leicht abwärts ab zum kleinen Sattel vor dem **Tuxegg**. Der etwa 6 Meter hohe Gipfelfelsen ist nur mit leichter Kletterei über Eisenstifte ohne Seilsicherung erreichbar. Die Gipfelschau vom südlichsten Vorposten ist einmalig.

Auf dem Rückweg führt der AV-Weg 826 vom Sattel westwärts ziemlich steil über schrofiges Gelände und steile Rinnen (STELLE II) hinunter bis zu einem breiten, teils begrasten, teils latschenbedeckten Band, dem man südlich bis zum Ausstieg aus dem felsdurchsetzten Gelände zum **Wilden-Kaiser-Steig** folgt. Auf diesem unschwierig Richtung Westen, bis der Steig zur Wegscheid-Hochalm abzweigt. Über die Wegscheid-Niederalm auf dem Aufstiegsweg zurück zum Ausgangspunkt.

KARTE. Seite 232/233

ORTSREGISTER

A
Ackerlhütte 171, 193, 194, 197, 199–201
Ackerlspitze 7, 112, 116, 140, 167, 193, 200, 201
Angerlalm 132, 133
Antoniuskapelle 34, 35, 41, 61
Anton-Karg-Haus 32, 39, 64–66, 137, 171, 226, 249, 250
Aschinger Alm 70, 71, 81, 82
Auwinkel 210

B
Babenstuber Hütte 225, 227
Baumgartenköpfl 171, 196–198
Berggasthof Achleiten 236, 237
Berggasthof Kölnberg 57, 59, 70, 71
Berggasthof Kohlalm 108, 109, 115, 116
Berghaus Aschenbrenner 36, 37
Biedringer Alm 211–213
Blattlhof 186, 187
Boariedalm 113, 114
Brennalm 215
Brennkopf 85, 87
Brentenjoch 40, 42–44, 66
Buchau 210, 211
Burgeralm 85–87

C
Café Ritter 214, 215

D
Duxer Alm 36, 38

E
Ebbs 18, 29, 35, 47–57, 59, 67, 68, 71
Ebersberg 83, 84
Ebmahdalm 140
Einserkogel 69
Elfenhain 37
Ellmau 116, 202–210, 213–215, 223, 231
Ellmauer Halt 7, 135, 144, 170, 188, 205, 212, 216, 219, 225–227, 252
Ellmauer Ringweg 208
Ellmauer Tor 134, 135, 145, 146, 188, 219, 222–224
Erpfendorf 126–128, 132

F
Feldalmsattel 65
Fischbachalm 129, 149
Fleischbank 7, 34, 38, 60, 116, 134, 135, 137, 142, 144, 170, 223
Fohlenhof Ebbs 49
Fritz-Pflaum-Hütte 149, 150
Further Brücke 158, 159

G
Gages 110, 111
Gaisgraben 234
Gasthof Hinterdux 42
Gasthof Hüttschader 158, 159, 166
Gasthof Kienbichl 37
Gasthof Lederer 59
Gasthof Neuhaus 24–26
Gasthof Riesen 209, 212, 213
Gasthof Zahmer Kaiser 81, 82
Gaudeamushütte 134, 169, 171, 213, 218–220, 222, 224
Geißgraben 44
Gildensteig 198, 199
Gmailkapelle 164–166
Going am Wilden Kaiser 178–194, 196–198, 200, 204
Grandner Alm 167, 168
Graspoint-Niederalm 193, 194, 200, 201
Griesbachklamm 132, 133
Griesenau 130, 131, 134, 141, 149, 150, 172, 223,
Griesner Alm 129–131, 134, 135, 141, 144, 149, 150, 172
Grinnerkopf 70, 71
Großache 126–128, 140, 154, 158, 159, 204
Gruttenhütte 135, 144–146, 171, 205, 212, 216–218, 220, 222, 225, 226
Gwirchtalm 83, 84, 92, 95

H
Hageralm 88, 89, 92, 93
Haltenstock 40, 42, 69, 134, 145, 171, 226
Hans-Berger-Haus 32, 33, 64, 66, 171, 226
Harschbichlhütte 176, 177
Hechleitalm 32, 39, 41
Hechtsee 24–26
Heuberg 7, 84, 88, 89, 92
Hinterbärenbad 10, 11, 33, 35, 171
Hintere Goinger Halt 223, 224
Hinterkaiserhof 34, 41
Hinterschießlingalm 238, 239
Hintersteiner See 6, 170, 231
Hochegg 45, 171
Hochgrubachkar 199, 201
Hochgrubachspitze 198–200
Hohlrieder Graben 87
Hollenauer Kreuz 188, 189

I
Iglgrubenalm 110, 111
Inn 18, 48, 54, 204

J

Jägersteig 132, 133
Jägerwirt 238, 244, 245, 247, 248–251
Jenbach 54, 55
Jovenspitze 7, 82
Jubiläumssteig 145, 146, 218, 220–222

K

Kaindlhütte 39, 40, 42–45, 64, 66, 171, 250
Kaiserbach 6, 18, 27–29, 33, 35, 41, 42
Kaiserbachschlucht 29
Kaiserbad 208–213
Kaiserhochalm 148, 171, 172, 244, 245, 247–250
Kaiserlift-Parkplatz 31, 36
Kaiserniederalm 148, 167, 168, 171
Kaisertal 7, 9, 18, 21, 24, 28, 29, 32–35, 41, 42, 48, 60, 61, 64, 68, 134, 137, 226
Kaisertal-Parkplatz 27, 32, 41–43, 64, 66, 67
Kesselschneid 68, 75, 90, 91
Kienbach 37, 38
Kirchdorf in Tirol 8, 74, 118–130, 138–140, 159, 166, 168, 173
Kirchdorfer Gamskogel 148
Kitzbüheler Horn 154, 176, 177
Klaushütte 34, 35
Kleine Halt 7, 34, 170, 226
Kleines Griesner Tor 150
Kleinmoseralm 92, 93, 95
Koasastadion 160, 161
Kohlalmtal 108, 109, 111–115, 117
Kohlenrieder Alm 87
Koglhof 211, 219
Kopfkraxen 247, 248
Kopftörl 134, 144–147
Kopftörlgrat 145, 170, 222, 226
Kramerhof 147, 148
Kufstein 3, 7, 10, 11, 16–23, 29–31, 33–39, 43, 44, 48, 61, 65, 68, 74, 91, 134, 173, 204, 226, 230, 231

L

Längsee 26
Lärchegg 139, 142, 149, 150, 200
Leitenhof 234, 239
Leonhardkapelle 59, 234
Liftstüberl 79
Lippenalm 83, 84
List-Denkmal 30, 31
Lochner Horn 85–87
Lourdesgrotte 164–166

M

Maiklsteig 167, 168, 171–173
Maria Blut (Einsiedelei) 166
Marienkapelle 32, 214, 215
Maukalm 147, 148, 172

Maukspitze 112, 139, 148, 150, 176, 188, 200, 201
Maurern 161–163
Miesberg 78–80
Moarwirt 78, 80
Musikantenrast 62, 63

N

Naschberghof 215
Naunspitze 7, 59, 60, 62, 63, 67, 68, 91
Neapelbank 35, 64, 68
Niedersessel 200, 201

O

Oberbuchberg 59
Obere Regalm 196, 197

P

Petersköpfl 7, 63, 67–69, 91, 92
Pfandlhof 32, 35, 39, 61
Pramakapelle 184, 185
Predigtstuhl 7, 60, 64, 116, 134, 136, 142, 213
Prostalm 138–140
Pyramidenspitze 7, 71, 75, 90–92

R

Ranggenalm 135
Raritätenzoo 29, 50, 57, 58
Rettenbach 160–163, 192
Riedlhütte 212, 213
Rietzaualm 60, 61, 67, 69
Römerhof 162, 190–192
Ropanzen 64, 65
Roßkaiser 7, 89, 91, 92, 94, 95, 110
Rote-Rinn-Scharte 216, 227
Rummlerhof 160–163, 167–169, 171, 173

S

Sankt Johann 8, 99, 120, 152–158, 161, 165, 168, 176, 180
Sattlerwirt 54, 55
Scheffau 204, 218–234, 239, 252
Scheffauer 7, 44, 134, 176, 236, 243, 245, 248, 250, 252
Scheibenbühelalm 115, 117, 143
Scheibenkogel 112–114
Schleierwasserfall 191, 193–195
Schnapflhof 78, 79
Schwemm 74, 80
Schwendt 96–105, 107, 110–114, 117, 185–187
Seebachgraben 234
Seespitz 236, 237, 240
Sonneck 7, 44, 66, 69, 134, 243, 247–249, 252
Sparchner Klamm 35, 64, 68
Stanglwirt 180, 184, 185
Steinberghaus 43, 66

Steiner Hochalm   45, 171, 242, 243, 252
Steinerhof   234, 242
Steinerne Rinne   116, 134, 135, 144, 145, 223
Straßwalch-Jagdhütte   41, 66, 171
Stripsenjochhaus   3, 64, 65, 116, 130, 134–137, 143–146, 171, 172, 223
Stripsenkopf   116, 135, 143, 145
Strüblalm   138–140

T

Tavonaro-Kreuz   64, 66, 135, 136, 142
Teufelsgasse   138–140
Theaterhütte   27, 29–31, 42, 64
Thierberg   24–26
Tischleralm   236, 237
Tischofer Höhle   9, 10, 19, 27–29
Totenkirchl   34, 42, 45, 60, 116, 134–137, 142, 145, 170, 171
Treffauer   7, 188, 238, 239, 243, 251–253
Treichlhof   214, 215
Tuxegg   7, 204, 210, 212, 236, 239, 243, 251, 253

U

Unterbichlalm   110–113

V

Veitenhof   27, 29, 35, 41, 64, 68, 69
Voglbadl   70, 71
Vorderduxer Weg   30
Vordere Karlspitze   219, 224
Vordere Kesselschneid   90, 91
Vorderkaiserfeldenhütte   35, 62, 65, 67, 69
Vorderes Gamskarköpfl   249

W

Walchsee   6, 48, 55, 72–88
Walleralm   45, 169–171, 240, 241
Wallfahrtskirche St. Nikolaus   55, 57, 58
Wandberg   85–87
Wegscheid-Hochalm   244, 245, 252, 253
Wegscheid-Niederalm   244, 245, 248, 251–253
Weinberghaus   38, 42, 44
Wiesberg   247, 248
Wilder-Kaiser-Steig   171, 199, 251
Winkelalm   90, 91
Wochenbrunnalm   216–220, 222–225
Wolfingeralm   88, 89

Z

Zehnerkopf   60
Zwölferkogel   69